本书受到安徽省卓越法治人才项目（2023zybj026）；安徽省一流本科专业建设点（法学）；安徽省研究生专业学位教学案例库（刑法学）；淮北师范大学高峰培育学科建设—法学等项目资助。

RURAL CRIME AND ITS GOVERNANCE

乡村犯罪及其治理

张训 贾健 等著

中国社会科学出版社

图书在版编目(CIP)数据

乡村犯罪及其治理 / 张训等著. -- 北京：中国社会科学出版社, 2025. 3. -- ISBN 978-7-5227-4845-0

Ⅰ. D917.6

中国国家版本馆 CIP 数据核字第 2025HS4121 号

出 版 人	赵剑英
责任编辑	郭如玥
责任校对	季　静
责任印制	郝美娜

出　　版	中国社会科学出版社
社　　址	北京鼓楼西大街甲 158 号
邮　　编	100720
网　　址	http://www.csspw.cn
发 行 部	010-84083685
门 市 部	010-84029450
经　　销	新华书店及其他书店

印刷装订	北京君升印刷有限公司
版　　次	2025 年 3 月第 1 版
印　　次	2025 年 3 月第 1 次印刷

开　　本	710×1000　1/16
印　　张	20.5
插　　页	2
字　　数	286 千字
定　　价	118.00 元

凡购买中国社会科学出版社图书，如有质量问题请与本社营销中心联系调换
电话：010-84083683
版权所有　侵权必究

作者简介

第一作者：张训，男，安徽怀远人，淮北师范大学法学院院长，法学博士（后），教授，研究生导师。研究方向为刑法学、犯罪社会学。安徽省教学名师，中国法学会法治文化研究会常务理事，入选中央政法委、教育部"双千计划"。在《政治与法律》《中国刑事法杂志》《刑事法评论》《法治现代化研究》《浙江社会科学》《体育与科学》等刊物发表论文若干，其中4篇被人大复印报刊资料、《高等学校文科学术文摘》全文转载。在人民出版社、中国社会科学出版社、上海三联书店出版专著4部。主持中国博士后科学基金、安徽省哲学社会科学规划项目、民政部部级理论课题、安徽省质量工程卓越人才培养计划等项目若干。

第二作者：贾健，男，安徽芜湖人，法学博士（后），研究方向为刑法学、犯罪社会学。淮北师范大学社会治理研究中心研究员，西南政法大学法学院教授，研究生导师。目前担任中国法学会体育法学研究会理事、中国犯罪学学会理事等社会职务。主持国家级、省部级课题十余项。在《法学家》《法制与社会发展》《法律科学》《法商研究》《现代法学》《中国刑事法杂志》《体育与科学》发表论文多篇。

第三作者：杨玲，女，福建宁德人，淮北师范大学社会治理研究中心研究员，刑法学硕士，重庆市渝北区人民检察院检察官助理。研究方向为刑法学、犯罪社会学。第三批全国检察机关调研骨干人才。在《海峡法学》《黑龙江省政法管理干部学院学报》《广西政法管理干部学院学报》等期刊发表论文4篇。

第四作者：王博文，男，河南洛阳人，淮北师范大学社会治理研究中心助理研究员，西南政法大学法学院硕士。研究方向为刑法学、犯罪社会学。在《重庆邮电大学学报》《四川警察学院学报》等期刊发表论文2篇。

目 录

第一章 中国乡村犯罪样态演化 ……………………………（1）

  第一节 本章概述 ……………………………………………（1）

  第二节 乡村犯罪：定义与背景 ……………………………（3）

  第三节 宏观：时代特征更迭与乡村犯罪样态演化 ………（29）

  第四节 微观：劳动伦理观变迁与乡村犯罪样态演化 ……（48）

第二章 乡村家事犯罪及其治理 ……………………………（69）

  第一节 本章概述 ……………………………………………（69）

  第二节 家事犯罪的理论构设 ………………………………（71）

  第三节 来自内部的乡村家事犯罪：乡村家庭暴力犯罪及其治理 ……………………………………………………（102）

  第四节 来自外部的乡村家事犯罪：乡村收买、拐卖类犯罪及其治理 …………………………………………………（134）

第三章 乡村留守地区犯罪、被害及其治理 ………………（157）

  第一节 本章概述 ……………………………………………（157）

  第二节 乡村留守地区犯罪及其治理 ………………………（159）

  第三节 乡村留守地区留守儿童被害及其治理 ……………（180）

  第四节 乡村留守地区未成年人被害与加害转换及其治理 …（216）

第四章 乡村灰色群体犯罪及其治理 ………………………（239）

  第一节 本章概述 ……………………………………………（239）

第二节　传统乡村灰色群体犯罪及其治理 …………………（243）
　　第三节　现代乡村灰色群体犯罪及其治理 …………………（267）
第五章　余论：乡村犯罪的城市化 ……………………………（298）
参考文献 …………………………………………………………（309）

图表目录

表1-1	全国拐卖妇女儿童刑事案件数	（11）
表1-2	全国公安机关立案的刑事案件合计	（42）
表1-3	全国治安案件数合计	（44）
表3-1	调查所涉地区主要犯罪类型及逐年案件数	（161）
表3-2	各犯罪类型占调查全部案件的比重	（162）
表3-3	毒品类犯罪及盗伐（滥伐）林木罪案件数占主要区县全部案件的比重	（165）
表3-4	区域性犯罪的案件具体情况	（166）
表3-5	其他类型的犯罪及其特征	（167）
表3-6	重庆地区受调研农村留守儿童遭受校园欺凌类型报告率平均值及性别差异	（191）
表3-7	安徽地区农村留守儿童遭受校园欺凌类型报告率平均值及性别差异	（193）
表3-8	重庆地区"父亲离家"模型中关于农村留守儿童遭受四种校园欺凌行为的统计	（196）
表3-9	农村留守儿童监护人的文化程度	（224）
表3-10	留守儿童在家中经常受到家人打骂后的做法	（226）
表4-1	一般灰色行为一览	（272）
表4-2	LY、MC两校中学生灰色群体调研情况	（274）
表4-3	安徽省合肥市XY社区矫正对象一览	（277）
表4-4	江苏省徐州市某地区部分路段小广告统计	（282）

图 1-1 全国拐卖妇女儿童刑事案件数 ……………………（11）
图 1-2 全国公安机关立案的刑事案件合计 ……………………（42）
图 1-3 全国治安案件数合计 ……………………（44）

第一章

中国乡村犯罪样态演化

第一节 本章概述

本章在第二节中，首先从文义的角度出发，结合乡村犯罪治理的研究目的对乡村犯罪的内涵与基本特征进行了界定，划定了乡村犯罪的研究范围。认为本书所探讨的乡村犯罪，主要是指犯罪行为发生在城市管辖的区以外的包括乡、民族乡、镇、村在内的地区，与乡村所具有的要素存在内在联系，并在犯罪主体、犯罪地点、行为特征等方面符合一定特征的广义犯罪行为。进而，本书认为，乡村犯罪治理研究既需要整体视角，亦需要个罪视角。因此，本书挑选了乡村家事犯罪、乡村留守地区犯罪与乡村灰色群体犯罪三个乡村犯罪治理研究的重要领域，并对该三类犯罪的基本态势和相关研究成果进行分析和回顾，作为确定本书后续研究内容的基础。最后，为进一步强调乡村犯罪治理研究的重要意义与价值，本书结合乡村犯罪的社会危害与我国社会主义事业建设的时代背景对研究乡村犯罪的必要性进行了阐述。

根据第二节的研究结论，本章第三、四节并未选择直接对乡村犯罪个罪治理展开研究，而是尝试以时间为线索分析乡村犯罪的演化进程，盘点在不同历史阶段乡村犯罪所呈现出的具体样态，为乡村犯罪治理理论体系的搭建提供整体视角。

具体而言，第三节从时代变迁的宏观大背景出发，选择采用社会学和人类学的方法，通过对某一自然村落具有犯罪学启发的标志物进行实体和象征意义上的考察巡视乡村犯罪样态的演化。本书调研组通过走访和调查，发现在不同时期，乡村犯罪具有不同样态，而当下学界关于乡村犯罪的研究主要聚焦在留守青少年、农民工等"乡村人"身上，而没有留意到或者认真对待留守村落在当代已经成为新型犯罪滋生和传统犯罪多发的"集散地"。基于此，从发生学的角度和犯罪学的意义上就有了乡村犯罪，尤其是留守村落犯罪提出之必要，以便于完成对乡村犯罪样态注意力从"人"到"地"的重心转移。

第四节则选择了乡村劳动伦理观变迁这一微观背景，考察改革开放后中国乡村劳动伦理观更迭引发的乡村共同体中群体与个体行为的心理动因的变化，进而将之作为解读乡村劳动伦理观与乡村犯罪样态之间的经验图谱。乡村劳动伦理观对乡村犯罪形态产生深刻影响。大致来说，有什么样的财富观和伦理观，就有什么样的劳动伦理观，也就有什么样的乡村犯罪形态；反之，在每一种具体乡村犯罪形态之下，也能寻找到一种乡村劳动伦理观与之匹配。在责任主义劳动伦理观、消遣主义劳动伦理观和消费主义劳动伦理观分别占主导地位的情形下，乡村犯罪会呈现不同样态。由此，要治理乡村犯罪并防止其进一步异化，需要着手对乡村劳动伦理观进行整肃，并力图重构新乡村劳动伦理观。新乡村劳动伦理观至少应当涵括劳动幸福伦理观、劳动时尚伦理观、劳动梦想伦理观等重要分支。

综上所述，本章作为本书的第一章，并未着眼于个罪治理，而是旨在从乡村犯罪整体的视角出发为乡村犯罪治理构建理论基础，指明研究方向。除厘清乡村犯罪的定义与背景外，还从宏观和微观两个层面对乡村犯罪样态进行了历史梳理，能够为现代意义上犯罪类型的研究提供经验素材和比较工具，有利于加深人们对当下乡村犯罪的现状及成因的理解。

第二节　乡村犯罪：定义与背景

一　乡村犯罪的内涵与基本特征

概念是思维的起点，也是研究工作的首要内容。研究乡村犯罪，首先要明确界定乡村犯罪的概念及其范围。由于乡村犯罪是一个复合概念，因此，确定乡村犯罪的定义和范围首先应确定乡村犯罪中"乡村"和"犯罪"各自代表的含义，再根据研究目的开展进一步界定。

（一）乡村

确定乡村一词的含义，一方面要对乡村与农村两词进行辨析。《现代汉语词典》有载，"'乡'即'乡村'，是与'城'相对的概念"。"我国行政区划的基层单位，由县或县以下的区领导"[1]。村的意思则更为笼统，即"村庄"之意。[2] 可见，乡村是将"乡"与"村"进行集合，通过行政区划的方式框定地域范围。换言之，乡村囊括了所有县以下的行政区划，即乡、民族乡、镇、村四类地区，包括了县人民政府所在地的镇。我国在立法上亦采取了如上界定方式。《乡村振兴促进法》第二条便明确规定，该法所称的乡村，是指城市建成区以外具有自然、社会、经济特征和生产、生活、生态、文化等多重功能的地域综合体，包括乡镇和村庄等。由此，乡村即城市管辖的区以外的包括乡、民族乡、镇、村在内的地区。而相较于乡村，农村的含义就显得没那么清晰。根据《现代汉语词典》，农被放在词语的第一个字时，通常用于对后一个字的限定，表"从事农业生产"之意，如"农夫"，意为"以从事农业生产为主的男子"。再如"农具"，意为"进行农业

---

[1] 中国社会科学院语言研究所词典编辑室编：《现代汉语词典》（第7版），商务印书馆2016年版，第1426页。

[2] 中国社会科学院语言研究所词典编辑室编：《现代汉语词典》（第7版），商务印书馆2016年版，第225页。

生产所使用的工具"①。以此类推，农村即"以从事农业生产为主的村子"。换言之，如果一个村子不以从事农业生产为主，则原则上不能被称为农村。我国在立法层面上并未对农村进行准确界定，但《农村土地承包法》第二条对农村土地内涵的描述，一定程度上印证了上述定义。② 由此可见，就含义的外延来看，农村的范围要显著小于乡村，且农村与城市之间还可能会存在乡、镇等无法被囊括的空间。如以此定义研究农村犯罪，则会导致研究范围过于狭窄，亦无益于充分实现研究价值。

此外，我国学界在进行相关研究时，通常也会将农村犯罪与城市犯罪进行对比，将二者作为相对称的概念。③ 但在具体表达上，学界却并未严格区分乡村犯罪与农村犯罪。如陆健以农村现代化发展为契机提出了农村犯罪的新特点，在此文中，其基本是以地域作为划分标准，将市郊接合部、卫星城镇、小城镇、农村内发生的犯罪均视为农村犯罪。④ 如上所述，而其研究的范围显然更加符合"乡村"一词。雷明源、陈旭、童德华等人的研究亦基本同样如此。⑤ 当然，学界亦有使用"乡村犯罪"一词开展研究的学者，如曾赟便从乡村社会有组织犯罪的成因出发，从政权属性的角度将乡村界定为乡镇建制与村民自治推行的地区。⑥ 至于乡村（农村）犯罪，学界虽然鲜有明确界定，但都认为其原则上是发生在乡村（农村）的犯罪，既包括全部犯罪行为发生在农村的犯罪，如故意杀人罪；也包括部分犯罪行为发生在农

---

① 中国社会科学院语言研究所词典编辑室编：《现代汉语词典》（第7版），商务印书馆2016年版，第961页。
② 《农村土地承包法》第二条规定："本法所称农村土地，是指农民集体所有和国家所有依法由农民集体使用的耕地、林地、草地，以及其他依法用于农业的土地。"
③ 魏平雄、于德斌：《现阶段我国农村犯罪问题研究》，《政法论坛》1992年第5期。
④ 陆健：《现代化与农村犯罪》，《社会》1988年第4期。
⑤ 雷明源、陈旭：《论现阶段农村犯罪严重化的原因及其对策》，《公安大学学报》1992年第2期；童德华：《当前农村犯罪的社会原因分析》，载中国犯罪学研究会《中国犯罪学研究会第十五届学术研讨会论文集》（第一辑），2006年，第104页。
⑥ 曾赟：《乡村社会有组织犯罪原因论》，《犯罪与改造研究》2003年第8期。

村的犯罪，如拐卖妇女、儿童罪。可见，虽然学界研究时出现了乡村与农村两词混用，但实际研究范围却基本一致。是故，本书在引用参考文献时，便不再严格区分乡村犯罪与农村犯罪。

由此，本书采用相对广义的乡村框定研究范围，将乡村定义为城市管辖的区以外的包括乡、民族乡、镇、村在内的地区。乡村不仅包括距离城市下辖区较远的县及其下辖乡、民族乡、镇、村，还包括与城市下辖区临近的行政区划为村或镇的城中村、城乡接合部等地区。

（二）犯罪

"犯罪"一词在不同学科中的内涵与外延同样存在差异，在刑法学或刑法教义学中，犯罪的内涵相对狭窄，且具有一定的国别性。就中国刑法而言，根据《刑法》第13条之规定，"一切危害国家主权、领土完整和安全，分裂国家、颠覆人民民主专政的政权和推翻社会主义制度，破坏社会秩序和经济秩序，侵犯国有财产或者劳动群众集体所有的财产，侵犯公民私人所有的财产，侵犯公民的人身权利、民主权利和其他权利，以及其他危害社会的行为，依照法律应当受刑罚处罚的，都是犯罪，但是情节显著轻微危害不大的，不认为是犯罪"。简言之，犯罪是同时具有严重的社会危害性、刑事违法性和应受刑罚处罚性的行为。这便使对犯罪的研究被框定在了刑法所规定的罪名之中，如此虽然能够反映罪刑法定原则对人权的保障，但相对僵化的研究领域也会导致刑法学的目光大多专注在对行为的定罪量刑之上，而较少着眼于影响犯罪人犯罪的人格、年龄、种族、生活环境等要素，亦较少着眼于犯罪人在实施犯罪行为之前表现出的各种情状及其行为模式，使之在犯罪成因、犯罪预防和犯罪人改造方面的研究深度有限。而在犯罪学中，犯罪的内涵则相对宽泛，国别性亦较弱，往往被称为广义犯罪。康树华在其犯罪学著作中提到，广义犯罪包括"刑法上所规定的应受刑罚处罚的犯罪行为""其他法律所规定的违法行为"及其他"不良行为"。[①]欧美学者

---

① 康树华主编：《犯罪学通论》，北京大学出版社1992年版，第36页。

们则会将反社会行为（antisocial behavior）[①]、外化行为（enternalizing behavior）[②]、越轨行为（deviance）[③] 都纳入犯罪行为的范畴之内，以求对犯罪成因、犯罪预防开展更为精细化的研究。[④] 可见，一方面，广义犯罪的边界是模糊的，它与一个社区、国家或文化圈中普遍的道德标准有着密切联系；另一方面，犯罪学中对犯罪的定义往往与社会学中对犯罪的定义杂糅，实际上，提出"越轨"这一概念的社会学家埃米尔·迪尔凯姆（Émile Durkheim）的部分观点也常常被犯罪学相关著作收录。因此，本书不再对犯罪学和社会学中对犯罪的定义进行细分，而将之统一理解为广义犯罪。对广义犯罪的研究通常为犯罪学或社会学的课题，其并不完全服务于刑事审判，而是试图从多方面探寻犯罪的原因与犯罪预防的手段，这便使得其在犯罪治理领域的研究内容更为全面、科学。

当前学界对乡村犯罪的研究呈现出广义与狭义并存的势态。就前者而言，其研究往往属于或部分属于社会学或犯罪学领域。如魏平雄、于德斌将一些行政违法活动，或传统文化糟粕影响下的行为也视为乡村犯罪，如童养媳，超计划生育等；[⑤] 陈旭海、应华强将吸毒、卖淫等行政违法行为也纳入乡村犯罪的讨论范围；[⑥] 江剑斌讨论了乡村黄

[①] 包括各种类型的行为障碍（behavioral disorder），如精神病态（psychopathy）、品行障碍（conduct disorder）等。

[②] 通常是指幼儿及儿童少年指向外部环境的消极行为，例如打架、威胁他人、偷窃、纵火、离家出走、饮酒、吸毒、冲动行为等。

[③] 社会学中的概念，又称为离轨行为、偏离行为，是指社会成员或社会群体、社会组织偏离或违反人们公认的现行社会规范的行为，如违俗、违德、违纪、违法行为及自毁行为和其他异常行为。

[④] ［美］亚历克斯·皮盖惹主编：《犯罪学理论手册》，吴宗宪主译，法律出版社 2019 年版，第 23—25 页。

[⑤] 魏平雄、于德斌：《现阶段我国农村犯罪问题研究》，《政法论坛》1992 年第 5 期。

[⑥] 陈旭海、应华强：《农村犯罪防控之我见》，《公安学刊（浙江公安高等专科学校学报）》2000 年第 6 期。

赌毒等社会丑恶现象和劳资纠纷引起的治安问题。① 刘毅在讨论村霸犯罪惩治中则把干扰选举活动等行为纳入乡村犯罪的研究领域。② 狭义乡村犯罪的研究则大多是基于司法数据或针对单个罪名进行，如谭志君、彭辅顺是在官方犯罪统一的基础上进行对比调查，鉴于官方犯罪统计的内容是狭义的犯罪，其研究对象亦限于故意杀人罪、强奸罪等16个罪名。③

乡村犯罪并非我国刑法规定中的某个罪名或某章、节罪名，而是一个罪名集合体，且该集合体也不具备严格的边界。又鉴于本书大量采用了田野调查、问卷调查、访谈等犯罪学、社会学、人类学研究方法，旨在推动乡村犯罪治理的科学化，而非仅专注于对某类行为的定罪量刑，故本书对犯罪采取广义的概念。换言之，虽然受所使用的特定研究方法的限制，本书的部分章节可能仅针对狭义犯罪开展论述，但总的来说，本书的研究对象是广义乡村犯罪。这也与当前学界的研究情状大致吻合。

（三）乡村犯罪的基本特征

如上所述，笼统地说，乡村犯罪是犯罪行为发生在城市管辖的区以外的包括乡、民族乡、镇、村在内的地区的犯罪。但若直接使用上述概念，无疑会将一些无须作为乡村犯罪予以讨论的犯罪涵盖进来。如发生在乡村的危害国防利益犯罪、军人违反职责犯罪、危害国家安全犯罪等。因此，应当通过根据乡村犯罪的研究目的概括乡村犯罪基本特征的方式对其外延开展进一步限定，将前述无须作为乡村犯罪予以讨论的犯罪类型排除，使乡村犯罪研究根植于乡土，服务于乡土。具体而言，本书所研究的乡村犯罪至少应当包含以下基本特征：

1. 犯罪主体方面。乡村犯罪的犯罪人大多属于乡村人口，受教育

---

① 江剑斌：《加入WTO农村犯罪预防与控制之我见》，《福建公安高等专科学校学报》2003年第1期。

② 刘毅：《村霸犯罪惩治与乡村治理法治化——基于"枫桥经验"运用路径的思考》，《犯罪与改造研究》2021年第7期。

③ 谭志君、彭辅顺：《论农村犯罪黑数》，《湖南公安高等专科学校学报》2001年第1期。

程度相对较低，缺乏用于高收入工作的专业技能。

2. 犯罪地点方面。乡村犯罪的犯罪行为发生在乡村内，此处的乡村原则上是以行政区划中的乡、民族乡、镇、村为界限，但也包括前述区域连接的向城市延伸或与城市交错的、土地性质较为复杂区域，如城乡接合部；还包括虽在行政区划中被划入城区，但仍以村的形态存在的区域，城中村。

3. 行为特征方面。乡村犯罪大多具有违反社会伦理道德的性质。从广义犯罪的角度看，其包括酗酒、吸毒、暴力行为、小偷小摸等；从狭义犯罪的角度看，乡村犯罪主要为自然犯，如故意杀人罪、故意伤害罪、强奸罪等。此外，乡村犯罪的行为必须与相应乡村的人口结构、文化传统、生产资料、经济发展状况、外部环境等要素具有深刻联系。对于不存在前述要素而仅仅是发生在乡村的犯罪，即使将之纳入乡村犯罪，也无益于研究的开展。

综上所述，本书所探讨的乡村犯罪，主要是指犯罪行为发生在城市管辖的区以外的包括乡、民族乡、镇、村在内的地区，与乡村所具有的要素存在内在联系，并在犯罪主体、犯罪地点、行为特征等方面符合一定特征的广义犯罪行为。

二　乡村犯罪防控的重要领域

如上所述，乡村犯罪所涉及的犯罪类型众多。虽然从整体上看，这些犯罪均产生于乡村背景下，但具体到个罪层面，不同类型犯罪的原因、演进趋势和预防策略显然并不完全一致。故而在讨论乡村犯罪的治理与防控时，微观视角是必要的。由此，本书拟在以时间为线索，从整体视角出发，在对乡村犯罪样态的演化进行梳理后，再回归个罪视角，选择乡村犯罪中的乡村家事犯罪、乡村留守地区犯罪、乡村灰色群体犯罪展开进一步研究。之所以选择此三类乡村犯罪，是因为相较于其他类型的乡村犯罪，此三类乡村犯罪或长期处于乡村犯罪的多发地带，或涉及乡村弱势群体保护，属于乡村犯罪防控的重要领域，对其开展研究具有较强的理论与实践价值。此三类犯罪的基本态势如下。

（一）乡村家事犯罪

本书认为，从狭义上看，家事犯罪是指发生在因血缘、事实或者法律等因素而发生在特定社会关系的家庭成员之间的犯罪事件之总称；从广义上看，家事犯罪还涵括以家庭安全为侵害客体的犯罪事件。目前学界直接将家事犯罪作为理论基础或研究对象的研究相对较少，但家事犯罪所包含的家庭暴力和拐卖妇女、儿童两类犯罪却属于乡村犯罪中的多发犯罪，也属于打击乡村犯罪的重点领域。

就家庭暴力犯罪而言。自2016年《中华人民共和国反家庭暴力法》实施以来，家庭暴力是违法犯罪行为的观念逐渐得到认同，反家庭暴力工作也得到显著推进。但相较于城市，受到传统观念、执法资源等各方面因素的影响，乡村家庭暴力犯罪防控仍属于家庭暴力犯罪防控领域亟须重点推进的内容。从全国数据来看，根据2010年第3期中国妇女地位抽样调查，在受到配偶殴打的女性中，农村女性的占比为7.8%，远超占比3.1%的城镇女性。[1] 需要说明的是，该统计数据乃是将城市和乡镇的数据合并，而将农村的数据单独列出。如果采用本书城市与乡村的区分方式，乡村与城市造成家庭暴力的女性比例会更加悬殊。2021年最高人民检察院发布的6起家庭暴力犯罪典型案例亦属于乡村家庭暴力犯罪。[2] 此外，地方数据同样显示出这一趋势，如从甘肃省的官方数据看，2010年前后，因家庭暴力前往妇联投诉的妇女中，农村妇女占65%左右，高于城市妇女；根据研究者开展的关于乡村家庭暴力问题相关调查，在受调查的2874人中，有92%的人表示自己所在的家庭中存在家庭暴力。[3] 再如本书调研组于2022年在对

---

[1] 阚珂、谭琳主编：《〈中华人民共和国反家庭暴力法〉释义》，中国民主法制出版社2016年版，第13页。

[2] 最高人民检察院：《关于印发依法惩治家庭暴力犯罪典型案例的通知》，最高人民检察院网，https：//www.spp.gov.cn/spp/xwfbh/wsfbt/202105/t20210507_517255.shtml#2，2023年10月24日。

[3] 解晖：《甘肃农村家庭暴力问题的调查与思考》，硕士学位论文，兰州大学，2010年。

重庆市、四川省、陕西省、云南省、贵州省、陕西省、甘肃省、广西壮族自治区、宁夏回族自治区、新疆维吾尔自治区十个西部省、自治区、直辖市乡村儿童开展的一项调查中，在接受调查的3978位乡村儿童里，有1355位表示其曾受到过来自兄弟姐妹、父母或其他监护人的不同形式的家庭暴力，其比例约为34%。可见，除配偶外，乡村儿童遭受家庭暴力的情况同样严峻。总之，作为乡村家事犯罪的重要组成部分，乡村家庭暴力犯罪仍具有较高的发生率，防控此类犯罪的工作仍任重道远。

就拐卖妇女、儿童犯罪而言。虽然收买、拐卖类犯罪存在从城市向城市拐卖妇女、儿童的情况，但被拐卖的妇女、儿童以及收买妇女、儿童的人往往都属于乡村居民。实际上，也只有乡村这种相对偏远、封闭的环境才使得收买者能够长期限制被收买者的人身自由，令其难以逃脱。因此，绝大多数收买、拐卖类犯罪都属于乡村犯罪。作为乡村家事犯罪的一种，仅从司法统计数据上看，在我国，拐卖类犯罪的数量亦相当庞大。根据国家统计局在中国统计年鉴中披露的数据，自1995年有统计数据以来，我国拐卖妇女儿童的刑事案件立案数量经历了两次高峰。第一次高峰是在2000年，拐卖妇女儿童的刑事案件立案数量由1999年的7257件暴增至23163件，并在翌年即2001年又大幅下降至16155件。如此异常的变化显然并未反映出拐卖妇女儿童犯罪真实的犯罪数据，而是受反拐政策的影响——2000年，最高人民法院、最高人民检察院、公安部、民政部、司法部、全国妇联联合发布了《关于打击拐卖妇女儿童犯罪有关问题的通知》，在全国开展了"打击人贩子、解救被拐卖妇女儿童"专项斗争。此次大规模专项行动后，拐卖妇女儿童的刑事案件立案数量开始呈逐年下降趋势。第二次高峰则是在2013年。2007年，国务院首次出台国家"反拐"计划，即《中国反对拐卖人口行动计划（2008—2012年）》，政策的再次发力使得从2008年起，拐卖妇女儿童的刑事案件立案数量又一次逐年上升，直至2013年的20735件，基本与2000年持平。2013年后，拐卖妇女儿童的刑事案件立案数量又开始如第一次高峰后一般呈现逐年下降趋势（见图1-1）。

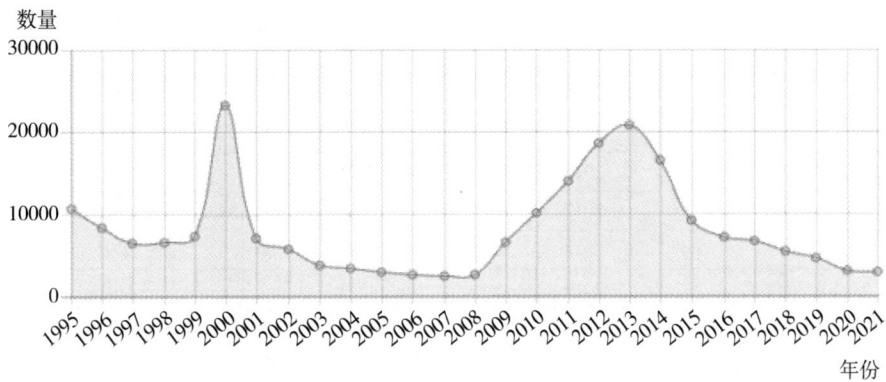

图1-1　全国拐卖妇女儿童刑事案件数①

表1-1　　　　　　全国拐卖妇女儿童刑事案件数

序号	时间（年）	数量（起）	比去年增长（起）
1	1995	10670	—
2	1996	8290	-2380
3	1997	6425	-1865
4	1998	6513	88
5	1999	7257	744
6	2000	23163	15906
7	2001	7008	-16155
8	2002	5684	-1324
9	2003	3721	-1963
10	2004	3343	-378
11	2005	2884	-459
12	2006	2565	-319
13	2007	2378	187
14	2008	2566	188
15	2009	6513	3947
16	2010	10082	3569
17	2011	13964	3882

---

① 本书各图表中具体案件数据均从北大法宝司法案例数据库中统计而得，与实际案件量可能会有所出入。

续表

序号	时间（年）	数量（起）	比去年增长（起）
18	2012	18532	4568
19	2013	20735	2203
20	2014	16483	−4252
21	2015	9150	−7333
22	2016	7121	−2029
23	2017	6668	−453
24	2018	5397	−1271
25	2019	4571	−826
26	2020	3035	−1536
27	2021	2860	−175

由此可见，一方面，拐卖妇女儿童的刑事案件立案数量或曰对拐卖妇女儿童犯罪的打击力度在很大程度上受国家专项工作计划的影响，即使近年来拐卖妇女儿童的刑事案件立案数量逐年走低，也并不意味着拐卖妇女儿童犯罪数量的减少，大量犯罪黑数[①]仍然存在，拐卖妇女儿童犯罪防控需求依旧强烈；另一方面，自 2008 年起，我国已发布了三个中国反对拐卖人口行动计划，分别为《中国反对拐卖人口行动计划（2008—2012）》《中国反对拐卖人口行动计划（2013—2020）》《中国反对拐卖人口行动计划（2021—2030）》，周期从第一个计划的 4 年逐渐增加到第三个计划的 9 年。计划周期的不断延长也表明我国政府并未试图毕其功于一役，而是将反拐视为一个长期的过程，坚持和完善集预防、打击、救助、安置、康复于一体的反拐工作长效机制，在这个机制的完善和执行过程中，需要理论研究与执法、司法实践持续重视。

（二）乡村留守地区犯罪

在 20 世纪末 21 世纪初期，中国的城市经济飞速发展，由此吸引了大量的从乡村进入城市工作的青壮年劳动力。然而，一方面，城市

---

① 犯罪黑数，又称犯罪暗数或刑事隐案，是指虽已发生但却因各种原因没有被计算在官方正式的犯罪统计之中的犯罪数量。

的相对较高的生活成本和较大的竞争压力使得这些外来务工人员难以将自己的家人接到城市生活或工作；另一方面，囿于户籍制度，这些从乡村前往城市的外来务工人员无法在医疗、教育等公共服务上获得与城市居民相同的待遇。这些政策同样阻止了外来务工人员在移居城市工作时带上自己的父母或未成年子女。在前述双重因素的影响下，外来务工人员只能将自己的父母或未成年子女留在农村，同时还需要根据实际情况留下一方配偶照顾父母和未成年子女。这便产生了所谓的留守群体。而留守地区，则是留守群体居住的地区。由于留守群体居住于乡村，故留守地区犯罪属于乡村犯罪的一种。

相较于其他乡村地区，留守地区往往具有更高的犯罪率。① 影响留守地区犯罪率较高的因素有很多，如居住地青壮年较少、缺乏安全保卫人员和措施、人口分布稀疏且流动量大、亚文化盛行、人均收入较低、留守群体占比较高、公权力干预不足，等等。本书认为，留守地区犯罪预防既要着眼于留守地区的地区特征，改善影响地区犯罪率的宏观因素；亦不能忽视易犯罪和易受犯罪侵害的特殊群体，改善影响此类群体的犯罪因素或被害因素。

在留守群体中，留守儿童犯罪与被害长期以来均属于理论界和实务界高度关注的问题。中国预防青少年犯罪研究会于2011年发布的《2010年我国未成年犯抽样调查报告》就曾表明，留守青少年在总体上犯罪率和权益受侵害率均比较高。② 近年来一项基于陕西西安市周边区域的调研结果也揭示出留守儿童犯罪与被害的特殊性，其指出，在实施犯罪和遭受犯罪被害的未成年人群中，留守儿童和流动儿童占比70%。③ 由此可见，一方面，留守儿童犯罪问题依然严

---

① 相关论述参见本书第三章第二节。
② 新华网：《调查显示：我国未成年人犯罪总量从2008年开始出现下降》，中国预防青少年犯罪研究会网，http://www.zgyfw.org.cn/fanzuiyufang/2023/0127/75.html，2023年10月24日。
③ 于阳：《留守儿童犯罪防治与被害预防实证研究》，《中国人民公安大学学报》（社会科学版）2018年第5期。

峻，由于留守儿童犯罪的目标通常指向同龄人，遏制留守儿童犯罪同样可以起到防控留守儿童被害的效果；另一方面，近年来，留守儿童被害的情况并未得到有效遏制。《未成年人检察工作白皮书（2022）》显示，"2020年至2022年，检察机关起诉侵害农村留守儿童犯罪人数分别为2521人、2599人、2773人，分别占侵害未成年人犯罪人数的4.5%、4.3%、4.7%"[①]。可见，无论是从绝对值还是比例上看，从2020年到2022年，侵害乡村留守儿童犯罪人数均呈上升趋势。

综上所述，基于上述犯罪相关态势，本书将从留守地区犯罪防控、留守儿童被害防控以及留守地区未成年人被害向加害转换及其防控三个方面对留守地区犯罪进行研究。

（三）乡村灰色群体犯罪

本书认为，乡村灰色群体是指以乡村为主要生活区域，经常通过一些超越道德乃至法律底线的乖张举止不断给其他社会成员制造麻烦，成为影响居民工作、生活秩序的群体。[②] 乡村灰色群体介于一般守法公民与参与黑社会性质组织的犯罪分子之间，属于社会中的边缘人士。

2018年中共中央、国务院发出《关于开展扫黑除恶专项斗争的通知》，开展为期三年扫黑除恶专项斗争。三年间，全国共打掉涉黑组织3644个，涉恶犯罪集团11675个，抓获犯罪嫌疑人23.7万名，处置生效涉黑涉恶案件资产1462亿元。[③] 打掉涉黑组织是前10年总和的1.3倍。[④] 此后，中共中央办公厅、国务院办公厅印发了《关于常态化开

---

① 最高人民检察院：《最高检发布〈未成年人检察工作白皮书（2022）〉》，"最高人民检察院"微信公众号，https：//mp.weixin.qq.com/s/VbkuRdJsDviuNGQ35gcocw，2023年10月24日。
② 具体界定路径见本书第四章第一节。
③ 新华社：《扫黑除恶从专项斗争转向常态化开展 未来怎么做?》，中华人民共和国中央人民政府网，https：//www.gov.cn/xinwen/2021-03/30/content_5596864.htm，2023年10月24日。
④ 新华社：《雷霆亮剑——全国扫黑除恶专项斗争纪实》，新华网，http：//www.xinhuanet.com/politics/2021-03/28/c_1127265425.htm，2023年10月24日。

展扫黑除恶斗争巩固专项斗争成果的意见》，对常态化开展扫黑除恶斗争作出安排部署。可见，虽然扫黑除恶专项斗争暂告一段落，但黑恶势力、黑色群体并未在我国被完全消灭。当然，我们应当承认，正如马克思主义经典作家所阐述的，犯罪和现行统治都产生于相同的条件，犯罪不仅是对法和法律的破坏，还是对统治关系的破坏。① 扫黑除恶常态化后的工作数据亦佐证了这一点——从 2021 年扫黑除恶常态化至 2023 年，两年来，全国公安机关共打掉涉黑组织 362 个、涉恶犯罪集团 2609 个，破获案件 3.97 万起；全国检察机关起诉涉黑恶犯罪嫌疑人 3.5 万人，其中组织、领导、参加黑社会性质组织犯罪 9551人；全国法院一审审结涉黑恶犯罪案件 5657 件，相关涉案款 436.24亿元。② 从数据对比来看，扫黑除恶专项斗争确实取得了不凡的效果，但是，扫黑除恶工作不能仅着眼于减少黑色群体的"存量"，还要将目光前移，减少黑色群体的"增量"，达到釜底抽薪的目的。

　　黑色群体"增量"的来源很大程度上是乡村灰色群体。一方面，乡村灰色群体往往并未根据一般社会观念的要求参与社会活动，也不具有良好的收入和生活条件，这些特征就导致灰色群体容易形成"实施犯罪—为主流社会所排斥—无法改善自身生存状况—实施犯罪"的恶性循环，最终滑向社会危害性更加严重的黑色群体。另一方面，乡村灰色群体通常尚未真正实施情节十分恶劣、性质极其严重的犯罪，无须施以刑罚，而是对其心理状态、生存环境、生活条件等进行调整便可消除其犯罪倾向，使其回到一般守法公民群体之中。由此可见，在长期发展的过程中，乡村灰色群体既是一般守法公民的重要来源，亦是黑色群体的重要来源。乡村灰色群体犯罪的预防和治理旨在防微杜渐，最终还是为了通过矫正乡村灰色群体从源头上减少对黑色群体的"供血"，实现扫黑除恶工作的科学化与常态化。

---

① 《马克思恩格斯全集》（第三卷），中共中央马克思恩格斯列宁斯大林著作编译局编译，人民出版社 2002 年版，第 379 页。
② 董凡超：《两年来打掉涉黑组织 362 个破获案件 3.97 万起》，央视网，https://news.cctv.com/2023/06/14/ARTIaYmL9pK1LMBHMESen1dJ230614.shtml，2023 年 10 月 24 日。

三 乡村犯罪研究的文献回顾

城市化的推进、新型犯罪的频发、学者的生活环境等因素都使得城市犯罪长期是学界目光关注的焦点,与之相对的,乡村犯罪研究在学界却相对较为冷门。除留守群体与未成年人相关的乡村犯罪外,研究其他类型的乡村犯罪的文章和专著的数量均较少。通过梳理,已有研究主要集中在以下四个方面。

(一) 乡村犯罪宏观领域

从中国知网检索的文献来看,关于乡村犯罪[①]的研究始于 1988 年。改革开放给乡村经济带来了新的活力和图景,同时引发了一些乡村犯罪新问题。1988 年陆健的《现代化与农村犯罪》一文便以改革开放为背景,指出了一些乡村犯罪的新特点。嗣后直至进入 21 世纪前,乡村犯罪的宏观研究大多都围绕着乡村因经济发展而产生的新变化,如雷明源、陈旭的《论现阶段农村犯罪严重化的原因及其对策》(1992);魏平雄、于德斌的《现阶段我国农村犯罪问题研究》(1992);盛凯的《当前农村犯罪的发展趋势和思考》(1998);江剑斌的《加入 WTO 农村犯罪预防与控制之我见》(2003)。进入 21 世纪后,由改革开放引起的乡村犯罪研究暂告一段落,乡村犯罪的研究开始注重对案例和统计数据的分析,除了经济发展,整个社会环境的变化亦对乡村犯罪的情势产生了影响。如曾赟的《乡村社会有组织犯罪原因论》(2003) 从社会学的角度出发分析了乡村有组织犯罪产生的原因;孙喜峰、丁艳的《湖南省农村犯罪情况调查与思考》(2006) 则建立在对湖南农村刑事犯罪数据进行统计和分析的基础上,从政治、经济、文化、社会等多角度出发提出彼时农村犯罪的特点与治理方式;安徽省法学会刑法学研究会的《安徽省农村刑事犯罪问题研究》(2007) 同样是在对安徽乡村犯罪进行统计分析

[①] 如上文所述,本书在此并不区分乡村犯罪与农村犯罪。除直接引用相应文献名称外,其他部分的表述本书将统一使用"乡村"和"乡村犯罪"。

的基础上提出了乡村犯罪的新特点及其成因。在 21 世纪的第一个 10 年里，一些至今仍需关注的乡村问题，如留守群体犯罪与被害问题、乡村有组织犯罪问题、乡村基层干部贪污腐败问题、乡村非法集资问题开始进入学界的视野。

从 2010 年至今，乡村犯罪宏观研究开始逐渐减少，取而代之的是更加具体化、针对某个特定领域的研究，如张海鹏、陈帅的《劳动力外出就业与农村犯罪——基于中国村级面板数据的实证分析》（2016）主要探讨了农村劳动力外出就业与农村犯罪率之间的关系；蒲欣文的《乡村干部职务犯罪调查及对策——以绵阳市游仙区为例》（2016）探讨了乡村干部职务犯罪的特点、原因和危害并提出了相应对策；张垚的《农村犯罪的季节性研究》（2019）对各类乡村犯罪随季节更替的起伏趋势开展了研究；陈君锋、唐玲则在《乡村社区教育与青少年网络犯罪防控：现实诉求与应对策略》（2020）一文中梳理了乡村青少年网络犯罪的基本内涵、表现形式及危害，并在指出乡村青少年网络犯罪问题日益严重的影响因素的基础上提出了相关应对策略。总的来说，乡村犯罪宏观领域的研究经历了视角逐渐微观化、个别化的过程，这强化了研究的针对性和应用价值。但如此发展趋势也反映出当前乡村犯罪宏观领域研究的两个主要问题：其一，研究缺乏发展的动态视野，过去乡村犯罪宏观领域的研究大多聚焦于某一时间点或时间段内乡村犯罪的成因、特点等要素，较少涉及对乡村犯罪史的纵向考察，这无益于把握乡村犯罪样态的演化规律，实现对未来乡村犯罪样态的预测；其二，乡村犯罪研究视角的微观化、个别化虽然具有优势，但也使家事犯罪、灰色群体犯罪等领域遭到一定程度的忽略，这可能影响乡村犯罪研究工作的全面性。而本书对乡村犯罪样态演化、家事犯罪以及灰色群体犯罪的研究正是为了促进前述问题的解决。

（二）乡村家事犯罪领域

我国现行刑法并未将家事犯罪作为一种独立的犯罪类型予以规定，因此，犯罪学界和刑法学界鲜有将家事犯罪作为一个独立的领域开展研究，遑论乡村家事犯罪。近年来，随着实务界对家庭背景下犯罪重视程度的提高，学界也开始出现尝试构建家事犯罪理论体系以解决特定犯罪治理问题的研究。如刘娟在《家事犯罪中未成年人的救助机制》（2019）一文中提出可以以家事犯罪为背景开展预防未成年人犯罪工作；徐放、黄华生则通过《论我国家事犯罪刑法理念的现代化》（2022）一文提出了刑事司法层面家事犯罪治理理念现代化的路径。除期刊文献外，周琳、张寒的《家事犯罪防控研究》（2019）一书从家事犯罪的类型、成因、防控、司法适用、犯罪矫正、立法完善等六个方面对家事犯罪理论体系进行了梳理。如上所述，总的来说，学界关于家事犯罪的研究尚不完善，家事犯罪理论体系并未得到充分的构建，乡村家事犯罪的研究则更为匮乏，这些都需要后续研究的推进。此外，鉴于本书选取了乡村家庭暴力犯罪与收买、拐卖类犯罪作为两类典型乡村家事犯罪进行研究，由于目前学界鲜有专门研究乡村家庭暴力犯罪的文献，故下文将对家庭暴力犯罪与收买、拐卖类犯罪研究成果进行简单梳理。

1. 家庭暴力犯罪

纵观学界对家庭暴力犯罪的研究历史可知，家庭暴力犯罪的研究重点始终聚焦于妇女遭受家庭暴力犯罪的防控及其衍生问题的治理，只是对此相关问题的认识程度呈现出由浅入深的趋势。除此之外，家庭暴力犯罪的研究还涉及儿童受虐待的防控问题。具体而言，自1995年，学界开始对家庭暴力犯罪的预防展开研究，马治国、杜鹏在《家庭暴力的法律控制》（1995）一文中对家庭暴力一词进行了初步定义，并分析了对家庭暴力行为的刑法定性与立法建议。该文认为，家庭暴力主要指丈夫对妻子的暴力，且对暴力的讨论主要停留在身体暴力上。罗刚在《论家庭暴力犯罪》（2000）中对家庭暴力犯罪进行了更加体系化的探讨，梳理了家庭暴力的概念、历史发展、成因与控制模式。此文相较于《家庭暴力的法律控制》（1995）而言更加全面、完整，也提到了精神层面的家庭暴力。但从现在来看，其研究仍相对薄弱，如并未明确将精神暴力与身体暴力分开讨论、认定，亦将夫妻之间的性侵排除出家庭暴力的范畴。进入 21 世纪，除少量关于家庭暴力的整体性研究，如姜涛的《刑法如何面对家庭秩序》（2017）；刘鹿鸣的《虐待罪与刑法中的家价值》（2022）；钱松的《家庭暴力犯罪刑事救济路径的选择与优化》等外，学界对家庭暴力，尤其是夫妻之间家庭暴力的研究开始具有了鲜明的针对性。具体分为如下两个领域：其一，婚内强奸的认定问题。张芳英在《对婚内强奸行为性质的理性思考》（2002）一文中讨论了理论界对婚内强奸行为性质的不同观点，并认为婚内强奸行为应定强奸罪；张弦则在《试论我国婚内强奸的法律救济》（2005）中提出婚内强奸不构成现行刑法中的强奸罪，并指出应当通过立法修改的方式推进婚内强奸犯罪化；姚贝的《婚内强奸的刑法学思考》（2007）梳理了国内外的立法现状及中国的司法实践，并从刑法价值实现的角度否定了婚内强奸的犯罪化。随着对婚内强奸问题探讨的深入，学界不再仅立足于刑法教义学中的理论，而是试图从多种视角切入研究此问题。如万志鹏的《婚姻中性自主权与同居义务的冲突及其解决——从"婚内强奸"说起》（2009）便是从新兴的人权话题出发，试图调和现代婚姻中性自主权与婚内强奸，并认为主张同居义务与拒绝婚内强奸系并行不悖；再如王燕玲的《女性主义法学视域下强奸罪之辨思》（2015）和曹贤信、郭燕的《社会性别理论下的婚内强奸入罪争议与对策》则都是从社会性别理论出发对婚内强奸入罪问题展开研究。其二，遭受家庭暴力的妇女实施反击行为的认定问题。钱泳宏在《"受虐妇女综合症"对正当防卫要件的质疑——由刘栓霞受虐杀夫案说起》（2006）由刘栓霞受虐杀夫案引出"受虐妇女综合症"的法律适用，并提出了对传统正当防卫认定的质疑，希望在处理受虐妇女杀夫案时应当将"受虐妇女综合症"作为受虐妇女"应当免除或者减轻处罚"的重要理论依据。此后，受虐妇女综合症成了研究受虐妇女杀夫案的重要理论依据之一，如张璨的《"杀夫案"中的期待可能性与恢复性司法——由"受虐妇女综合症"引起的一些思考》（2008）；陈飞、杨冬的《家暴案中受虐妇女"以暴制暴"行为的正当防卫适用》（2016）；姜敏、谷雨的《"受虐妇女综合症"：概念、体系地位与启示》（2020）；彭文华的《受虐妇女综合症与杀夫案中正当防卫的认定》等。除受虐妇女综合症外，期待可能性理论也成为处理受虐妇女杀夫案的理论来源，如钱叶六在《期待可能性理论的引入及限定性适用》（2015）一文中便有受虐妇女杀夫案中的应用。当然，受虐妇女实施反击行为认定的讨论并不仅限于定罪层面，还包括量刑与执行，张亚军、胡利敏便在《家庭暴力下受暴女性犯罪的量刑与执行途径》（2010）一文中以期待可能性理论为基础为受暴妇女犯罪的免除或者减轻罪责提供了全新的视角，并讨论了刑罚执行的倾向。综上可见，家庭暴力犯罪的研究呈现具体领域较为详尽，但全面性不足的势态，还存在缺乏纵向视野、家事犯罪独有视角等问题，需要后续研究进一步深化。

2. 收买、拐卖类犯罪

关于收买、拐卖类犯罪，学界的研究则集中在两个方面：其一，收买、拐卖类犯罪的教义学分析。该方面的研究主要侧重于对收买、拐卖类犯罪构成要件的认定，如龙骧的《违背被害人意志是构成拐卖人口罪的前提——与赵长青同志商榷》（1985）；刘承敏、傅昌泽的《析拐卖人口罪的几个疑难问题》（1990）[1]；何义勇的《对拐卖妇女儿童罪既遂形态的探讨》（1994）；林亚刚的《拐卖、绑架妇女、儿童罪几个问题的探讨》（1994）；杨金彪的《拐卖妇女儿童罪的几个问题》（2004）；王志祥的《论拐卖妇女、儿童罪的既遂标准》（2007）；袁荣海、顾德仁的《论收买被拐卖妇女、儿童罪关于"不追究刑事责任"之规定》（2010）；陈洪兵的《拐卖妇女、儿童罪的实行行为只有"拐卖"》（2012）；敦宁的《拐卖妇女罪中被害人承诺之司法功能》（2013）；姜涛的《收买被拐卖妇女罪的刑法教义学拓展》（2022）等。这些文献围绕拐卖妇女、儿童罪的排除犯罪性事由、实行行为分离、主观方面、既遂标准、罪数形态、减免责事由、法定刑幅度等方面进

---

[1] 我国1979年《刑法》规定了拐卖人口罪，而在1997年《刑法》中，该罪被改为拐卖妇女、儿童罪，本书中统一使用拐卖妇女、儿童罪表述。

行了研究，旨在使拐卖妇女、儿童罪的定罪量刑实现合法又合理。遗憾的是，在收买、拐卖类犯罪的研究中，收买类犯罪的研究相对较少，尤其是收买被拐卖妇女、儿童罪的法定刑问题，长期属于研究空白，仅从 2022 年开始才由于重大舆情的发生又进入学界的视野。因此，收买、拐卖类犯罪的教义学分析相关研究仍需进一步拓展；其二，收买、拐卖类犯罪的犯罪学分析。该方面的研究主要侧重于对收买、拐卖类犯罪的特点、犯罪态势等开展分析，为防控收买、拐卖类犯罪提供对策，如何济川的《拐卖人口犯罪的走势与对策》（1992）；淡利锋的《女性拐卖人口犯罪的特点、原因及对策》（1993）；姜正成的《关于打击拐卖妇女儿童犯罪的几点思考》（1996）；兰立宏的《论国际视阈下拐卖犯罪防治策略的完善路径》（2014）；王锡章的《拐卖儿童犯罪的现状与遏制对策——以 F 省为例的实证研究》（2015）；林远浩、张璇的《新形势下公安机关打击拐卖妇女儿童犯罪难点及对策》等。这些文献往往需要立足于特定时期收买、拐卖类犯罪的特点与成因进而提出相应的应对策略，如此方式的优点在于能够保障研究结论的针对性和有效性，但也存在缺点，即需要不断根据收买、拐卖类犯罪的演变更新研究成果。因此，收买、拐卖类犯罪的犯罪学分析具有开展长期、持续研究的必要性。

（三）留守地区犯罪领域

如上文所言，留守地区犯罪的研究主要分为留守地区犯罪、留守儿童被害以及留守地区未成年人被害向加害转换三个方面。由于当前学界缺乏以留守地区犯罪现象为研究对象的成果，故下文将对留守儿童被害和留守地区未成年人被害向加害转换的相关文献进行回顾。

1. 留守儿童被害

留守儿童是伴随着我国城乡二元发展结构的形成而产生的一种特殊儿童群体。在 2005 年以前，留守儿童问题还未引起学界的关注，只有一些报纸报道了这一社会现象的存在。自 2005 年起，教育学、心理学、社会学和公共管理学界的相关学者开始予以关注，如张春玲的《农村留守儿童的学校关怀》（2005）；蔡玉军的《留守儿童社会化研究的新视角：非社会性行为理论》（2005）；江荣华的《农村留守儿童心理问题现状及对策》（2006）；范逢春的《留守儿童问题的整体性治理框架研究》（2014）等，这些研究逐渐从现象描述走向深度的专业剖析，对我们理性认识留守儿童群体功不可没。遗憾的是，即便留守儿童遭遇犯罪侵害现象不断发生，但法学研究者特别是犯罪学者介入研究该特殊群体的比例仍很低，研究成果极少，导致无法形成多学科、深度交叉研究的态势。

随着我国农村劳动力向城市转移的规模不断扩大，农村留守儿童的数量不断上升，由此引发的留守儿童安全事故也不断发生，引起社会的广泛关注。目前，一些研究社会学、教育学和心理学的学者从各自学科的角度谈到了留守儿童的安全问题，如张钧的《农村地区留守儿童安全教育警钟长鸣》（2015）；蔡君的《论留守儿童教育问题的成因及对策——以留守儿童安全为视角》（2009）；王梅军的《解决留守儿童安全教育问题刻不容缓——关于农村留守儿童安全教育的调查与思考》（2012）。一些研究留守儿童的教育学和社会学专著中也涉及留守儿童的安全问题，如陈旭的《留守儿童的社会性发展问题与社会支持系统》（人民出版社，2013）；任运昌的《空巢乡村的守望：西部留守儿童教育问题的社会学研究》（中国社会科学出版社，2008）；谢妮等人的《农村留守儿童教育现状研究》（经济科学出版社，2010）等。留守儿童的安全教育是一个系统工程，要想解决好这一问题，就需要家庭、学校、政府、社会等多方面力量齐抓共管，探索行之有效的安全教育途径，把留守儿童纳入有效的监管中，提高他们的安全意识，为其健康成长、顺利成才提供安全保障。在这一层面上，上述研究引发了社会对留守儿童安全问题的关注，具有积极意义。但仍存在一些不足：其一，这里的安全问题，主要谈的是意外事件的避免，较少涉及犯罪侵害问题；其二，因学科专业领域的原因，这些学者只是从各自学科的角度提出了这一问题，将这一问题当作其研究体系中的一个小点,没有也不可能运用被害人学知识进行系统、深入地交叉分析;其三,这些研究的主要目的是提醒人们,应高度重视这一社会现象,进而从生活经验的角度提出了一些防范对策,没有也难以提出专业的预防对策。

近年来,社会对留守儿童的被害性与被害预防问题日益重视,相关的研究也逐渐提上日程。且由于对象的不断细化,留守儿童被害研究亦出现了大量细分领域:其一,整体性权利受害与保护研究。如陈为智、张怡然的《农村留守儿童受侵害状况及社会支持的作用研究——基于江西省90村的调查》(2020);舒慧欣等的《农村留守儿童分阶段多重伤害风险预警与分级干预机制探究》(2020)等。其二,留守儿童遭受校园欺凌。如贾勇宏、吴恩慈的《农村留守儿童校园欺凌的个体影响因素研究——基于Logistic回归的实证分析》(2020);杨传利等人的《学校氛围对西部农村留守儿童校园欺凌的影响——社会情感能力的中介作用》(2022)等。其三,留守儿童遭受性侵害。如张晓冰的《农村留守儿童遭受性侵案件的特征、难点及出路》(2019);冯元的《农村留守儿童性侵害的预防教育策略与干预路径》(2021)等。其四,留守儿童遭受生理与心理虐待。如王玉龙等人的《儿童期虐待与留守青少年网络欺负的关系:一个有调节的中介模型》(2019);李晓玫等人的《留守儿童心理虐待与攻击行为:心理弹性和人际敏感的链式中介作用》(2022)等。

总的来看,当前的研究呈现出以下趋势:其一,研究不局限于法学领域,在教育学、心理学、社会学和公共管理学等领域的研究态势也很活跃,许多与留守儿童遭受犯罪侵害的社会学原因、经济学原因和心理学原因等被发掘出来;其二,展开专项问题研究的论文数量较多,深度有所提高,形成了较为系统的研究成果;其三,开始从现象层面的观察法转向采用相关统计学的定量研究分析方法。但当前的研究亦存在研究对象不够广泛和重经验性研究、轻宏观考察的问题,使得研究角度以及结论的局限性较为显著。对此,本书相关研究将予以适当弥补。

2. 留守地区未成年人被害向加害转换

被害与加害转换又成恶逆变,即被害人在遭受犯罪行为侵害后,其外部环境或心理状态随之发生改变,进而向他人实施犯罪行为,实现从被害人向加害人的转变。恶逆变通常发生在未成年人群体中,属于犯罪学的研究内容。目前学界鲜有专门研究留守地区未成年人被害向加害转换的成果,即便是对被害与加害转换的研究,内容也相对单薄,主要集中于两个方面:

其一,女性被害人的恶逆变。该方面研究主要从女性的生理、心理特征出发,分析其发生恶逆变的表现、原因和对策。如林少菊的《浅析女性犯罪人由被害到犯罪的"恶逆变"》(2002)和袁纪玮的《预防和应对女大学生被害人的恶逆变》(2006)都分析了女性犯罪恶逆变的特征、动因,并在此基础上提出了预防女性被害后恶逆变的对策;李莉、黄爱玲的《论女性犯罪动机类型及其教育引导》(2007)和崔海英的《花季之殇:未成年女性犯罪之心理特征和危险因素》(2016)则是在讨论女性犯罪时,将其作为一种犯罪心理产生的因素进行讨论。

其二,未成年被害人的恶逆变。该方面研究强调加害与被害之间的互动作用,其成果更具体系性。许章润在《论犯罪被害人》(1990)一文中指出,不同于传统犯罪学所认为的那样,犯罪其实并非单方面的一元活动,而是犯罪人与被害人双方外显的社会性交互作用的产物。犯罪人与被害人互动理论为被害人的恶逆变提供了部分理论来源;王临平、赵露娜在《防止未成年被害人恶逆变》(2001)中认为,未成年人是恶逆变现象的典型群体,并在对未成年被害人恶逆变现象发生的机制进行分析之后,提出了解决这一问题的基本对策。李莎莉的《弑师案最终加害人与被害人的角色互动》(2010)则是以时间为线索,对犯罪人和被害人的互动作用的各种表现形式进行列举,并以此作为被害人恶逆变的理论基础。莫翊凯的《未成年人恶逆变成因及控制对策》(2020)不再拘泥于犯罪人与被害人的互动作用,而是更加细化了未成年人恶逆变的成因,将犯罪人与被害人的互动作用界定为直接原因，并在此基础上增加了成长环境、学校环境、网络环境、社会环境等间接原因。

由上可见，被害人向加害人转换的研究尚屈指可数，理论基础薄弱，且大多停留在规范研究层面，得出的结论缺乏数据支持。在乡村犯罪领域，相关研究更几乎属于空白。基于此，本书尝试立足乡村犯罪背景，拓展留守地区未成年人被害向加害转换的研究成果，并辅之以实证数据作为支撑。

（四）乡村灰色群体犯罪领域

正如上文所述，乡村灰色群体介于一般守法公民与参与黑社会性质组织的犯罪分子之间，属于社会中的边缘人士。同样地，乡村灰色群体的研究在学界亦不被重视，处于被边缘化的状态，相关文献数量极少。在现有的文献中，对灰色群体的研究主要集中于乡村地区。毛少君的《农村宗族势力蔓延的现状与原因分析》（1991）虽并未使用"灰色群体"一词，但一定程度上通过对乡村宗族势力的研究体现出乡村灰色群体给基层治理带来的困境。李霓在《农村恶势力灰色化犯罪的解读和治理思考——基于四川农村恶势力犯罪大要案件的剖析》（2002）一文中梳理了乡村恶势力灰色化犯罪的犯罪状态，并为乡村恶势力灰色化犯罪良法治理提供了对策。此文虽然事实上关注到了乡村灰色群体犯罪治理问题，但由于发表时间较早，文章并未对恶势力与乡村灰色群体进行区分，使得研究对象不甚明确。在此之后，师索、杨浩的《新农村建设中农村灰色势力的治理对策探析》（2009）和钟晨的《街区灰色群体防控机制研究》（2020）分别探讨了乡村灰色群体和城市灰色群体的治理问题，不仅进一步具体化了灰色群体的范围，还尝试引入社会学的视角，为灰色群体的治理提供了更加科学有效的成果。

综上，当前学界关于乡村灰色群体犯罪治理的认识和研究尚处于起步状态，理论基础和研究方向较为粗糙，这便是本书将乡村灰色群体犯罪及其防控单独作为一个章节展开论述的原因。

四　乡村犯罪的社会危害与防控必要性

乡村犯罪根植于乡村社会之中，具有独特的政治、经济、文化背景，这便使得其犯罪人、被害人、行为特征等各方面要素均具有特殊性。乡村犯罪要素的特殊性集中表现为其社会危害的特殊性，主要包括以下四个方面。

（一）影响乡村的生产活动与经济发展

1. 乡村犯罪会直接减少农村居民的财产和生产资料。一方面，盗窃、抢劫等传统财产类乡村犯罪直接威胁着农村居民的财产安全，执法力量的相对不足亦会致使被害人难以及时挽回损失，提高财产类乡村犯罪发生的频率并加重其实际危害；另一方面，盗伐林木、污染环境、非法捕捞、非法狩猎等破坏生态环境类乡村犯罪不仅可能直接损害农产品的生产和供应，从长远角度看，其也会破坏乡村地区的生态平衡，最终影响乡村经济的稳定和远期增长。

2. 乡村犯罪会抑制外来投资和本地企业的发展。一方面，受用工成本、房租地租、政府宏观政策等方面的影响，越来越多的城市企业，特别是工业企业，开始考虑将企业或厂房迁移或建立在乡村中。作为以经济利益为导向的主体，企业主或其他商业投资者通常会将安全因素考虑在经营决策之中。而乡村犯罪的频发可能会破坏当地社会的和谐稳定，导致商业投资者对向犯罪率高的乡村投资持保守态度；另一方面，对于本地企业，乡村犯罪不仅会直接造成企业财产的损害，还可能通过恶化当地的治安环境而间接影响企业的生产效率，从而抑制本地企业的发展。

3. 乡村犯罪会对旅游业或乡村观光等乡村新型经济增长点造成负面影响。乡村旅游扶贫是长期有效精准扶贫的方法，是实现乡村振兴的重要途径之一。现代社会中，乡村地区独特的自然风景和文化特色与城市居民对"田园生活"的向往完美契合，使得乡村旅游成为乡村经济的新型增长点。然而，乡村犯罪无疑会使潜在游客因担忧人身、财产安全甚至仅仅是旅行体验而选择其他口碑更好的目的地,从而影响乡村旅游业的收入和就业机会,对乡村旅游业的发展潜力造成破坏。

(二) 削弱乡村的社会凝聚力

相较于人员流动量大、人口来自不同地区,"人至老死不相往来"的城市社区,乡村居民受家族纽带和居住地相对固定的影响,往往关系更加紧密。在大到婚丧嫁娶、小到临时照看儿童等诸多生活事件的相互帮助中,乡村的社会凝聚力便不断增强。较强的社会凝聚力不仅方便了乡村居民的日常生活,还是维持乡村社会和谐稳定和实现村民自治的重要基础。而乡村犯罪的犯罪人通常来自乡村内部,一方面,乡村犯罪的频发不仅会增加村民在日常生活中的不安全感,降低乡村社会内部的相互信任,使村民不愿意频繁地参与乡村活动和社交互动,从而导致乡村各家庭之间由熟悉走向陌生,不再倾向于相互帮助;另一方面,特定类型的乡村犯罪如围绕乡村"两委"工作人员的竞选和"两委"工作人员产生后实施的犯罪更容易加剧乡村内部的分化和对立,特别是在拥有多个较大势力宗族的乡村,此类现象尤为突出。这样的分化亦会加剧村民之间的内耗,削弱乡村的社会凝聚力,不利于乡村公共事业的建设。

(三) 阻碍乡村社会服务的优化

医疗、教育等社会服务主要依靠商业和事业组织提供,在乡村高质量发展的过程中,提高乡村社会服务的质量和种类尤为重要,而乡村犯罪则可能阻碍对乡村社会服务的优化。一方面,乡村地区的资金、人力及设施等公共资源往往有限,乡村犯罪的频发会导致公共资源被更多用于防控乡村犯罪和维持社会稳定,如建设治安亭、一村一警制度建设等,从而减少用于社会服务的投入;另一方面,正如上文所述,乡村犯罪的频发会抑制外来投资和本地企业的发展,同时影响从事社会服务的商业组织的存量和增量,限制优化社会服务的能力。此外,作为以服务质量为核心竞争力的旅游业,其配套的优质社会服务不仅可以吸引游客,发展乡村经济,还能进一步满足村民的相关需求。但乡村犯罪的频发同样会对旅游业的发展造成负面影响，不利于乡村社会服务的优化。

（四）加剧乡村的人口流失

人口是发展的前提，改革开放以来乡村的没落与乡村人口大量流失密切相关。想要令乡村恢复生机与活力，推动乡村经济转型，解决人口流失问题是关键。乡村人口流失受多方面因素影响，主要包括乡村经济水平、就业机会、社会服务质量与种类、治安状况，而这些因素都与乡村犯罪紧密关联。

正如上文所述，其一，乡村犯罪会影响乡村的生产活动与经济发展，从而减少本地就业的收入水平与就业机会。一方面，年青一代的村民希望在城市地区获得更多的就业和职业发展空间，从而选择离开乡村外出务工，甚至最终在城市定居，不再返回乡村；另一方面，较低的收入水平也会令乡村中能力较强的医生、教师等专业人员选择离开乡村，从而加剧乡村的人口流失。其二，乡村地区的医疗、教育等社会服务水平和种类均极为有限，而乡村犯罪对乡村社会服务优化的阻碍会使村民更加倾向于迁往城市接受社会服务。以教育为例，在特别看重读书升学的中国，家长通常不吝惜在孩子身上的教育投资，尤其是在城市务工的家长，其可能相较于在乡村工作的家长更加担心孩子在乡村地区接受的教育质量。因此，只要一有机会，他们往往会选择将孩子接到城市接受更好的教育，进而导致了乡村人口以家庭为单位的流失。其三，乡村犯罪对治安状况的破坏会直接加剧乡村的人口流失。特别是对于留守群体而言，其通常属于弱势群体，容易成为伤害、抢劫及其他暴力犯罪的目标，这便同样增加了外出务工人员将其接至城市生活的动力。其四，乡村犯罪与人口流失之间会形成恶性循环。乡村犯罪对地区经济发展、就业机会、社会服务、治安状况等因素的影响会加剧乡村人口流失，而人口的减少则会进一步削弱乡村拥有的各方面资源，从而无法实现对乡村犯罪的有效防控。

自习近平总书记在党的十九大报告中指出中国特色社会主义进入新

时代以来，乡村发展始终是国家重大发展战略的重要组成部分。当前世界正处于百年未有之大变局之中，这给中华民族伟大复兴与社会主义现代化建设既带来了机遇，也创造了挑战。在此新时代背景下，乡村振兴战略的推进不仅有助于促进农业现代化和农村产业升级，使农村经济更加高效和多样化，推动农村经济从传统农业向现代农业转型。除此之外，乡村振兴战略还在缩小城乡差距、提供就业机会、保障粮食安全、传承和保护优秀传统文化等方面发挥着重要作用。可见，维护乡村社会稳定，落实乡村振兴战略是现代乡村社会治理的重中之重。

在改革开放至今的几十年里，城市化是我国经济发展与社会变迁的主流趋势，理论界与实务界研究的重点也大多集中于城市犯罪。而如今，随着国家政策的调整，乡村发展成为国家发展的重要方向。过去理论界与实务界重城市犯罪轻乡村犯罪的倾向难免会削弱乡村犯罪防控的实施效果，进而对乡村的振兴与发展产生诸多阻碍。因此，响应国家乡村振兴战略部署，构建乡村犯罪治理理论体系，强化对乡村社会的治理和乡村犯罪的防控应当成为理论界与实务界未来研究的重点方向之一。

第三节 宏观：时代特征更迭与乡村犯罪样态演化

一 引言

乡村治理历来是学界关注的重大命题。早在20世纪40年代，费孝通先生就立足于人类社会学的视野研究中国乡村的秩序问题。近年来，社会学与法学均对乡村社会的治理投以目光，就前者而言，如朱晓阳的《小村故事——罪过与惩罚（1931—1997）》（法律出版社，2011）便是常以小村地景为切入点，在国家—社会框架视角下，分析中国乡村混融与差序性的格局；就后者而言，如苏力曾借助人类学与社会学的研究范式分析中国乡村的司法秩序，而陈柏峰的《乡村江湖——两湖平原"混混"研究》（中国政法大学出版社，2011）则是在试图解构人情取向的乡土逻辑背景下提炼当下中国乡村秩序格局的主宰因素。

实际上，从20世纪90年代开始，以贺雪峰为代表的"华中乡土派"就给予了乡村治理问题持续有力的关注。以乡村这一活动场域展开的研究为后来者提供了研究的经验图式。这也使本书在试图构建自然村落犯罪图景时不仅具备了发生学的立场，还拥有一定的理论经验。

而犯罪学史和刑法文化学史的发展表明，总结相关场域犯罪研究的经验、探寻此类型犯罪背后的共同原理、阐述特定场域犯罪系统的运作机理有助于揭示犯罪学意义上的犯罪类型及刑事司法意义上的犯罪体系的本质与规律。对自然村落犯罪样态演化史的理论提炼能够将犯罪概念化和类型化手段放在历史层面上检视，以便为现代意义上犯罪类型的研究提供经验素材和比较工具，从而使得揭示这些犯罪类型之成因变得相对容易，并能够将人类学和社会学视域下的自然村落犯罪问题研究引向深入。

顺带说明一下，虽然本书言称是乡村犯罪史考察，但在研究方法领域，只是基于逻辑上的连贯性陈述一个自然村庄若干年来的犯罪样态更迭，而并非采用严格意义上的文献稽考等历史学研究方法。申言之，本书尝试运用法人类学的"小范围定位"和法社会学的"半结构、无结构化访谈"等"嵌入式"（深入调查对象的田野调查）研究方法。此外，受研究方法的限制，在考察对象的撷取上，本书调研组无法做到面面俱到，因而将考察重心置于新中国成立以来乡村社会结构受经济因素切割而形成的乡村犯罪新图景，对于新中国成立以前的乡村犯罪则选择性地关注兴盛于民国初年的乡间匪患，并且以"圩"的构筑与消亡为线索考察乡村犯罪的样态更迭。

基于这样一种研究思路，本书调研组选择安徽省北部藕塘行政村下属王圩[①]这一自然村庄作为调研对象，理由如下：

首先，选择一个自然村庄作为分析单位适合这项研究，正如社会

---

① 本书出现的地名、人名已按照社会科学研究惯常的匿名规则作出处理。

学家朱晓阳教授所言，单一自然村落是进行延伸个案分析的适合单位。[1]

其次，王圩地处江苏、安徽、河南三省交界，具有一定的地域典型性，因而具有研究对象上的代表性说明力。具体而言，其一，皖北地区地貌舒展开阔、民风淳朴。各朝代地理志中多有关于此地民风厚重的描述，直至清朝光绪年间仍有这样的记载，沛之民犹有先王遗风，重厚多君子，好稼穑，恶衣服，以致蓄藏。[2] 其二，行政区划的交界处向来是"两不管"地带，历史上，因基层政权之间的分化乃至冲突导致的国家控制力的削弱，王圩一度陷于"两不管"的尴尬境地，使之反而成为犯罪学研究上的好素材。其三，若干年来，特别是近代以降，外在的政治、经济格局的风云际变和内生的机理失调无可避免地会使这块土地滋生出各种犯罪行为，乡村犯罪的研究提供了横向和纵向两个观察角度。

最后，王圩这一村庄称呼利于乡村犯罪史研究上的逻辑推演。皖北的自然村庄一般是在血缘基础上构建的亲族群落，所以村庄以同姓为主，当然受通婚和人口流动等因素的影响，入赘的女婿和"外流"会进入村庄，使村庄内部留存一部分与传统亲族群落不具有直接血缘关系的"外人"，因而也有不少村庄杂有外姓。[3] 这些村庄的名称往往以村内主姓加上"庄""场""圩""营""楼"等构成，如张庄、薛场、王圩、崔营、李楼等。而"圩""楼""屯"等称呼的来历便给犯罪学的研究带来了启发。回到本书调研组选择作为调研对象的王圩，该村因20世纪初以王姓家族为主的乡民为抵御匪患而构筑的土圩了[4]得名。在如今的中国，"楼""圩""屯"的物理形态大多业已消

---

[1] 朱晓阳：《小村故事——罪过与惩罚（1931—1997）》（修订版），法律出版社2011年版，第28页。
[2] （清）《宿州志》卷四《舆地志·风俗》，《中国地方志集成·安徽府县志辑》（28），江苏古籍出版社1998年版，第94页。
[3] 本村人对因饥荒、战乱、躲事等原因入住的外地人的称呼。
[4] 圩，即围绕村落四周的障碍物。

失,其在更多意义上已经成为一种象征,但寻找"圩"这一犯罪防御象征生成、演化的底动力仍可为考察乡村犯罪史找到一个便利的切入点。

二 从王圩看中国乡村的聚落形态及其犯罪学启示

(一)"圩"的形成与王圩的变迁

影响中国乡村聚落形态的因素很多,如自然地理条件、历史文化背景、经济发展状况、政策与规划等,其中,自然地理条件是基础性因素。尤其是在生产力不够发达的时代,人们往往以实现在生产实践活动中对土地的充分、合理利用为准则设计自己的聚落形态。正如山地丘陵地带多为散居型村庄,平原盆地地带多为集聚型村庄。对于人类学和社会学研究而言,具有启发意义的是聚落形态形成的人文及社会背景。

王圩所在的皖北地处中原腹地,不靠山临水,但素来不绝匪患。特别是在民国初年,在整个中国时局混乱、军阀混战的大背景下,皖北匪患更是兴盛起来。与鄂东、湘西等地借助有利地形盘踞山林的匪帮不同,王圩附近的"马子"(当时人们对土匪的称呼)多以遍野的青纱帐[①]为掩护,因而这里的匪患带有一定的季节性——平时土匪们刀枪入库,偶尔以绑票营生,直到青纱帐起才大规模出动,干些打家劫舍的勾当。因此,每当高粱要成熟的时候,人们就要想办法防匪了。

王圩的王贵田是个供销社退休干部,八十多岁了,现居王圩十里外的高庄集上。有人说,他小时候被土匪绑票过。本书调研组特意跑去找他谈谈情况。老人告诉本书调研组,当年他只有十来岁,家里有骡马房产,过得比较富裕,村里的土匪"小眼子"就勾结外地土匪把他蒙上眼睛绑架到几十里外的江苏省徐州市的一个地方,后来家里交

---

① 指大片的较高的植物地,如玉米、高粱等,从远处看尤其是在清晨和傍晚看时和"青纱帐"相似故而得名。

了"袁大头"①（当地人戏称为"冤大头"）才被赎回来。按照土匪的规矩，要是不蒙眼，"熟客"就会被撕票。淡季，土匪们还干些帮人复仇、收账的"买卖"。王贵田的二叔就是在送新娘子回来的路上，被仇家雇来的土匪盯上，揉到高粱地里，拉了半夜的呱（说话、谈心），最后还是给"铳了"（枪杀）。

土匪行径本来是见不得天日的，但碰上近代以来的政权更迭，社会秩序混乱，农业生产疲弱，加之灾荒之年，土匪们也就不管不顾，纷纷浮出水面，集结起来，公然打家劫舍。当时皖北乡村完全靠天吃饭，干旱常使农民饱受饥荒之苦，政治上的动荡也威胁着村庄的安全。在无险可守的王圩，单门独户难以与匪患抗争。村民为了自保便在村子周围筑起围墙。王圩的围墙主体由土坯构筑，墙外还挖了护城河。村子里有钱的人出资购买枪支等武器组织了自卫队。不过泥土做的圩子究竟不是铜墙铁壁，在土匪的里应外合之下，王圩的土圩子曾经被土匪数次攻破，不仅丢了钱财，还丧了几个青年的性命。

几十年下来，在自然的侵蚀之下，土质的圩子逐渐疏松、剥落，直到20世纪70年代，村子周围还有几段断壁残垣，尔后仅剩的圩子也在土地承包推行后被惜地如金的村民们开荒成自留地或者宅基地了。王圩的土圩至此完成了历史使命，在实体上彻底消亡，只留下一个名称。这个名称顺其自然地让渡给村庄，因此村庄具有了"圩"的传承，而"圩"则成了村庄的符号。本书调研组在村中问及"80后"的村民，他们说只知道有这么一回事，可都没有见过土圩子的样子。可见，圩子或许曾经挡住几个靠翻墙越户营生的小蟊贼，但却在抵御匪患时并未派上多大用场。不过，圩子毕竟作为一种实体存在过，并且已然演化为村民们的一种心灵慰藉。

对于乡村犯罪研究而言，土圩子不会因为其实体的消亡而失去研

---

① 民国时期主要流通货币之一。北洋政府为了整顿币制，划一银币，于民国三年（1914）二月，颁布《国币条例》十三条，决定实行银本位制度。根据这一规定，北洋政府于1914年12月及1915年2月，先后由造币总厂及江南造币厂开铸一圆银币，币面镌刻袁世凯头像，俗称"袁头币"或"袁大头"。

究价值。相反，这种符号上的传承对于研究者而言反而更具启发意义。

（二）王圩变迁的犯罪学启示

土圩的形成和王圩在近代以来的变迁给予了犯罪学研究以新的启示，主要体现在以下四个方面：

其一，犯罪学研究需要开辟新场域，注重特定场域犯罪的概念化和类型化处理。这是由于，犯罪学属于经验科学，其研究的场域和对象是社会生活中的特定场景。把握关联的经验事实是确立犯罪学一般命题的必备环节。"圩"作为一个浓缩了的小型社会，几乎涵括了犯罪学所要考察的各种核心要素——经济和政治、社会和文化、心理和精神、思辨和实证、经验和逻辑等。因此，这一方面为犯罪学的研究提供了便利，另一方面也为犯罪学的研究开启了一扇新大门——在不偏离犯罪学研究的总体路径下，对其研究场域作出特定化限囿，以便于在较小范围内准确把握犯罪学与经济、社会、文化、历史、心理等学科之间的关联度。这便更有利于对犯罪学中的某项分支做细致深入分析。

其二，需要打开犯罪学研究的历史视域。作为中国皖北乡村特定时期发展的产物，"圩"显然带有浓重的时代印记。在"圩"的物理形态随岁月变迁中，考察其所附随与衍生的乡村犯罪样态的演化，实际上就是在学术史意义上提炼特定犯罪类型在一定场域中发生的连贯与异化现象。而"圩"的功能的演变则为考察和研究乡村犯罪样态的演化提供了真实的历史标本。这同时也符合犯罪学作为一门学科的基本特质。正如学者所言，犯罪学是一个跨学科的研究领域，它涉及对法律的制定过程、违法行为和社会对违法行为的反映的实证研究。[1]

其三，应当注重观察与挖掘犯罪学中的标签意义。本书调研组在王圩调研时发现，村中大部分青年虽然没有见过土圩的样子，但是

---

[1] ［美］罗纳德·J. 博格、小马文·D. 弗瑞、帕特里克亚·瑟尔斯：《犯罪学导论——犯罪、司法与社会》（第二版），刘仁文等译，清华大学出版社2009年版，第25页。

"圩"作为一种应对匪患的符号却深深烙在他们的心里,相信在未来,它仍会以口口相授的方式传承下去。在当地,"圩"已然成为界分人们好坏心肠的一种心理标志,对于善良人而言,它是一种心理慰藉,而对潜在犯罪人而言,它则是一种心理强制。无论从文化还是心理学层面,这都符合犯罪学的研究范式。不过"圩"这一特定场域的心理标签意义与犯罪学概念中的犯罪标签理论大相径庭,而这恰恰是犯罪学研究需要警醒和开拓的方向。

其四,"圩"本身所折射出的暴力倾向亦需要被作出犯罪学意义上的解读。需要说明的是,"圩"所凝结的暴力既非国家层面上的政治强力,亦不同于个体自然人的身体暴力,而是某些具有地缘或者血缘关联的人们之间自发集结所形成的一种群体的力量。正如雅克布斯所分析的那样:"就长期而言,能够为维护自身获得最好服务的群体,将证实自己具有最强的存续能力。暴力拥有者必须给只将自己的喜好最大化的生物世界,烙上一个适合于群体的生物世界的模型。"[①] 对"圩"的暴力作出特别意义上的界定,有利于对特定场域作出犯罪学上的概括与归类,便于当犯罪学与人类学、社会学以及政治学交叉时甄别和提炼出属于犯罪学意义上的命题。这种研究路径既是宏观犯罪学的研究模式,同时也强化了犯罪学的研究深度。

三 从王圩的时代印痕看中国乡村犯罪样态的历史演进

希特·肖尔(Heather Shore)认为,"犯罪"是下层民众应付贫困、匮乏、危机、失业、未充分就业等问题的一种不得已而为之的解决方式。在某种意义上可以说,犯罪已经成为当时部分下层贫民的一种生活方式。[②] 那么,犯罪有没有合法与非法之分,有没有好坏之别?在犯罪学研究客体即犯罪本身的政治亲缘与犯罪学研究模式的学术理性的交

[①] [德]京特·雅科布斯:《规范·人格体·社会——法哲学前思》,冯军译,法律出版社2001年版,第24页。

[②] 郭家宏、许志强:《资本主义发展视野下的英国犯罪史研究》,《学海》2009年第5期。

织当中，对这一命题的判断越发艰难。犯罪是一个政治概念，因为"国家把某些行为定为犯罪的行为原本就具有政治色彩"①。而在学术意义上，必须将犯罪现象与其他诸如经济、文化等现象结合起来才能构建相对完整的犯罪学图景。有意思的是，王圩作为皖北、苏北以及豫东南地区带有特定历史称谓的乡村之一，其在同一历史时期发生的犯罪类型与其他乡村具有相似性，使之成为乡村犯罪学研究样本采集的适宜场域。

（一）集体化时期的乡村犯罪

在新中国的乡村，始于1952年的集体化运动直至1979年乡村开始广泛推行家庭联产承包责任制时才告结束。在这二十多年时间里，夹杂着"三反五反""大跃进与人民公社化运动""农业危机"等经济事件，王圩和其他中国乡村一样饱受风雨。不过一个奇异的现象是，在这段漫长的岁月当中，传统意义上的中国乡村犯罪的连续性步调反而被上述事件搅乱了。

资料显示，20世纪50年代初期，乡村还常有残害、私宰耕畜，有意妨害生产，毁、损农业生产资料、农作物，偷窃公共财产，干涉婚姻自由，强奸，流氓行为等犯罪类型。而在1959—1961年自然灾害期间，前述传统犯罪在中国乡村近乎绝迹，取而代之的犯罪是在农业生产凋敝下的偷盗粮食、采摘青苗一类针对粮食的小偷小摸。按照官方解释，当时中国正经历着非常严重的自然灾害，以至于农业歉收严重。不过在林毅夫先生看来，中国之所以从1959年起陷入前所未有的农业危机，其起因在于集体化运动于1958年秋天从自愿转为强制。②

集体化在一定程度上需要依靠政治力量才能维系。正如朱晓阳教授所言，在一个时期，中国乡村的居民在村内见识了许多政治强力。

---

① ［日］大塚仁：《犯罪论的基本问题》，冯军译，中国政法大学出版社1993年版，第5页。

② Justin Yifu Lin, "Collectivization and China's Agricultural Crisis in 1959-1961", *The Journal of Political Economy*, Vol. 98, No. 6, December 1990, pp. 1228-1252.

这些强力大多数一方面有国家发动、支持或容许的背景；另一方面迎合了地方参与者的特殊目的，与地方性的社会关系交织在一起。① 而乡村正好处于政治强力触角最末端，也是政治强力最容易失控和异化的地方。当乡村经济与政治步调不再合拍、失去节奏之时，地方上部分执法者可能会利用这种政治强力。

实际上，当集体化经济的步调逐步陷入逼仄的旋涡时，一些地方干部所操持的政治强力遮蔽了传统的犯罪。但这些被异化了的强力又何尝不是一种犯罪。这种想法实际上也左右了本书调研组成员的一些情绪，成员忘记自己调研者的身份，并没有专门走访"鬼子"。关于他的"罪行"，本书调研组都是从其他老者的口中得知。在人口出生量下降的年代里，②"鬼子"的三儿子和四闺女分别出生于1958年和1960年。这是乡邻们一直耿耿于怀的事情，用他们的话说，"这是作孽"。

（二）改革开放以来的犯罪井喷现象

1. 收买、拐卖类犯罪频发

改革开放带来了全国经济的复苏和发展，也给中国乡村经济带来了结构上的调整，使得中国乡村经济发展水平、社会面貌翻开了崭新的一页。但文明总是脆弱的、短暂的事情。③ 甚至，一种文明诞生的同时就有负面的因素潜伏其间。改革开放尤其是家庭联产承包责任制的确立对于压抑已久的中国乡村经济来说，绝对算得上巨大的进步。但是，经济改革在为生产活动打开门窗的同时，也解开了同样被压制已久的犯罪瘟神的束缚。王圩的土圩子亦是在这段时期被惜地如金的村民们瓜分殆尽的。

---

① 朱晓阳：《小村故事——罪过与惩罚（1931—1997）》（修订版），法律出版社2011年版，第30页。

② Ashton Basil, Hill Kenneth, Piazza Alan and Zeitz Robin, "Famine in China, 1958-1961", *Population and development Review*, Vol. 10, No. 4, December 1984, pp. 613-645.

③ [美]约瑟夫·泰恩特：《复杂社会的崩溃》，邵旭东译，海南出版社2010年版，第4页。

在改革开放引发的经济发展浪潮的冲击之下，乡村地区出现了一些新的犯罪种类，旧有的犯罪类型也伺机反弹。在王圩较有特色的一类犯罪便是收买被拐卖的妇女，以及由其滋生的强奸，非法拘禁，以暴力、威胁方法阻碍国家机关工作人员解救被收买的妇女等系列犯罪。由于多年的贫穷，王圩囤积了一批年龄不等、精神智力状况参差不齐的光棍。经济活络之后，一部分光棍手里有了点积蓄，于是就有人口贩子从云贵川等边远地区拐骗妇女来此地兜售。拐骗来的外地妇女并不会因为光棍们交了钱就心甘情愿，光棍们则因为花了大价钱而采取软禁、轮番看守等非常措施以保证不会人财两空。更有极端者强奸妇女，以便生米煮成熟饭。遇到个别被拐妇女家人"过公函"来此寻人的情况，有些收买者甚至还会发动族人与解救人员公然对抗。

其实拐卖人口行径古已有之①，只是 20 世纪 60 年代，在新中国政府的有力打击之下濒临绝迹。② 随着改革开放的推进，拐卖人口犯罪死灰复燃。在当时的王圩及周边乡村，具有极强针对性的犯罪行为则是收买、拐卖妇女。不过，除了专门"放鹰"③ 的骗子外，外地妇女大多最终稳定下来。如今，在王圩子里仍不时能遇到操外地口音的妇女。

2. 集资群体与有组织犯罪的兴起

或许也是由于经济上的宽松，王圩的光棍们不再需要终日劳作后，便开始不断制造流氓事件或者聚众斗殴，一些辍学的小青年也加入混

---

① 《红楼梦》第四回中描述：因那日买了个丫头，不想系拐子拐来卖的。清人龚炜所著《巢林笔谈》中亦记载：我不解天地生物，何以有毒虫猛兽？如今之拐子者，取人脑、堕人胎，断人肢体，残毒非常。参见（清）龚炜《巢林笔谈》，钱炳寰整理，中华书局 1981 年版，第 112 页。当然这里的拐子显然不仅仅是指人口贩子，还指祸害一方的"骗子加恶棍"。（参见慕清《孝感俗语词拾零》，孝感市政协网，http：//www.xgszx.gov.cn/plus/view.php？aid＝952，2023 年 10 月 24 日。）

② 储槐植主编：《"六害"治理论》，中国检察出版社 1996 年版，第 160 页。

③ 即妇女与拐卖妇女者事前串通，其首先假意顺从被卖，再在拐卖妇女者收到钱后出逃，以骗取财物。

混大军。他们在"露天电影场"调戏邻村的姑娘、有的甚至猥亵本村的妇女。这些流氓行为显然带坏了这一带的民风。甚至一个知书达理的先生也忍不住动了歪念。他当时是大队小学的老师,是个有学问的人,所以落了个"先生"的雅号。但"先生"诱奸了一个高年级的女生,不仅丢了饭碗,还因此接受了8年的劳改。在1979年刑法当中设有流氓罪这一口袋罪名,不少人因此成了劳改犯,给王圩淳朴的民风抹了黑,以至于他们的家人在村子里始终抬不起头。

混混势力在乡村的率先"觉醒"打乱了乡村平缓的生活节奏。学者曾言,村庄社区中流动性的增加、异质性的凸显、理性化的加剧、社会关联的降低、村庄认同的下降、公共权威的衰退等,导致了村庄共同体逐步趋于瓦解,乡村社会面临着社会解组的危险。一种恶性的力量——乡村混混势力正在趁乱而起。[①] 实际上,皖北地区混混最猖獗的并非在打工潮兴起、乡村人员大量外流之际,而恰恰是在改革开放之初乡村经济和人口结构还算稳定的那几年。按照陈柏峰博士的说法,这是第二代混混的活跃时期,大约位于20世纪80年代末至90年代中后期,这段时期整个乡村江湖处于混乱状态,是"英雄辈出"的时代。乡村混混的混世方式则大多是以暴力形式实施侵财型犯罪。[②]

小混混在王圩当地又被当地人称作"青皮"(青皮混子),他们终日到处招摇过市,有时倒不是为了钱财,而是为了显摆,为了挣面子、充光棍,有时也有阿Q的行状,干些调戏良家妇女的勾当。乡村的街面上还活跃着不少大点的混混,他们在改革开放之初城乡还普遍贫穷无处捞金的时代,开始大肆"招兵买马",有的逐渐演变成为犯罪团伙。高庄街上的高某嫌乡村"水浅",带着弟兄跑到街镇上甚至县城里去混世。一次,把县一中的女生架到石榴园,公然奸淫。除此

---

① 董磊明、陈柏峰、聂良波:《结构混乱与迎法下乡——河南宋村法律实践的解读》,《中国社会科学》2008年第5期。

② 陈柏峰:《两湖平原的乡村混混群体:结构与分层——以湖北G镇为例》,《青年研究》2010年第1期。

之外，高某团伙还曾把一个仇家肢解丢进县啤酒厂的锅炉里烧掉。之后不久，值 1983 年"严打"行动开展，高某等人被判了死刑。为了以儆效尤，枪决的法场就设在高庄街窑厂的废砖池里，不少当地人跑去围观，场面甚为壮观。

最终，混混们的风光终结于刑事政策的调整。结合全国形势来看，仅 1983 年秋至 1984 年的"严打"第一战役，就摧毁了近 30 万个流氓犯罪团伙，依法惩办流氓犯罪分子 80 多万名。[①]

此外，经济结构的松动和刑法罪名体系的调整使得投机倒把犯罪在乡村地区也时有发生。王圩里的"小能人"二孩曾跑到沿海各地倒腾私货，甚至明目张胆地回乡办起了假烟厂，后来也被抓了。

(三) 当代"圩"的失陷及由其衍生、滋养的犯罪形态

随着时间来到 21 世纪，今天的王圩，不仅实体上的土圩难觅踪迹，而且即便是心理、符号意义上的"圩"也被一点点蚕食、剥离。

1. 留守群体诱发的犯罪

基于劳动力过剩与地方经济萎靡等原因，皖北成为农民工输出大区。以至皖北地区的许多村落出现了以老人、孩子和妇女为主体构成的留守群体，这些村落通常被称为"留守村落"或者"空巢村"。王圩也是其中之一。除春节之外，本书调研组很难在村中找到 20 岁至 40 岁的男性作为调研访谈对象。王圩整个自然村人口 1104 人，青壮年男子 158 人，身体健康（北仓患有间歇性精神疾病，虽然身体看上去结实，但不能算是健康）的只有小毛和学文两个常年在家，前者在街上的家具厂打工，后者在农忙时开开收割机，闲时跟着当地建筑队跑小工，其他的一律在江浙一带打工。

如此，与其他皖北自然村落一样，王圩的自然防护能力不可避免地受到削弱，形成了社会治安"空心村"。而社会治安的乏力则给了犯罪分子可乘之机，也由此滋养了某些乡村犯罪。以和王圩同处

[①] 张小虎：《转型期中国社会犯罪率态势剖析》，《宁夏大学学报》（人文社会科学版）2002 年第 1 期。

皖北的 L 县所辖村镇发生的连环强奸案为例加以确证。犯罪者是 L 县 T 镇人 D，前后作案 17 载，奸淫妇女百余人，并伴有入室盗窃和抢劫。作案时，D 目标明确，专门针对留守妇女，且胆大妄为，有时当着婆婆面强奸儿媳，有时当着母亲面强奸女儿，还连续多年强奸同一个妇女。据他自己称，"一切都显得平安无事，因此，胆子越来越大。到最后竟然有了一到晚上就想出去作案的心理"。犯罪分子之所以能够如此猖狂，一定程度上在于受害妇女碍于"家丑不可外扬"的旧俗和社会舆论压力，不愿报警，但主要原因则是这些留守村落尽是些老、弱、病、残，基本没有抵抗力。基于同样的原因，H 省 J 县一农民 Z 手持冲担、镰刀等农具光天化日之下在村中随意截杀妇孺老人，致 6 死 1 伤，而被害人及其旁观者非老即弱，无法阻止 Z 的凶残行径。概言之，犯罪分子之所以能够轻易攻陷村落，如入无人之境般地实施犯罪行为，皆因大量青壮年外出，使留守村庄成为不设防的空心村庄。

这样的强奸和凶杀案件在王圩还没有发生过。不过最近几年，村里经常发生老人被抢的事情。抢劫的手段花样翻新。有用迷药的，有飞车抢劫，有入户抢劫：一次，王圩的两位老人骑电动车赶集回村，快到家门口时被人连人带车推倒，抢走了脖子上的金项链；另一位老太太则在屋门口烧锅时，被人按在灰窝里，从耳朵上硬生生地扯走了两个金耳环。据说被抢的时候这位老太太还苦苦哀求对方给留一只耳环，但丝毫没起作用；还有一家老人刚刚卖的一万多块的粮食钱被两个劫匪夜里洗劫一空；更有甚者，本书调研组在调研中还听说邻村的一位老人去赶集，刚出门，被劫匪朝面门上撒了一把迷药粉，就乖乖地回屋把所有私房钱和大小存折拿给人家，事后居然一无所知。短短数年，这一地区乡村发生不少类似的事件。一时间人心惶惶。加上邻县连环强奸案件传播过来，王圩在外地打工的村民们坐不住了，纷纷打电话回来叮嘱，南昌以前是大队的治保主任，对治安防范比较重视，他还专门请假回来找村干部商量应对之策。村里把村民的意见反映给镇里，镇里和当地派出所也通了气。派出所苦于抢劫的流窜性太大，一时间也没法破案。最后派出所建议在各自然村安装摄像头，并给各行政村安排一个驻村民警。驻村民警来了一阵子，动员老人和妇女组织一个自防队，在夜里巡逻。但是热乎劲一过，驻村民警就没了踪影，加上村民们也忙乎各自的事情，治安巡防的事就又松了下来。

留守村落犯罪的严峻形势已经显而易见。这跟全国的治安形势大体一致。根据国家统计局公布的数据，从1999年开始，我国刑事案件立案数开始出现大幅增长，仅1999年至2001年两年间，便从2249319起增长至4457579起，近乎翻了一倍，此后的十余年里，我国的刑事案件立案数量便长期处于稳步增长的态势，直至2015年达到7174037起的峰值（具体见图1-2、表1-2）。

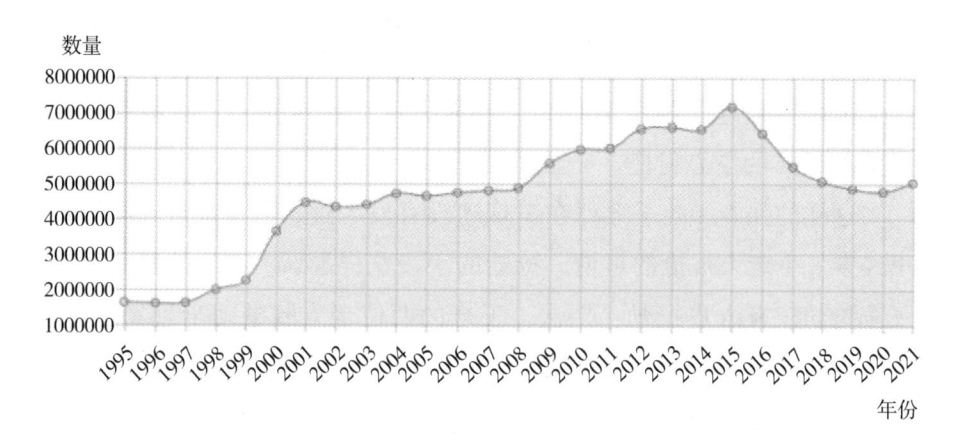

图1-2　全国公安机关立案的刑事案件

表1-2　　　　　　　　全国公安机关立案的刑事案件

序号	时间（年）	数据（起）	比去年增长（起）
1	1995	1621003	—
2	1996	1600716	−20287
3	1997	1613629	12913
4	1998	1986068	372439
5	1999	2249319	263251
6	2000	3637307	1387990

续表

序号	时间（年）	数据（起）	比去年增长（起）
7	2001	4457579	820272
8	2002	4337036	-120543
9	2003	4393893	56857
10	2004	4718122	324229
11	2005	4648401	-69721
12	2006	4744136	95735
13	2007	4807517	63381
14	2008	4884960	77443
15	2009	5579915	694955
16	2010	5969892	389977
17	2011	6004951	35059
18	2012	6551440	546489
19	2013	6598247	46807
20	2014	6539692	-58555
21	2015	7174037	634345
22	2016	6427533	-746504
23	2017	5482570	-944963
24	2018	5069242	-413328
25	2019	4862443	-206799
26	2020	4780624	-81819
27	2021	5027829	247205

不只是刑事案件，公安机关查处的治安案件的数量同样在进入21世纪后出现了激增。根据国家统计局公布的数据，自2006年至2012年，我国公安机关查处的治安案件由6153699起增长至13310741起，翻了两倍有余。直到2012年后，公安机关查处的治安案件的数量才开始逐年降低（见图1-3、表1-3）。

数量

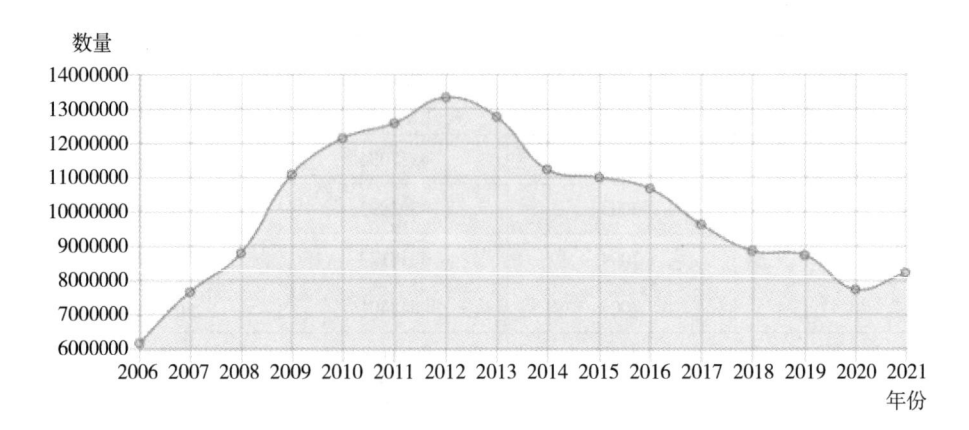

图 1-3　全国治安案件数

表 1-3　　全国治安案件数

序号	时间（年）	数量（起）	比去年增长（起）
1	2006	6153699	—
2	2007	7649785	1496090
3	2008	8772299	1122510
4	2009	11053468	2281170
5	2010	12122138	1068670
6	2011	12563823	441685
7	2012	13310741	746918
8	2013	12746493	-564248
9	2014	11202216	-1544280
10	2015	10971620	-230596
11	2016	10652132	-319488
12	2017	9609333	-1042800
13	2018	8845576	-763757
14	2019	8718816	-126760
15	2020	7723930	-994886
16	2021	8205100	481170

除留守村落衍生出一批犯罪类型以外，其他传统犯罪类型亦在留守村落的"滋养"下大有繁荣之势。皖北 B 市政协一份乡村劳动力输

出后社会治安状况的调研报告显示：近年来，全市80%以上的盗窃、伤害、投毒、绑架案件均发生在乡村。尤其是随着乡村劳动力大量外出，盗割通信电缆、盗窃变压器和电力设施等涉案金额在万元以上的盗窃大案增多。留守家庭的财产安全受到了严重威胁，一些农民形象地说，养猪跟猪睡，养牛跟牛睡，收了粮食草堆睡，养了鱼蟹塘边睡，反正别想在家睡。

因为"空巢村"的出现，王圩及其周边乡村所发生的拐卖人口犯罪在这一时期也有所变化。犯罪对象由以前的妇女为主转移到儿童身上。犯罪的主体也从以前的单个零星作案发展为犯罪团伙有组织的持续性作案。被拐卖的儿童不再被单纯作为收养对象，而大多成为犯罪团伙操纵行乞、诈骗的工具，在此过程中，犯罪团伙还可能将拐来的儿童故意致残以骗取路人同情。拐卖妇女的目的也由卖作人妇为主，发展为胁迫卖淫等多种形式。在王圩还发生过婴儿被偷盗的事情。王圩的妇女在农闲时喜欢打麻将，有一位妇女把孩子放在家里睡觉，在邻居家的院子里打牌，牌局结束回来的时候，孩子已经被偷走了。为了牟利，在偷盗和拐骗儿童的有组织犯罪中，也有当地人参与进来。在王圩旁边的李楼村就有一位妇女被拉下水，充当眼线和介绍人，最后被判处有期徒刑六年。

2. 混混群体的转型

由于乡村年轻人的大量外出，此时已没有太多的乡村"泥腿子"成为显摆和欺负的对象。何况村民大都升格为见过世面的农民工，在与小混混的对峙中，心理上已经不再是绝对弱势的一方。还有些混混又都开始忙于钻营，在街上承包建筑、修桥铺路、跑运输、设赌局、放高利贷或者做一些洗浴、迪厅、酒吧的生意，乡下的农民工有些成了他们的顾客，见面反倒客客气气。遇到外来不良势力欺负当地人，这些"转型者"因为怕影响自己的生意，当然也是为了进一步树立威望，还会想方设法去应付，摆平事端。所以，对于一般村民而言，这些混混成了他们心目中的"好混混"甚至"保护神"。

当然，皖北乡村江湖并未解体，混混群体虽然不再醉心于打架闹事、到处显摆，所以似乎淡出了人们的视野。实际上，他们正着眼于经济利益，利用手中暴力所蓄积的既存资源在乡村经济飞跃发展的年代里占得先机。很多混混因此成了有钱的体面人，并且大都已经顺利完成对第一桶黑金的洗白，拥有了自己合法的生意。当然，采用非常规手段调解民间纠纷甚至黑吃黑仍然是他们一统江湖的方式。只不过，与前几代混混所构建的显性乡村江湖相较，当下乡村江湖建设的重心和影响力方向已悄然发生了变化。仅从"犯事混混"的罪名即可窥知一二——与二代混混多触犯的"故意伤害""聚众斗殴""寻衅滋事"等罪名不同，三代混混触犯的往往是"非法经营""非法集资""组织卖淫""聚众赌博"等涉利罪名。

3. 留守青少年的堕落

另一个需要注意的新情况是，传统混混们的痞气却意外传染给一部分留守村落中的留守青少年。这些留守青少年的父辈大多是中规守矩的种田人，是以前混混的欺负对象。而今这些被父辈们送到镇里上学就不再过问的留守青少年，由于家庭教育的缺失，很少能养成良好的学习和生活习惯，再加之学校有效监管的缺乏，就容易倾向于终日泡在网吧或者在街上浪荡，而不愿意安安稳稳待在课堂上。有的还和街上小痞子沆瀣一气，为非作歹，甚至走上犯罪道路。近年来，留守青少年犯罪已经形成了气候，引起了社会各界的关注，也成为犯罪学研究的一块重要领域。为了挽救他们，社会各界建言献策，多管齐下，试图构设留守青少年犯罪的应对体系。不可否认，留守青少年犯罪仍将是近期干扰中国乡村乃至整个社会秩序稳定性的一大隐患。

4. 乡村涉农职务犯罪的兴起

在中国乡村旧有的经济体制迅速瓦解而新的经济秩序构建尚未完成之际，必然出现经济节奏不协调及社会秩序复杂化的局面。在此期间，混混们趁乱分到一杯羹。一些村官们亦利用手中的权柄以瓜分公共利益。乡村涉农职务犯罪成为乡村犯罪中的新产物。这些案件多以贪污受贿、挪用资金、挪用公款等行为方式出现，一般发生在土地等自然资源承包、征用、拍卖过程中以及国家扶贫、扶助农业资金的使用中，涉及领域涉及卫生医疗、教育事业、金融等。王圩所属的藕塘行政村距离城镇较远，与城乡接合部的村子相比，这里的村干部们似乎没有多少"油水"可捞，但这几年仍不时有人因为扶贫资金、教育经费的分配问题被查办。

乡村涉农职务犯罪发生的原因有多种，而可能最为研究者所忽略的一条是大量乡村青壮年外出所导致的监督缺位。在过去，大家待在本村，所以对大队、小队和互助组的财务收入、支取"拨拉来拨拉去"，人人心里都有一本明细账，干部们就是想"伸手"，也没有施展空间，最多就是到各家蹭蹭饭。如今情形不同了，有热情和体力关心村事的青壮年大都外出。乡村不再受"三提五统"① 困扰，除去有生育任务的村民们还主动和计生主任碰碰面，大部分留守村民无须过多地和村干部打交道，当然也顺带失去了监督他们的机会。干部们在村中几乎成了隐形人。这反倒给一些村干部暗地运作辟出了足够的空间。

四 从"人"到"地"：中国乡村犯罪样态注意力的转移

虽然乡村犯罪问题已经成为犯罪学研究中的重大课题，但到目前为止，研究主要聚焦在留守青少年、农民工等"乡村人"身上，而没有留意到或者认真对待留守村落在当代已经成为新型犯罪滋生和传统犯罪多发的"集散地"。本书调研组在皖北村庄的调研中发现，乡村这片广阔天地为某些犯罪的反侦查提供了天然"保护色"。以制贩假烟为例，犯罪者正是利用皖北乡村村民仍然分散居住的有利条件，将

---

① "三提五统"是我国从新中国成立初的合作化运动到2006年五十多年之间的一项农业政策，"三提"指的是"村级提留"。就是农村行政村从下辖的各个生产队集体收入中提取的一项款项，包括"公积金""公益金"和"管理费"。"村级提留"早在新中国成立初的合作化运动时期就开始实施了；"五统"指的是公社或乡镇统筹，也叫"乡统筹费"。就是各公社（乡镇）向下辖的"乡办企业""村办企业"以及生产队或农民收取的五项资金。包括"农村教育附加费"、计划生育费、优抚费、民兵训练费、修建乡村道路等民办公助事业费。"五统"是从1958年人民公社成立后开始实施的。

制假作坊分置于不同村民家中，交易也选择在空旷的田野进行，以便于在警察突袭时趁着夜色分散逃离。赌博团伙在对乡村地形的利用上更是奇招迭出，有的把赌场开在乡村间的河汊上在乡村大田里掏出曲折逶迤的地道作为赌场。

显然，人类社会的复杂化随着工业社会与农业社会的分离加快了奔袭的步伐。而在城乡二元结构分化加剧的进程中，乡村社会的异质性进一步增加、等级层次进一步分化，这给各种社会人格的形成提供了滋生空间。这就要求，理论界与实务界在应对乡村犯罪的过程中，不仅要善于巡视熟知的犯罪品种、灵敏感应衍生的新型犯罪，还要善于在日渐复杂的乡村社会关系的皱褶里捕捉潜在的犯罪类型。当然，乡村犯罪的常态性和复杂性决定了任何国家（尤其是作为农业大国的中国）在应对乡村犯罪的过程中都会困难重重。但倘若因为主观因素导致一定种类或者一定场域某些常发犯罪无法引起足够重视并得到有效处置则多少有些令人遗憾。基于此，从发生学的角度和犯罪学的意义上，学界对中国乡村犯罪样态的注意力就有了从"人"到"地"的重心转移的必要。

第四节　微观：劳动伦理观变迁与乡村犯罪样态演化

不容避讳的是，犯罪犹如人类社会机体里的病毒，不仅无法根除，还会不断变异。中国悠久的农业发展史和广袤的乡村版图为乡村犯罪的滋生与演化撑开了巨大的时空帷幕。对于考察中国乡村犯罪具体样态及其演化动因而言，1978年改革开放之后的这一历史"切片"极具价值。

1978年及以后的几年中，中国乡村陆续落实了家庭联产承包责任制，农民获得了土地自主经营权，乡村的劳动也开始以家庭为单位展开。最初几年，以土地为根基的家庭劳动伦理观与乡村财富论得以确立和加强，但很快，受经济浪潮和城市化的冲击，中国乡村的形式及概念都发生了裂变。在此期间，经济边界、文化边界、道德边界的变动日新月异。随着劳动力的出走，家庭作为劳动单位开始逐步萎缩直至解体，乡村格局以及农民的身份都发生了诸多变化。土地不再是乡村家庭或农民个体的依赖性生存资源，以土地为命脉的劳动伦理观亦受到冲击，多元化的劳动伦理因素开始出现并逐步展现出旺盛的生命力。城市的元素开始渗透至乡村。在一定程度上，城市化的过程也是熟人社会走向陌生人社会的过程。不过，与真正的城市相比，乡村的根还在。相邻之间，通常只需往上追溯一两代，就能做到知根知底。作为农民，无论身在哪里，他们中的绝大多数人的灵魂仍然难离故土。

因而，现代乡村并未像有人所言的"集体意识悄然崩塌"，[①] 而是在分合之间又悄然走向新的乡村共同体。其实，城市化往往伴随着逆城市化。或许，在此过程中，正像学者描述乡村伦理共同体解构与建构的场景一样，"传统乡村伦理文化逐渐'退场'，而与当前乡村经济社会发展相适应的伦理文化未能顺利建构并'出场'"[②]。不过，乡村众生的生活欲望、文化观念以及道德理念正在急剧的变化中积聚新的体验，正在为构建新的共同体蓄积力量。费孝通所言的"欲望是文化事实"在此有所展现。[③] 欲望并非单纯人类个体的生理反应，它更是人类群体的生活经验产物。作为农民，只要他们的根在同一处，那么，其做事的本领和处世之道仍是同一种经验。[④] 乡村共同体的行为受同一伦理观念支撑和影响，尽管在过于急促的变革中，会在不同伦理观更迭之际出现前后交错与衔接不畅的现象。但这种现象恰好能够显示乡村同体群体及个体行为的心理动因，因而也成为解读乡村劳动伦理

[①] 黄海：《社会学视角下的乡村"混混"——以湘北H镇为例》，《青少年犯罪问题》2009年第2期。

[②] 王露璐：《转型期中国乡村伦理共同体的式微与重建——从滕尼斯的"共同体"概念谈起》，载中国伦理学会《"第二届中国伦理学青年论坛"暨"首届中国伦理学十大杰出青年学者颁奖大会"论文集》，2012年，第128页。

[③] 费孝通：《乡土中国 生育制度 乡土重建》，商务印书馆2011年版，第87页。

[④] ［法］H. 孟德拉斯：《农民的终结》，李培林译，社会科学文献出版社2005年版，第81页。

观与乡村犯罪样态之间关系的经验图谱。

一 经验描述：1978—2018年间的中国乡村犯罪

人类经历了漫长的农业时代，在悠久的文明史背后，隐藏着同样久远的犯罪史。中国的农业历史更加悠久，乡村版图更为辽阔，乡村犯罪的生命力更为旺盛。传统农业社会只能产生传统的犯罪类型，而且基于农耕时代的封闭性，传统乡村犯罪大多为内生型犯罪，犯罪者也往往画地为牢，只吃"窝边草"。1978年之后的短短四十年间，中国乡村情势发生了巨大的变化。地还是那块地，但是其中涵摄的因素几乎发生了质的变化。市场因素牵动人员一并流动打破了乡村壁垒。较之传统，乡村犯罪场域、犯罪者以及犯罪样态都呈现出异化的倾向。这倒给考察乡村犯罪提供了绝佳的样板。短促却容量极大的历史时段，扩容却固定的乡村版图，再加上引介"以小范围的社会单位为研究对象"，选择某些典型的乡村作为样本进行调查分析，使得经验描述1978年后的中国乡村犯罪有了可能和必要。[①] 在本章第三节中，本书已从宏观角度，结合时代特征的更迭分析了新中国成立初期至当代中国乡村犯罪类型的演变趋势。在本部分，本书将从微观角度入手截取中国乡村犯罪类型演变的部分"切片"，进而探讨其与乡村劳动伦理变迁之间的联系。在截取的"切片"中，本书重点关注乡村犯罪的场域、乡村犯罪者以及乡村犯罪的具体样态三个部分。

（一）乡村犯罪场域的变与不变

乡村犯罪场域中，大致不变的是乡村的地理疆域。特别是短短的四十年即大概两代人的生活场域，尽管其间有的地方发生了行政界线的变化，但总体而言，村落的自然边界没有多少变化。如本书调研组所选择的一个深入内陆的自然村落——A村。近几十年里，A村虽然发生了前后划归不同行政村的事件，但它的外延几乎没有发生变化

[①] 朱晓阳：《小村故事——罪过与惩罚（1931—1997）》（修订版），法律出版社2011年版，第27页。

（只是一条县级公路从村头穿过，将村口的两户人家划到公路的另一旁）。不过，近年来传言为配合新农村建设，A 村所在的行政村要统一规划住宅区，如果成真，以往的自然村将不复存在。

更多的变化来自村庄的内部建设。1980 年，A 村完成了包产到户。之后的几年，互助组和生产队逐步退出历史舞台，人们彻底以家庭为单位展开劳动。农民实现了真正意义上的各自为政。20 世纪 90 年代起，情势急转直下，"农二代"随着打工潮涌向城市，固守土地的格局被打破。村子空了，成了名副其实的空巢村。劳动力出走后，土地生产力开始下降，近两年，规模种植或者集体种植再次被提倡，但是这在 A 村并未落实。老年人失去劳动能力，年轻人又不惜土地，造成大量土地被抛荒。调研显示，城市边缘或者旅游开发良好的乡村，土地能够被充分利用，再不济，如媒体报道的，将麦田作为停车场也能增加收入，但在深入内陆又距离城市较远的乡村，土地被闲置的情形很多。这在以往乃是不可想象的，对土地的依赖性没了，农民还是农民吗？

日常村务管理层面也发生了变迁。A 村隶属的行政村的村部（大队部）没有因为行政区划的调整而改变驻址，不过，村级组织的称谓发生了从"大队"到"村委会"的变化；自然村里的生产小队也相应地改称为村民小组。更大的变化是村部的日常事务。改革开放的头十几年里，村务主要是配合上级完成催缴"三提五统"工作，其重点在"收"；近些年，随着中国农业政策调整，特别是农业税取消和针对"三农"的各种补贴的增加，村务承担的主要任务是将这些惠民政策送达"最后一千米"，其重点由"收"转为"送"。就在这一"收"一"送"的变换之间，乡村村务性质的置换带动了乡村犯罪类型的诸多变化。

脱离 A 村这一孤本，研究视野开阔一些就会发现，乡村性质的变化还体现在增加不少新型的"村"。主要表现为小区形式的"新乡村"、被划入（或者挤进）城市里的"城中村"以及散落在城乡接合部里的卫星小镇。这些场域里的主要住户仍然具有农民的身份，但是从其生存、发展的资源基础以及居民的生产、生活方式上来看，已经改变了乡村的性质。不过，从地理渊源、住户身份以及居民生活习气来看，这些聚落仍然保留了村落的根基。特别当涉及考量犯罪者身份时，无论在犯罪学还是社会学研究视野里，仍宜将这些地方视为乡村犯罪场域。

（二）乡村犯罪者的变与不变

代际"遗传"和"传染"仍是塑造乡村犯罪者的重要方式。"农民工""农二代""新农村人"，称谓上的变化其实并未从根本上改变其农民身份。在犯罪学视域，新乡村、城中村和城乡接合部为乡村犯罪提供了新空间，在此犯罪的人仍然多属土生土长。曾经游走在周边乡村的犯罪者有些已经老去，即使他们没在"局子"里，但身体的衰老也几乎令其失去犯罪能力。不过，他们中不少人利用之前用身体"拼杀"所积累的"江湖"资本走上更为隐秘的犯罪道路，而且他们曾经的犯罪技艺亦得以在"农二代"身上延续。

留守群体成为乡村犯罪群体的"主力军"之一。正如本章第三节中所述，改革开放以后，进城务工成了乡村青壮年增加收入的重要方式，乡村青壮年的普遍外出打工在农村留下了大量的留守青少年与老人。留守青少年往往心智尚未成熟，可塑性强，易受环境影响；留守老人则通常身体羸弱，教育理念与教育能力均较差，无法承担教育留守青少年的重任，这便导致一部分留守青少年走上犯罪不归路。此外，少部分留守在农村的女性也试图"广开财路"，成为拐卖妇女儿童、组织卖淫等犯罪的主体。

外来人员和返乡人员亦构成了乡村犯罪群体的重要组成部分。随着国家基础设施建设的推进，乡村的交通和通信能力都得到了质的提升，这增加了乡村犯罪的机动性，从而引得一部分外来人员加入。加之，城市化使城市与乡村正在以前所未有的速度结合，在对乡村犯罪的进化上，原乡人和外乡人一拍即合，不仅壮大了犯罪队伍，还通过交流增添了犯罪技艺。乡村犯罪者的输出亦跟"农民工"进城一样，成为一种趋势。一部分"农二代"开始只是试水城乡接合部，随后，有的向城市纵深发展，加入混混大军，成为"街角青年"新势力，走上犯罪道路。也有一部分乡村青年通过讨教"前辈"、蹲"局子"或与"城市不良青年"厮混等手段习得犯罪技艺，并"回乡创业"。更有甚者，有的乡村青年会对自身"二进宫""三进宫"的经历引以为傲，并自认为这些经历增加了犯罪资本，从而在犯罪的道路上变本加厉。

（三）乡村犯罪的具体样态

为了增加乡村犯罪演化轨迹的明晰度，本书依据乡村犯罪者的来源，将乡村犯罪大致划分为内生型和外来型；根据犯罪类别在乡村发展史上产生的时间长短，将其划分为传统型和现代型；依据犯罪手段和行为特征，又将其划分为暴力型和温和型。当然，上述划分并非绝对，不同类型又往往交织在一起。譬如，交通肇事罪、危险驾驶罪是在近些年农村有了现代意义的公共道路和车辆增加的基础上成为多发犯罪的，以此而言，它是现代型乡村犯罪。而基于车辆流动性较强，肇事者并不仅限于本乡人，据此，也可以将其视为外来型犯罪。外地人流窜于乡村行骗延续了江湖郎中的行为逻辑和犯罪技艺，而飞车抢夺和盗窃等犯罪者，也多为外地人。在人员调配上，本乡人与外地人结伙作案的不限于此，例如聚众赌博、诈骗等。所以，划分外来型犯罪主要考虑其在人员调配和借助物质手段上与内生型犯罪有所差异。

在相对封闭或者较为特定的乡村场域，有些犯罪具有自发性，根本不需要外来力量的开发与触动。作为传统型又是内生型的乡村犯罪品种多为暴力型犯罪。故意杀人、故意伤害、抢劫、强奸、强制猥亵、抢夺、寻衅滋事、聚众斗殴、虐待、遗弃、非法拘禁、强迫交易等暴力犯罪仍然占据着乡村犯罪的主流。诈骗和盗窃虽然在初始形态上看，算是温和型犯罪，但是一遇到阻碍，就往往因为行为人使用暴力而转化为抢劫这一暴力型犯罪。隐藏在村中的聚众赌博的场子里也到处充斥着暴力因素。带有黑社会性质的组织犯罪更是用暴力保驾护航。暴力犯罪是古老的犯罪类型，这是人身上潜伏着的兽性的宣泄，如果失去规训，难免会泛滥。其实，人类和动物最大的区别就是它能够克制自己身上的兽性（或曰动物性），但可惜"文明总是脆弱的、短暂的事情"。[1] 人尽管为人，但有时，人性的一面总会被兽性遮蔽。暴力犯罪就是兽性泛滥所招致的恶果。特别当暴力具有国家发动、支持或容许的背景，并投合了地方参与者的目的，跟地方性的社会关系交织在一起时，乡村，往往成为暴力最容易失控和异化的地方。[2]

改革开放之初，乡村经济还没有被完全带动，农村还普遍贫穷。犯罪常发类型多为盗窃牲畜、破坏生产经营等。在 A 村，因为光棍汉不少，还引发了收买被拐卖妇女、暴力干涉婚姻的案件，与之相伴，非法拘禁，甚至强奸的事件也时有发生。在打工潮还没有真正到来之际，青年混混聚集在一起，惹是生非，经常因此引发流氓、聚众斗殴、强买强卖事件。还因为耕田、宅基地等邻里纷争引发不少故意杀人、故意伤害等恶性事件。

概括而言，1978 年之后的大约十几年间，乡村犯罪类型多与人身相关，而其后，随着乡村经济的发展，涉及财产利益的犯罪类型明显增加，诸如非法经营、非法集资、组织卖淫等。乡村资金的聚集，也使得乡村涉农职务犯罪比以往任何时候都多。在农民工涌向城市之后，老弱妇孺居多的"空巢村"成为犯罪者觊觎的天堂。针对留守老人的诈骗、盗窃、抢夺，针对留守妇女的猥亵、强奸，针对留守儿童的拐骗、拐卖、绑架，时有发生。

笔者相信，在城乡二元结构分化加剧的进程中，乡村社会异质性会进一步增加、等级层次会进一步分化，这会给各种社会人格的形成提供滋生空间[3]，也会进一步加快乡村犯罪样态的演化进度。

---

[1] ［美］约瑟夫·泰恩特：《复杂社会的崩溃》，邵旭东译，海南出版社 2010 年版，第 4 页。

[2] 朱晓阳：《小村故事——罪过与惩罚（1931—1997）》（修订版），法律出版社 2011 年版，第 30 页。

[3] 张训：《乡村犯罪样态历史演化研究》，《犯罪研究》2013 年第 3 期。

二 匹配与交织：乡村劳动伦理观与乡村犯罪样态的关联

财富观既是劳动伦理观的基础，也是劳动伦理观的映照。数千年以来，中国农人在倾向于物质作为基础的财富观支撑下，历来注重田产。许多人省吃俭用只为购买几亩薄田。院落成进、骡马成群往往被视为财富的象征，这是中国农人形成了吃苦耐劳、勤奋朴实的群体性格。但殊不知，人们在创造财富的同时，却可能被财富深深束缚。唯财富论势必制造畸形的劳动伦理观。在"异化的劳动"状态下，劳动者只会被财富所奴役，毫无尊严与快乐可言。当然，劳动是保存财富的手段，财富则是衡量劳动的成果，而且劳动使人成为人。在此基础上，人们应当学会让生产劳动从一种负担变成了快乐追求，进行"体面劳动"，并坚守劳动需要符合基本人道的底线。

纵观1978年后中国乡村劳动伦理观的演绎，就会发现其表现出的诸多变化以及这些变化与乡村犯罪样态之间的勾连。概言之，有什么样的财富观和伦理观，就有什么样的劳动伦理观，也就有什么样的乡村犯罪形态；反之，在每一种具体乡村犯罪形态之下，也能寻找到一种乡村劳动伦理观支撑。不过，在劳动伦理观和乡村犯罪样态之间的大致匹配之下，还存在相互交织影响的情形。

总的来说，改革开放至今的短短几十年间，劳动伦理观在中国广大乡村集中演绎出了责任主义劳动伦理观、消费主义劳动伦理观和消遣主义劳动伦理观。它们分别在某一特定时期成为主流劳动伦理观，而后受到冲击，直至被稀释或者替代，或是出现两种乃至多种劳动伦理观交织并存的状态。与之相应，某一种或者某一类乡村犯罪形态的集中表现并非与某一劳动伦理观简单对应，而是盘根错节，你中有我我中有你。这种交错主要体现在两个维度上，一方面，不同的劳动伦理观会映照在相同或者相似的犯罪样态之上；而在另一方面，一种劳动伦理观主导的时空里，也会出现不同的犯罪样态。换言之，乡村犯罪样态与劳动伦理观的匹配只能停留在粗线条或者大致如此的程度上。

此外，考察劳动伦理观及其支配的乡村犯罪样态之变化虽然根植于乡村的物质经济状况，但还需要驻足于这些变化的载体，即一代一代的乡村人。劳动伦理观具有代际差异，两三代人共存的社会场景决定了乡村往往处于不同劳动伦理观的交织中，而随着时间推移，代际话语权易位必然会呈现出由占主导地位的劳动伦理观更替的情形。所以，考察乡村劳动伦理观与乡村犯罪样态的变化及二者之间的关联性还需要落位到乡村人（乡村犯罪者）身上。

（一）责任主义劳动伦理观下的乡村犯罪图景

乡村责任主义劳动伦理观，是能够体现农民本色的劳动观和价值观的综合体，也可以称为乡村本色主义劳动伦理观。在责任主义劳动伦理观之下的乡村社会，劳动是一种责任，绝大多数的农民安于本分。家庭联产承包责任制推行后，由于分田到户，农民更将劳动责任当成一种劳动自觉。改革开放初始阶段，农村经济还未复苏，劳动形式主要为田间耕作。但对于经历过穷困的农民而言，在家庭联产承包责任制下，"交够国家的、留足集体的，剩下都是自己的"足以令人满意，通过土地劳动致富也不再是梦。所以，农民对土地的珍惜几乎是苛刻的，对自己的体力也毫不吝啬。他们不仅把劳动当成责任，更将其培养成一种习惯和传承。在责任主义劳动伦理观的支配下，一些人把劳动当成一种工具，甚至演绎出超负荷的"疯狂劳动"，将身家性命都搭在土地上。在 A 村，一些老人病灶繁复、满身伤痛，都是那些年超负荷劳动留下的祸根。

勤劳致富的理念弥漫于整个乡村，并且具有极强的生命力，涤荡着好逸恶劳等歪风邪气。再加之，开河铺路等公务劳动仍然高度依赖人力，所以在农忙时，农民劳作于田间，农闲时，便将战场转移到沟渠河坝。在此局面下，好吃懒做的"劳动力"（乡村里通常称身强力壮的男人为劳动力）是不受待见的，这些人几乎没有存活空间。倒是，一些处在发育期的少年们的骚动青春无处安放，引发了乡村江湖的第一波血雨腥风。陈柏峰博士曾将乡村混混分为四代。第一代乡村混混崛起于乡村江湖的时间就处于 20 世纪 80 年代，大约处在中国改革开放的初始阶段。①

　　这一时期，乡村犯罪的发生也大多集中在乡村混混们的身上。因为彼时乡村家庭普遍不富裕，除维持家庭基本生存外，并无多少财物剩余，混混们犯罪主要是为了博取或维护名声——他们往往为了个人或者村庄的名誉，即便身背干粮也"浴血奋战"。在冲突中，非法拘禁、故意伤害甚至故意杀人的案件时有发生，其中还夹带一些侮辱、猥亵乃至强奸的"戏份"。时间久了，纠集的人员越来越多，便形成了"团伙"。一些居住在街镇以生意买卖为主的年轻人和乡镇干部子女也开始加入乡村混混大军，并且因为容易获得财力支撑和地方官员的庇护，而成为"领军人物"。在他们的带领下，一些乡村混混团体慢慢演绎成黑社会性质组织。

　　不得不说，当绝大多数农民忙于"战天斗地"，就连村里的光棍汉都能安分守己的情况下，能够滋生如此"非主流"乡村混混之犯罪团体，真是一种奇特的社会现象。不过，乡村混混的主力军大都是即将成年尚未成年的乡村少年，他们是最容易被忽视的群体，亦是可塑性最强的群体。在中国古代，"恶少"便长期存在，在不同的历史时期，他们或成为破坏社会秩序的主体，或成为地方官员，通过非官方手段维护社会秩序，甚至可能被征发从军，成为为国作战的将士。乡村混混的崛起给当时较为沉寂的乡村犯罪史增添了"浓墨重彩"的一笔。

　　乡村混混及其生存理念难免会给主流劳动伦理观带来冲击，并且顺带催生出新的劳动伦理观，后者主要表现为一种消遣至上主义。消遣主义劳动伦理观意味着闲暇和不劳而获。乡村江湖及其权威的确立使得一些混混不再满足于打打杀杀，转而寻求身份和地位，并谋求长久和稳固的话语权。为此，他们需要完成从图名到谋利的转变。不过，当时的物质条件只能满足"闲暇"，却无法满足"不劳而获"，完全意义上的消遣主义劳动伦理观的形成尚在静候一个契机，那就是中国乡

---

① 陈柏峰：《乡村江湖中的"混混"群体》，《文化纵横》2015 年第 1 期。

村经济的飞跃。

(二) 消遣主义劳动伦理观下的乡村犯罪图景

正如上文所言，完全意义上的消遣需要建立在一定经济基础之上，那么，消遣的经济基础从哪里来呢，消遣对象又是谁呢？这或许涉及到人类社会的一个怪现象，即总是一部分人在用智慧和勤奋创造财富，也总会有一部分人不事生产却能够坐享其成。

从20世纪90年代开始，改革开放的红利已然惠及中国乡村。劳动力和资金的大规模流动改变了乡村的经济格局。财富的聚集极大拓展了乡村混混们从容践行消遣主义劳动伦理观的空间。或许，原本劳动就被视为用于打发时间的一种卑下的、没有吸引力的方式，人们尽可能少地从事劳动。[①] 所以，当聚敛财富能够通过其他手段轻松完成时，责任主义劳动伦理观逐步被消遣主义劳动伦理观挤占。

那时的整个乡村开始弥漫着浮夸的气息。高楼、汽车、奇装异服涌入乡野。从"英雄不问出处"到"有钱不问来路"，人们似乎只热衷于关注财富的数量。

获得责任田的那一代农民无论身体还是精力都在衰退，"农二代"正在崛起。这里使用"农二代"的称谓并非仅仅是为了与"富二代""星二代"等对应。因为财富积累具有天生的不均衡性，绝大多数农民并不富裕，仍然在为生计奔波。(改革开放前十几年，农民的生计主要是为了获得尊严、体面生活，后续则进入起高楼、买轿车、娶媳妇的攀比，更多是为了面子。) 在这些还在为生计发愁甚至陷入困顿的家庭里，却又因为受到"打工潮""新读书无用论"等冲击，产生了一批不事农耕却又贪图享乐的"农二代"。他们中的一些人游走于城市与乡村之间，打打短工，并想方设法在经济上盘剥父辈；也有一些人"不务农、不经商、也不打工，只知整天游荡玩耍，成群结伙，打架肇

---

① 游正林：《革命的劳动伦理的兴起 以陕甘宁边区"赵占魁运动"为中心的考察》，《社会》2017年第5期。

事"①。久而久之，这些人就会陷入乡村江湖，成为新生代的乡村混混。其中一部分会被乡村大混混收拢，充当其"马仔"，另一部分则开赴城乡接合部乃至城市"打拼"，和"街角青年"混在一起。

不过"穷混"只能"混穷"，最终还是落魄。在"有钱才是大爷"和"打的不是架，打的是钱"的理念支配之下，混混们不再热衷于打架闹事，而只是将其作为一种树立"江湖地位"的手段，并以此来攫取经济上的利益。正如陈柏峰博士所言，乡村混混们的混世方式大多以暴力形式进行侵财型犯罪。②此外，"混世"经验也教会他们如何欺上瞒下、投机取巧。因而此时，乡村混混们主导的乡村犯罪形态多与侵犯财产和扰乱经济秩序相关，其触犯的罪名多为非法经营罪、集资诈骗罪、组织卖淫罪、洗钱罪、强迫交易罪、敲诈勒索罪、开设赌场罪，等等。

在乡村，赌博的危害从表面上看是导致一些赌徒倾家荡产，进而令其走上犯罪道路，而它的深度危害则是侵染乡村风气。正如有人所描述，随着赌博活动不断扩散，一种赌徒心态也在乡村社会蔓延开来。有的村民幻想一夜暴富，早已习惯于及时行乐。其结果是，人们对因赌而生的丑恶现象，丧失了基本的价值评判能力。哪怕是高利贷逼死人事件，乡里人也仅仅是唏嘘一番。③尤其随着老少皆宜的"麻将桌"流行，赌博在一些乡村几乎实现了去污名化。村民们对赌博之事和赌博之人的看法发生了极大转变。放在以前，赌博之人被称为"赌徒""赌棍"，没人愿意搭理。可如今，这些词都听不见了。在一些赌博中"斩获颇丰"的人，往往成了令人仰慕的对象。

乡村麻将桌不仅帮助赌博实现了去污名化，更重要的是，它扭转

---

① 黄海：《当代乡村的越轨行为与社会秩序——红镇"混混"研究（1981—2006年）》，博士学位论文，华中科技大学，2008年。

② 陈柏峰：《两湖平原的乡村混混群体：结构与分层——以湖北G镇为例》，《青年研究》2010年第1期。

③ 吕德文：《值得注意的"社会之癌"：一个乡镇的赌博业调查》，中国网，http://media.china.com.cn/cmjujiao/2018-02-22/1226338.html，2023年10月24日。

了劳动光荣的责任劳动伦理观，进一步助长了"劳动无能，消遣光荣"的消遣主义劳动伦理观。A村的一些青年人，打完麻将，根本不开火做饭，直接开车或者骑电动车到街镇上的饭馆吃饭，有的还一个电话叫来外卖。A村有两个妇女并不是靠打工或者家庭其他成员的接济获取消遣的经济来源，而是加入了当地的一个卖淫组织实施卖淫。在此卖淫组织还没被公安司法机关打击、"风光"无限的时候，她们从不避讳此事，有时甚至宣称："快活又来钱，何乐不为呢！"

与乡村混混对村庄生活的介入密切相关，劳动与财富伦理与村庄道德秩序的瓦解同时衰落。[①] 与之相伴，家庭伦理秩序也同样受到冲击。在有些地方，乡村道德观和家庭伦理观几乎崩塌。尤其在老少男女混搭的"麻将桌"上，伦理秩序失范明显的例证就是长幼失序、话风粗野。家庭伦理秩序的崩塌，导致家庭成员之间的虐待行为比以往任何时候都多。夫妻关系的松散，不仅仅带来婚外恋和离婚率的增高，还由此引发了家庭暴力犯罪的暴发。

在乡村混混犯罪"集团军"之外，还游走着其他一些乡村犯罪"散兵"。以拐卖妇女和收买被拐卖妇女罪为例。在乡村经济刚刚复苏时期，20世纪存留的一大批光棍汉开始蠢蠢欲动，但是基于年龄和本地妇女存量等问题，他们中的很大一部分投身到收买被拐卖妇女的行动中，自然催化了拐卖妇女犯罪的勃兴（在刑法学理论上，这两个罪名被称为对向型犯罪，通常而言，其犯罪行为具有相互依存、相互引起的特点，再如受贿罪与行贿罪）。这种买卖妇女的勾当能叫消费吗？或许称为消遣更合适。不仅如此，这些犯罪还衍生了非法拘禁、强奸和暴力阻碍解救被拐卖妇女等犯罪。当下，令人担忧的是，男女人口比例失调和婚嫁费用的攀升已经催生出新一批乡村光棍汉。他们，又将走向哪里？

---

① 陈柏峰：《乡村混混与农村社会灰色化——两湖平原，1980—2008》，博士学位论文，华中科技大学，2008年。

(三) 消费主义劳动伦理观下的乡村犯罪图景

消费主义劳动伦理观和消遣主义劳动伦理具有一定的相通性。消遣在一定程度刺激消费，消费的欲望也会反过来带动消遣。不过，消遣主义劳动伦理观可以是在"一无所有"的基础上建立起来，但消费主义劳动伦理观无论如何都要具有一定的物质基础。正如西莉亚·卢瑞（Celia Lury）在阐述消费主义时所言，消费文化是物质文化的一种特殊形式。[1] 可见，消费主义劳动伦理观包含着消费至上这一理念，而消费至上总是与贪图享乐相勾连。此外，纯粹的消费主义往往招致透支消费、过度消费和挥霍消费。而且消费主义劳动伦理观的重心已经倾向于消费而不是劳动。在 A 村，年轻人进田间劳作是被人讥笑的事情，何况最近几年，耕种所带来的经济收入也极为有限。

不过，在广大乡村，物质水平和经济能力的极大提升还是带动了乡村的消费能力。反过来，农民健康的消费观念和消费行为又会反哺乡村经济。问题在于，在乡村消遣主义劳动伦理观的冲击下，乡村社会健康理性的消费伦理观并没有真正形成。改革开放之后，绝大多数农民才能真正解决温饱，直到今天，也有不少农民家庭的年可支配收入仍然不足以支持较频繁的现代娱乐消费。在熟人社会里，人们本就知根知底，但还是有一部分为了避免"被认为是穷人"，哪怕是借高利贷，也要透支消费。乡村青年的消费主义理念更加笃定。在 A 村，经常可以看到年轻人抽"中华烟"，洗澡都开车到城市洗浴中心去，加上吃饭和泡吧，一晚上就能消费几千元，这几乎抵得上 A 村农民十亩地一年的收成。

浮夸和面子工程引领乡村人朝向过度消费、透支消费甚至挥霍消费的路子走去。所谓"富不过三代"，刚刚穿上鞋子的农民如何能够经得起这种折腾！一些乡村家庭在过度攀比中陷入生活困顿，甚至重返贫困。在伦理观扭曲、经济能力又跟不上的情况下，一些人开始铤

---

[1] ［英］西莉亚·卢瑞：《消费文化》，张萍译，南京大学出版社 2003 年版，第 1 页。

而走险，打起歪主意。A 村和附近村庄的年轻人有的想办法制贩假烟，倒卖假酒，还有人走上吸毒贩毒的犯罪之路；几个老年男子则在谋划如何利用"碰瓷"为子孙赢得最后一笔财富。而在其他地域，还诞生了所谓"涉毒村""诈骗村""造假村"等整村犯罪的奇特现象，如号称"广东制毒第一村"的博社村、"电信诈骗之乡"的福建安溪县、生产假冒日化产品的河北耿庄等。酝酿诈骗术的乡村不止一处，手段也各式各样。例如江西余干县以"重金求子"进行电信诈骗，广东茂名电白区以电话冒充熟人进行诈骗，广西宾阳县则盗用 QQ、微信账号冒充亲友进行诈骗等。

许多乡村犯罪类型是消费主义和现代化混搭之后生产的怪胎，从犯罪演化的角度，其甚至可以被称为对数千年中国乡村犯罪史的一种"突破"。这算是一种讽刺，但值得警醒。除电信诈骗、网络诈骗、保险诈骗等现代诈骗犯罪等之外，危险驾驶、交通肇事等新型乡村犯罪也在逐渐兴起。

三 伦理的力量：新乡村劳动伦理观对乡村犯罪的整肃

没有天生的犯罪人，也没有人天生就想犯罪。只是当所有的诱因出现时，犯罪就会产生。正如犯罪学中的破窗理论[①]所警示的一样，引起犯罪的诸多诱因中，环境几乎是不可或缺的一个。又如上述所言的"犯罪村"现象，为何一个村子里的多数人甚至整村人都在实施同种犯罪？一个又一个村民加入犯罪大军，盖受环境熏染所致。而且，这种犯罪的连锁反应与犯罪环境的形成是相辅相成、相互推进的，最终难免形成恶性循环。

正如本章第三节所主张的，学界对中国乡村犯罪样态的注意力具有从"人"到"地"的重心转移的必要。想要减少乃至消除犯罪，不

---

① 美国人詹姆士·威尔逊（James Q. Wilson）及乔治·凯林（George L. Kelling）1982 年发表的《"破窗"——警察与邻里安全》一文，提出"破窗效应"，形象地说明了无序的环境与某些犯罪之间的关系。破窗理论认为，一栋建筑的窗子如果破碎了并无人维修，就会有更多的窗子被打碎，时间久了，还会有人闯进去干些非法勾当。

能仅仅盯着所谓的潜在犯罪者，而应当将防控目标移向滋生犯罪的环境。近年来，新农村建设过程中，错误的乡村劳动伦理观和其他消极的乡村环境在乡村地区滋生了诸多村霸，这些村霸为了攫取更多资源并维护既得利益，往往会通过在实施各种经济犯罪的基础上，逐渐向集团性犯罪、黑社会性质组织犯罪发展，进而对乡村地区形成一定程度的控制。这种控制无疑将会扭曲乡村正常的经济发展路径，成为阻碍美好乡村建设的绊脚石。其实，我国自古以来就有以在当地有德行、有才能、有声望的乡贤协助实现基层治理的政治模式和文化基础，这些乡贤往往产生于优良的乡村政治、经济、文化环境之中，并进而对维护乡村环境起到反哺作用。试想，倘若树立正确的劳动伦理观，改造不良乡村风气，新时代乡村诞生的便将会是一批批新乡贤而非新村霸，那么在乡贤的引领和维护下，乡村政治、经济、文化等各方面发展亦会始终维持在正确的道路上。

申言之，如何才能让中国乡村风清气正？一方面，需要从乡村的硬件设施和社会服务等方面入手。大到新农村布局，小到教育医疗等社会服务基础设施建设、休闲场地规划、娱乐设施翻新，乃至厕所建设，都需要费一番心思。实际上乡村基础设施的完善与社会服务的改善不仅有利于吸引更多年轻人返回或进入乡村创业，还有利于为乡村儿童提供更为优质的生活、教育资源。仓廪实而知礼节，衣食足而知荣辱。生活的富裕和人才的聚集自然会为乡村催生新一代乡贤，实现"乡村环境改善—新乡贤诞生—乡村环境维护"的良性循环。

另一方面，更为关键的是，乡村环境改善需要重视并力图发挥伦理的力量。不可否认，人都有惰性，但任何一个健康的个体都不能也不会舍弃劳动。因为对于人类群体而言，是劳动使人成为人，对于人类个体而言，是劳动促其发展。健康、文明的乡村劳动伦理观将在遏制乡村犯罪的暴发和推动乡村社会的嬗变中起到关键作用。这种力量不仅是有形的，更是无形的。在熟人乃至半熟人社会里，劳动伦理观的无形力量更具影响力，也更容易传播——正如乡村人可以因为面子而过度消费，那么，其同样可以因为面子而理性消费。

王露璐也曾在研究中指出，通过伦理共同体的当代重塑，解决其维系作用在乡村社会的削弱所导致的碎片化及各种失范问题。[①] 当然，传统乡村劳动伦理观中曾存在的"疯狂劳动"、劳动工具主义、劳动至上主义同样会令劳动异化，从而使劳动者陷入身心疲倦状态，乃至转而厌恶劳动。因此，为治理乡村犯罪，我们需要着手对乡村劳动伦理观进行整肃。

正如上文所言，改革开放以来，随着经济发展与国家政策的干预，自然村落原有边界逐渐模糊乃至消失，乡村社区的整合、人口流动的加剧、乡村新兴产业的崛起以及农民的土地依赖性的减少都在一定程度上破坏了传统乡村劳动伦理观的完整性，并且导致乡村劳动伦理观的异化与失范。不过，这种种情况恰恰为重构乡村劳动伦理观提供了必要与可能。

本书认为，就目前形势而言，重构乡村劳动伦理观在乡村仍具有着坚实的社会基础：其一，虽然随着城市化的推进，近年来，中国乡村社会的构成和社会关系在微观上发生了一些变化，但是熟人社会的总体态势并没有被打破，这使得新乡村劳动伦理观的构建有着社会关系方面的基础。其二，自然村落等形式虽然在一定程度上受新农村建设的推进和乡村规划布局变更的影响而有所改变，但是乡村的地理位置却没有发生较大变动，这使得构建新乡村劳动伦理观拥有着地缘方面的基础。其三，至为重要的是，在地缘和社会关系依旧相对狭促的乡村社会中，人们在生产生活中所产生的相互信任感和对村落的认同感并未遭到完全破坏，这将成为构建新乡村劳动伦理观心理方面的基础。

那么，如何才能摒弃、剔除传统乡村劳动伦理观中的不健康因素，构建一种美好、健康的新乡村劳动伦理观呢？教育宣传活动自然是必不可少，且其应当被作为一项长期工程列入乡村文化振兴工

[①] 王露璐：《乡村伦理共同体的重建：从机械结合走向有机团结》，《伦理学研究》2015年第3期。

作之中。而在此之前，我们的首先目标则是确定新乡村劳动伦理观的核心要素。本书认为，作为乡村伦理共同体的重要组成，新乡村劳动伦理观应是对传统乡村劳动伦理观的辩证否定。换言之，其为了使乡村居民改变消遣主义劳动伦理观和消费主义劳动伦理观，新乡村劳动伦理观仍然需要具有足以吸引乡村居民的要素，如快乐、有面子、时尚等。因此，新乡村劳动伦理观至少需涵括以下三方面内涵：乡村劳动幸福伦理观、乡村劳动时尚伦理观、乡村劳动梦想伦理观。这三方面内涵之间不仅具有深刻的内在联系，而且在培育过程中能够呈现出依次递进的效果。

（一）乡村劳动幸福伦理观

乡村劳动幸福伦理观是对劳动辛苦伦理观的摒弃。小康社会的基本理念是人让人们幸福安康。在小康社会中，休闲、娱乐、消费等精神上的安逸和满足也是衡量富足的重要指标，这就意味着以艰辛劳作作为代价所换取财富不应是小康社会下人民群众的精神追求。由此，乡村劳动幸福伦理观旨在弘扬快乐劳动、劳动幸福的理念。诚然，任何劳动都会消耗体力、脑力，但身体上的疲惫是短暂的，劳动过程和劳动成果则会让劳动者长久品尝到幸福的滋味。申言之，乡村劳动幸福伦理观强调培养劳动者在适当的劳动强度下，从劳动过程和劳动结果中获得精神价值的能力，并以此为基础促使乡村居民之间形成热爱劳动、"攀比"劳动成果的良好氛围。

自食其力也是乡村劳动幸福伦理观的重要体现。儿歌《太阳金光闪闪》里的一句歌词对乡村劳动幸福伦理观进行了生动诠释——"幸福的生活从哪里来？要靠劳动来创造。"乡村振兴工作中，有关部门应当从更新劳动设施、升级劳动技术等多角度出发为乡村居民提供更加优质的劳动环境，新一代乡村居民则须"想方设法给劳动注入新的快乐酵素，进而把改善人的生活条件、工作环境作为社会转型乃至通往幸福之路的根本价值取向"[1]。

---

[1] 金寿铁：《幸福："把劳动变为娱乐"》，《学术评论》2013年第4期。

摒弃劳动辛苦、宣扬自食其力只是构建乡村劳动幸福伦理观的方式。乡村劳动幸福伦理观的终点和归宿是体面劳动，即让劳动在乡村中成为一种尊严与荣耀，而不是痛苦和负担。如果仅仅一味喊口号、扯大旗，却无法真正客观上满足劳动者的生理、心理需要，提高劳动者的社会地位，乡村劳动幸福伦理便只是空中楼阁。使劳动成为一种尊严和荣耀应主要注意两个方面。一方面，在社会中，每个人的劳动能力不同，创造的财富不等，但是社会至少需要保障每位劳动者通过自己的劳动足以摆脱生存需要的挟制，并且在失去劳动能力的情况下仍然拥有各方面生存保障。只有这样，群众才会信任劳动，愿意投身劳动。另一方面，劳动的种类、强度和创造财富的多寡，不能够成为左右劳动者在共同体中塑造身份的决定性因素。如果劳动的种类、强度和创造财富的多寡被社会普遍用于评价劳动者身份的高低，以至于社会盲目崇拜"不劳而获"的富二代、"光鲜亮丽"的白领或"日进斗金"的商业寡头，进而认定乡村劳动者就是低人一等。那么这样的劳动环境和劳动伦理观注定是不健康、不纯洁的。劳动不是劳役，乡村劳动幸福伦理观下，劳动应该是看得见的尊严，乡村劳动者则应当成为劳动的主宰。

（二）乡村劳动时尚伦理观

当乡村居民乐于扎根乡村，利用乡村一切条件通过劳动创造财富、实现自身价值、追求幸福生活时，他们便就成了乡村真正的主人翁。在追求幸福生活，进一步打造自己的家园的过程中，劳动亦可成为一种时尚。这便是乡村劳动时尚伦理观的内核所在。

在乡村劳动时尚伦理观的指引下，洋楼、汽车、暴发户不再是唯一的时尚，成为掌握先进的现代劳动设备和技术的职业农民也是乡村劳动者的新追求。在国家大力推动农业农村现代化的大背景下，为践行乡村劳动时尚伦理观，新时代的乡村劳动者应当积极响应国家政策与号召，尝试将现代元素融入劳动中去，不单单利用机械减轻劳动带来的体力负担，还要利用科技"武装"劳动。一方面，乡村劳动者在进行农业生产的过程中，可以借助现代农业生产技术迎合现代消费者对农产品多样化、个性化、精细化的需求，打造高附加值、高曝光度农产品；另一方面，乡村劳动者不仅要成为现代农产品的生产者，还要成为现代农产品的销售者，其可以通过抖音、快手等短视频创作平台开展直播带货，这不仅可以更加直接地了解农产品消费者的需求，还可以减少农产品销售环节，提高销售利润，进一步打通乡村制造走向世界的交流通道。

乡村犯罪者能够利用互联网，乡村劳动者又何尝不能利用呢？故步自封是发展的大忌，追求时尚本身并没有错。乡村劳动时尚伦理观旨在通过树立以升级劳动技术，提高劳动能力为追求的理念，鼓励新时代的乡村劳动者把更多的精力投入乡村建设中，把提升土地和乡村生产力，而不是不劳而获、贪图享乐、无度消费作为一种时尚。如此一来，乡村犯罪的社会文化诱因便得到了消解。

（三）乡村劳动梦想伦理观

在乡村劳动幸福伦理观和乡村劳动时尚伦理观的基础上，美好乡村的梦想也会通过劳动照进现实。劳动不仅仅能够创造财富，还能创造美好，更能实现每一个人心中的梦想。习近平总书记曾说，如果每个人都能通过劳动实现自己的梦想，那么就能够"以劳动托起中国梦"。可以说，乡村人的梦想有多大，乡村的建设成果就有多大，乡村的魅力和吸引力就有多大。在乡村人涌向城市的通道的另一侧，也有不少城市居民选择到乡村观光、旅游、居住。地方政府和乡村要在城市化的过程中共同努力，利用逆城市化的趋势，通过留住、唤回和引进人才、资金的方式推进乡村发展。

如此，通过充分发挥乡村劳动梦想伦理观的昭示和指引作用，才能在乡村形成"人人为我，我为人人"的氛围，使得乡村劳动者将目光跳出自己的"一亩三分地"，形成强大的乡村凝聚力，在新乡贤的带领下推动乡村社会全面发展，实现乡村社会长治久安。

总之，乡村劳动伦理观是可以被锻造的。随着时代的变迁，我们在乡村劳动伦理观不断被解构和建构的过程中,应当持续寻找适应当代乡村面貌的新乡村劳动伦理观。富含幸福、时尚和梦想的乡村劳动伦理观的形成与普及则能够促进乡村建设,净化乡村环境,并尽可能消除乡村异质性因素,遏制乡村犯罪的滋生。

第二章

乡村家事犯罪及其治理

第一节 本章概述

正如本书在第一章第二节中指出的，乡村家事犯罪所包含的家庭暴力和拐卖妇女儿童两类犯罪属于乡村犯罪中的多发犯罪。事实上，随着社会的发展，城市治安管理水平和城市居民的法治意识都有了较大提升，而乡村则受传统文化习俗、执法力量不足、居民法治意识较弱等因素的影响，家事犯罪的发生率相对较高。可见，乡村家事犯罪治理既是乡村犯罪治理的关键，也是家事犯罪治理的核心，推动乡村家事犯罪治理，既要立足于乡村犯罪的特点，也不能脱离家事犯罪的理论框架。

遗憾的是，到目前为止，我国学界对家事犯罪的研究仍停留在具体个罪层面，而未将家事犯罪的共性进行归纳，进而对其开展整体性研究。本书认为，虽然我国《刑法》并未像规定侵犯公民人身权利、民主权利罪或侵犯财产罪一样将家事犯罪进行集中、统一规定，但各类家事犯罪因产生于家庭关系这一独特的犯罪背景而具有相当程度的共性，这给治理此类犯罪提供了相同的理论基础和思路。因此，讨论乡村家事犯罪的治理问题，首先要建立起家事犯罪理论体系。

在本章第二节中，本书指出，很多犯罪行为是通过其对家庭安全造成危害进而给社会制造危害的，因而家庭犯罪系刑法及刑法理论需要顾及的重要部分。由此，本书从狭义和广义两个角度对家事犯罪的内涵进行了界定，并指出家事犯罪和国事犯罪存在逻辑上的关联。通过对古今亲属相奸、亲属相盗等几种典型家事犯罪的立法体例与案例的比较分析得知，现代刑制与传统刑制之间就家事犯罪与国事犯罪之间既有融通也有相悖之处。面对家事犯罪，现代刑法应当从传统刑制的影响中抽身出来，既要防止家长权对刑罚权的挤占；同时，也要注重明德慎罚，谨防刑法轻易踏入家门，从而对家庭伦理秩序造成冲击，使得家庭关系难以修复。

在通过第二节对家事犯罪理论完成初步构建的基础上，本章依照第一章第一节确定的脉络，以两类较为典型的乡村家事犯罪，即来自家庭内部的乡村家庭暴力犯罪与来自家庭外部的收买、拐卖类犯罪作为乡村家庭犯罪个罪治理的研究对象。

具体而言，在第三节中，本书认为，现代社会，乡村家庭暴力逐渐呈现形式多样化、场域扩大化、隐性和显性交织的态势。随着平权理念、法治意识、女权思想深入家庭，传统文化影响下，家庭话语权由男性主导的局面有所改变。为治理乡村家庭暴力犯罪，从社会政策的角度看，女权思想和平权理念能够对传统的父权制和家庭成员等级观念形成有效制衡，并有利于新型家庭秩序的建立。法治意识的形成则有利于维护这种和谐秩序并稳固这种新的平衡。基于家庭安全的重要性，为防控家庭暴力犯罪对家庭安全的破坏，需要塑造人们的法治意识和权利意识，构建新型家庭伦理秩序。国家也应当给予女性等通常意义上的家庭弱势群体以足够的政策关注，寻求建立良好的法律保障制度及其运行机制。此外，在构建和谐家庭的合力中，伦理、政策的力量毋庸置疑，但这些力量的规范和长效仍需要借助于法律进行固化。从刑法规制的角度看，对于乡村家庭暴力犯罪，基于家庭的特殊性和个案的特殊性可以对其相应刑罚进行个别化处置，但总体而言，对乡村家庭暴力犯罪的刑法规制不能与其他暴力犯罪之刑法规制偏离甚远，以免人为割裂其适用的社会效果和法律效果的统一性。申言之，还需要进一步梳理关涉家庭暴力犯罪之刑事立法，尽量排除法律体系之间衔接不畅、刑法立法不周延、罪名设置不科学、罪域安排不合理、刑罚度量不均衡等立法技术缺陷问题。

在第四节中，本书指出，人口贩卖作为一种古老的犯罪类型，至今仍然是人类社会无法根治的顽疾。包括中国在内的世界各国都在不遗余力地进行反拐行动，但是在中国，由于存在观念上的误差、立法与司法上的欠缺和各种反拐力量之间的衔接不畅等诸多问题，致使反拐行动呈现出"运动化"的特点，而收买、拐卖类犯罪的犯罪率亦呈现出周期性的波动。为此，本书从调整刑事立法、司法和建立警民联动反拐机制三方面出发提出了强化反拐行动效果的对策。刑事立法方面，应当考虑首先提高收买被拐卖妇女、儿童罪之法定刑，并在此基础上围绕法定刑的提高制定其他辅助制度，增加收买被拐卖的妇女、儿童罪的加重犯条款，扩大对收买被拐卖的妇女、儿童罪的共犯的认定范围，并完善、调整相关临近罪名的规定。刑事司法方面，应当通过解释论的方法解决收买被拐卖的妇女、儿童罪的追诉时效问题，放宽被收买人在被收买期间正当防卫的适用，同时考虑对涉嫌收买被拐卖的妇女、儿童罪的被告人设置异地审判制度。最后，在建设警民联动反拐机制方面，应将普及反拐理念放在首位，并于反拐行动中确立民间力量的生力军地位和警察的主力军地位，积极响应《中国反对拐卖人口行动计划（2021—2030年）》的要求，在吸收已有经验的基础上建立一套反拐长效机制。同时，必要时可选择一定范围和时期采取运动式或者规模化的短期突击行动，做到"打早打小""集中整治"，在震慑犯罪分子的同时借机宣传和普及反拐知识的作用。

第二节　家事犯罪的理论构设

一　家庭安全及家事犯罪的提出

任何一个国家和社会都是由一个个相对独立的家庭组成，可谓家是国家和社会中最小的细胞。正如张晋藩先生所言，"家是国的微缩，国是家的放大"。① 对于个人而言,家庭是避风的港湾;对于社会而言,家庭是稳定的"节拍器和呼吸机"。可以说,家庭稳定是社会稳定的基础,家庭安全是社会安全的核心。韩秀兰在进行社会调查后认为,家庭安全在国人心目中的地位及其特殊价值并没有随着我国社会的发展而改变。从古至今,家庭对国人来说是获取社会支持的主要来源,家庭是人们情感依存、共同活动的基本单位,是人们的精神支柱。② 可见,对于一般民众而言,国家安全、社会安全当然重要。国之不存,家将焉附,国事政局社会动荡会给民众带来无尽灾难。但,在和平时代,对个人而言,家庭安全更具有切己性。因而,在当今构建和谐社会理念的指引之下,提出保障家庭安全的口号同样重要。

当然,保障家庭安全是一项综合的社会工程,涉及诸如经济政策、人口政策、户籍制度、社会公平正义指数等方方面面。与家庭安全相关的法律体系的构建则是维护家庭安全的最后屏障。对于破坏和威胁家庭安全的行为,不仅需要为此制定专门的法律规范予以约束,必要时,还需要通过《刑法》进行专门的调整。在域外,已经有不少国家颁布了专门的家庭安全相关的法律规范。

虽然说,犯罪行为具有带有严重的社会危害性,犯罪往往不仅损害个人的利益,还会损害社会的整体利益,因此国家才会动用刑罚或者其他替代措施予以规制。不过,很多犯罪是通过对家庭安全和个人安全造成危害,进而危害社会利益或冲击到社会秩序的。也就是说,犯罪行为对社会的危害经常是通过家庭这一细胞传递到社会领域的。在此意义上,家庭是诸多犯罪危害后果的直接承担者。例如,近年来频发的暴力犯罪案件中,如"灭门"惨案,引起广泛关注的配偶出轨引发的杀人事件、"大义灭亲"式的杀人案件、家庭成员间的虐待犯罪、家庭成员间的性侵事件等,都是发生在家庭成员之间或者以家庭

---

① 张晋藩:《中国法律的传统与近代转型》,法律出版社 1997 年版,第 141 页。
② 韩秀兰:《深圳青年的价值观念透视——与瑞士青年比较研究》,《深圳大学学报》(人文社会科学版) 2000 年第 6 期。

为场域展开的。而在犯罪学和社会学意义上，伴随一些人家庭观念的异化，家庭犯罪现象便越来越突出，成为影响社会安全和国家安全的重要因素。对此，刑法理论和实践理当予以回应。但就目前而言，绝大多数国家刑法体系并未就家庭安全进行专门的罪域安排，而是更多倾向于从国家安全、社会安全、公共秩序安全、经济秩序安全以及公民个人安全等方面进行犯罪概念化和类型化处置。

在法律理论和司法实践中，人们提到家事纠纷，多指家庭纠纷以及相关解决机制，相关理论指向亦多为民事法学。在刑事法学领域，只有零星理论提及，诸如有意将性病传播给配偶是家事还是犯罪;[1] 虐待儿童不再是家事;[2] 婚内是否存在强奸等问题。在涉外研究领域，亦有部分学者引入家事犯罪的概念。[3] 如戴玉忠、刘明祥在论述刑法协调机制问题比较各国刑法异同时顺便提及家事犯罪的字眼;[4] 陈光中、张建伟在介绍加拿大强迫证人作证之例外规则时，提到家事犯罪作为其中一种特别犯罪类型。[5] 但至今，我国学术界尚无学者对家事犯罪进行专门界定和研究，便也就更不存在将研究家事犯罪的视角投向中国传统法制领域的学者了。

事实上，我国传统社会长久以来"家国一体"的社会建制及以此为基础构建的法律制度，已然累积了不少关于家事犯罪的相关法律及案例的史实。对家事犯罪的研究阙如显然无法透视历史上相关家事犯罪的理论旨趣，更无法展示现行刑法中家事犯罪的历史延续性。因此，

---

[1] 张冯炎、唐若愚、开发:《有意将性病传配偶 是家事还是犯罪》,《郑州日报》2006年6月22日第7版。

[2] 谭正义:《家事:虐待儿童是犯法的》,《田家半月报》1947年第17期。

[3] [英]弗雷德里克·波洛克:《普通法上的占有》,于子亮译,中国政法大学出版社2013年版,第55页; Goodwin-Gill, Guy S., "The Continuing Relevance of International Refugee Law in a Globalized World", *Intercultural Human Rights Law Review*, Vol. 10, 2013, p. 34.

[4] 戴玉忠、刘明祥主编:《和谐社会语境下刑法机制的协调》,中国检察出版社2008年版,第548页。

[5] 陈光中主编:《刑事司法论坛》（第3辑）,中国人民公安大学出版社2010年版,第219页。

立足于现实,开展具有历史关联度的家事犯罪研究不仅有助于人们在历史学和社会学意义上对家事犯罪这一特殊犯罪类型进行细致打量,还可以借助于构建某类新型犯罪模型以丰富刑法学和犯罪学的研究视野。

在这样一个背景下,能不能提出家庭的归家庭,国家的归国家?

当然,本书并不提倡重回宗法社会时代家庭拥有私刑权的制度,并主张谨防家事私力处置的泛化,更不赞同"刑法不入家门"的观念,但是也不赞同"家事犯罪本质上亦属犯罪,因而没有必要区别对待"的观点,而是强调从家庭完整和家庭安全的角度考虑,提倡学界对家事犯罪给予特别的理论关注。正如姜涛所言,从后果考察意义上分析,刑法毫不顾忌家庭伦理的强行干预,只会带来家庭的支离破碎,被害人的合法权益最终也难以得到保障,实属得不偿失。[1]

二 家事犯罪的析名及界定

(一) 家事犯罪的析名

1. 刑法学视域下的家事犯罪

在刑法学意义上,人们根据不同的标准对犯罪类型进行了诸种划分。其中张明楷依据刑法分则将法定犯罪类型划分为国事犯罪和普通犯罪两大类。国事犯罪危害的是国家的政权、社会制度与安全。[2] 国事犯侵害的是国家政治秩序,因而也称政治犯。日本学者冈田朝太郎则认为,国事犯指内乱罪、外患罪,为政治犯之一种。[3] 许桂敏也认为,1979年刑法中的反革命罪是政治化的国事罪。可见,人们说到国事犯罪,一般认为其与政治犯罪有着千丝万缕的联系。

在国际法学意义上,政治犯罪是指,从道德的或者普通法的角度

---

[1] 姜涛:《刑法如何面对家庭秩序》,《政法论坛》2017年第3期。
[2] 张明楷:《刑法学(上下册)》(第六版),法律出版社2021年版,第123页。
[3] [日] 冈田朝太郎口述:《刑法总则》,熊元翰编,张勇虹点校,上海人民出版社2013年版,第109页。

看，没有牵连到严重刑事犯罪的出于政治原因而实施的犯罪行为。① 而在一些早期的西方国家，国事罪也被赋予特殊的法律含义。早在公元前8年，盖乌斯·凯撒（Gaius Caesa）颁布的《关于国事罪的优流斯法》就明确了国事罪的概念及内涵。② 此后，西方国家受此影响，逐渐形成"国事犯"和"常事犯"的区分。清末，这种区分曾经伴随西学东渐之风，传入我国，一时间成为当时舆论评判是非的重要依据。③

可见，在关于国事犯罪的诸多界定中，虽然存在不少将其与政治犯罪关联在一起的论述，但是一般而言，无论是在国际法学还是在刑法学意义上，与国事犯罪相对应的多为普通犯罪。也有将国事犯罪称为国事犯的，与之对应的则是常事犯。问题是，在国际法学意义上，将国事犯罪或者政治犯罪、常事犯罪或者普通犯罪关联表述，倒是便于适用政治犯或者国事犯不引渡的制度；可就刑法学意义而言，国事犯罪与普通犯罪相对立的划分虽然约定俗成，但这种划分多少给人以生涩之感。至少，在中文语境下，用普通犯罪对应国事犯罪，用常事犯对应国事犯，在逻辑上并非十分严谨。

按照一般逻辑，提到国事，人们自然而然会想到家事。"国家"二字便是二者关系最直接的体现。中国古代教育史上最早、最成功的启蒙教材《千字文》有云："资父事君，曰严与敬。孝当竭力，忠则尽命。"如上所载，在中国传统文化观念中，"君"与"父"总是不可分割的。又如所谓的"齐家、治国、平天下"，"家"与"国"乃一体两面，二者既是递进关系，亦是对应关系。如是，暂不论传统文化观念中维护封建统治秩序的因素，至少就中文语境而言，与国事相对的应为家事。这种对称具有更深厚的历史底蕴。由此，在犯罪类型的划分上，既然有国事犯罪的理论概括，那么相应的就当有家事犯罪与之

---

① 李波：《国外政治犯罪初探》，《国外法学》1986年第1期。
② 徐国栋：《优士丁尼罗马法中的公诉犯罪及其惩治——优士丁尼〈法学阶梯〉中的"公诉"题评注》，《甘肃政法学院学报》2011年第1期。
③ 李欣荣：《清末"国事犯"观念的引进、论辩与实践》，《近代史研究》2013年第6期。

对应。根据学界通说,我国现行《刑法》规定体例中存在危害国家安全这一类罪名;在旧《刑法》中,也有专门的反革命罪之类罪名。因此,概括出国事犯罪也是理所当然。

与上述学术界给予国事犯罪以更多的理论关照而忽略家事犯罪的境况相似,与国家安全保护在刑法体系中占据显著地位不甚相称的是,家庭安全并没有受到眷顾。虽然从实用主义角度出发,保护家庭安全的需求可以通过刑法给予国家安全、社会安全以及个人安全等保护时予以满足,但是从维护法律规范体系严整的角度出发,在《刑法》需要照应的安全体系中空缺家庭安全这一重要环节,未免多少显得有些疏漏。不过所幸的是,我国现行《刑法》在侵犯公民人身权利、民主权利一章中,采取了较为集中地将暴力干涉婚姻自由罪、重婚罪、破坏军婚罪、虐待罪、遗弃罪等主要关涉家事的罪名安排在一起的立法方式,这多少能够在刑法意义上为上述缺憾带来一点弥补,并且在一定程度上为家事犯罪的理论建构和展开提供了法律依据。由此,在刑法学意义上,提出家事犯罪的理论概括才不会显得过于唐突。

可以说,对家庭安全罪域的专门设计会成为日后刑事立法需要考虑的问题。在理论上,家事犯罪与国事犯罪或者国事犯与家事犯的"对仗"亦恰好在一定程度上解决了国事犯罪与普通犯罪、国事犯与常事犯不甚协调的对应状态。至于取消国事犯罪与普通犯罪、国事犯与常事犯理论对应之后的安排,兹事体大,则另当别论。

2. 法制史视域下的家事犯罪

我国几千年的法制史也显示,家国一体的社会制度中,统治阶级对于国事犯罪的警惕性一直贯穿到家庭末梢,对于牵动国家神经的家事犯罪,往往匹配了和国事犯罪一样严厉的处罚机制。关于这一点,下文在国事犯罪与家事犯罪的关联性中另有详细描述。此处想说明的是,我国几千年的法制史表明,家事犯罪与国事犯罪无论在刑制设置还是刑罚安排上,都环环相扣、互通款曲。正如张晋藩先生所言,中国古代是沿着由家而国的途径进入阶级社会的,因此宗法血缘关系对于社会和国家的许多方面都有着强烈的影响,尤其是宗法和政治的高度结合，造成了家国一体、亲贵合一的特有体制。血缘关系的尊卑亲疏，对于"亲属相犯"的定罪量刑，有着直接的影响。[①] 法制史上的这一传统为家事犯罪的析名提供了历史基础。

3. 犯罪学视域下的家事犯罪

在犯罪学场景内，与家庭相关的犯罪现象丛生。诸如，不断发生在家庭成员之间的"灭门"惨案；农村未成年人、留守妇女犯罪现象；留守儿童、流动儿童、留守妇女被害现象；因感情出轨或者家庭暴力而引发的恶性犯罪事件；拐卖妇女儿童强行组成"家庭"，等等。虽然，在现有刑法理论中并未找到家事犯罪的应有位置，而且现行刑法体系在应对诸多家事犯罪时并未捉襟见肘，但诸多家事犯罪现象已然为犯罪学带来了足够的经验素材，使得在刑法学中构建家事犯罪理论具有了现实意义。相信终将一天，"家事犯罪"以犯罪学视域中的经验主义描述为进路，能够依靠犯罪学研究方法获得更多的经验和理论积淀，从而为其打开刑法学理论视域提供原始动力。

至此，在以构设不忽略保护家庭安全为宗旨的新型刑法体系的基础上，将家事犯罪作为一种单独或者特殊的犯罪种类进行概念化和类型化处理，有助于弥补刑法学理论在犯罪分类上的缺憾，也有助于人们在犯罪学和社会学研究中，寻找适宜的方向和路径。

（二）家事犯罪的界定

家事犯罪中的"家事"究竟该如何界定，这同样是一个问题。既然刑法学界一般认为，犯罪行为侵害的是一种社会关系，刑法保护的也是一种社会关系。[②] 因而在刑法学意义上，不应当仅仅将家事犯罪限定为在"家"这一特定场域内发生的犯罪，而应当将"家事"拓展为一种对社会关系的定义。事实上，不少国家在规定家庭相关犯罪时，

[①] 张晋藩：《中国法律的传统与近代转型》，法律出版社1997年版，第141页。

[②] 高铭暄、马克昌主编：《刑法学》（第十版），北京大学出版社、高等教育出版社2022版，第42—43页。需要说明的是，从刑法教义学的角度，学界对犯罪本质的观点并不统一，有"社会关系侵害说""法益侵害说""义务违反说"等。本书采用学界传统观点亦是通说观点，即"社会关系侵害说"。

仍然主要围绕家庭这一物理空间展开的。如巴西《女权保护法》规定，在"家庭单位"中实施的暴力，即在共享的永久性空间中犯下的暴力。① 如此一来，家事犯罪的内涵和外延不仅可能不当扩张，亦可能不当限缩。不当扩张在于，家主与保姆之间的犯罪行为会被评价为家事犯罪，抑或虽然发生在家庭成员之间且位于"共享的永久性空间"内，但犯罪行为与实质的家庭关系无关的犯罪也会被评价为家事犯罪；不当限缩在于，发生在家庭成员之间，却并不属于"共享的永久性空间"的犯罪可能不被评价为家事犯罪。当然，按照本书的逻辑，在特定情况下，发生在家主与保姆之间的犯罪亦当属家事犯罪，只不过本书评价的路径与巴西《女权保护法》规定中的路径并不相同。

如上所述，"家"这一特定空间并非决定家事犯罪内涵的本质要件。因为，在空间方位上，"家"有时还会被理解为"户"与"室"，而以"户"为场域的犯罪就不限于家事犯罪了。诸如入户盗窃、入户抢劫等，很难与狭义的家事犯罪扯上关系。因此，为实现对家事犯罪进行实质理解，使家事犯罪的治理能够更加贴合维护家庭关系长期和谐稳定这一重要目的，应当认为家事犯罪必须发生在一种特殊的社会关系之中，这种社会关系既是犯罪发生根源，亦是犯罪治理的核心要素。换言之，在刑法学意义上，"家"并不是具象化的物理时空，而是抽象化的社会关系。由此，即便走出巴西《女权保护法》所谓的"共享的永久性空间"，家庭成员之间发生的犯罪同样可以归入家事犯罪序列。当然，对这种社会关系的认定不宜过度扩张，而应当以血缘、事实或者法律作为判断基准。

综上，本书从狭义和广义两个角度对家事犯罪进行定义。就狭义而言，家事犯罪是指发生在因血缘、事实或者法律等因素而发生在特定社会关系的家庭成员之间的犯罪事件之总称。而广义上，家事犯罪还涵括以家庭安全为侵害客体的犯罪事件。在此意义上，家或者家庭

---

① 陈明侠、夏吟兰、李明舜、薛宁兰主编：《家庭暴力防治法基础性建构研究》，中国社会科学出版社 2005 年版，第 81 页。

系一种特殊的社会关系,而任何指向这一特定社会关系的犯罪,都可以称为家事犯罪。两相比较,狭义的家事犯罪倾向于刑法学意义的表述,广义的家事犯罪倾向于犯罪学和社会学意义的表述。

三 家事犯罪与国事犯罪的关联

(一) 封建道统理念影响下的家事犯罪处理模式

对于国事犯罪,无论东方还是西方,等级社会的法制体系都为其设计了最为严重的刑制。例如在古罗马帝国时代,不仅国事罪行不断扩展,直至毁坏皇帝雕像或者肖像的行为也被罗列进来,而且除了一律适用投放野兽的凶残方式执行死刑外,还专门为国事犯量身打造了"取消所做的所有事情的记录"的附加刑。这种附加刑被称为记录抹杀刑,又称死后社会唾弃刑。① 这不禁让人们想到鞭尸刑,不仅从肉体上抹杀,还要从精神上消灭犯罪者。这些法律规定足以表明高高在上的宗主对于动摇其宗法等级制度的哪怕一丝丝异样都绝不姑息,并对此种行径持深恶痛绝的态度。这种态度和做法一直延伸至社会的各个阶层,直至家庭这一最基本的细胞。

上文谈及国事犯罪的时候还强调了其与政治性的瓜葛。事实上,有不少学者在研究中国宗法制度的文字中,直接将一些如今看来是国事犯罪的罪行视为政治犯罪。美国汉学家孔飞力在描述清朝官僚君主制度的一些结构性特征时认为,政治罪所危及的是封建王朝制度的基础,包括了所有形式的谋反,如宗教异端、文字诽谤或公开的造反等。②

在宗法一体的等级社会中,这种政治性隐喻同样被从中央一直传达到社会末梢,即家庭及其成员。如此一来,宗法一体的观念便使得

---

① 徐国栋:《优士丁尼罗马法中的公诉犯罪及其惩治——优士丁尼〈法学阶梯〉中的"公诉"题评注》,《甘肃政法学院学报》2011年第1期。
② [美] 孔飞力:《叫魂:1768年中国妖术大恐慌》,陈兼、刘昶译,生活·读书·新知三联书店2014年版,第232页。

在古代社会法制体系中，国事犯罪与家事犯罪逐渐具有相通性和一体性，并演变为古代社会法制体系尤为显著的特征之一。等级社会中，家庭的划分往往是以统治阶级管理和治理有利的方式构建的。我国古代家庭最大的特征就是模拟国家级差有序进行建制。正如费孝通先生所言，差序是我们传统的社会结构里最基本的概念。① 自秦孝公任用商鞅变法以来，秦国便开始尝试对家庭的规模和构成进行符合这一特征的制度安排，以达到促进社会生产、移风易俗、维护统治阶级权力的效果。② 根据李根蟠的考证，汉承秦制，直到西汉建立的数十年后，随着生产活动的恢复、社会的稳定和户籍管理制度的不断完善，中央政府对家庭规模和构成的规定变得更加科学和完善，通过规定不同的分家规则，按家庭的规模将其划分为主干家庭、核心家庭和联合家庭。③ 随着时代变迁，一些家庭还包含着宗族、宾客、家吏、奴婢、私属、庶人、弟子、徒附、部曲等各种依附人口的演绎变化。不同身份和地位的"家人"被按部就班地安插在家庭差序的每一个网格中。这种户籍制度推动下的家庭建制不仅便于统治阶级管控，还为发生在家庭中的犯罪进行有序归类和整饬提供了便利。这一点也被澳大利亚汉学研究者达顿注意到，他认为，传统中国中的"家庭"建立了区分和等级，所以它可以使得民众变得具有可见性，并且可以为了国家利益而以一种集中化的方式管理他们。基于围绕户籍登记而建立的等级制度把家庭秩序与国家秩序联系在了一起。④

以我国秦代法律为例，根据犯罪触及的利益，秦律其将家庭犯罪分为公室告和非公室告两种，类似于今天刑法中的亲告罪和非亲告罪。由于行为侵犯了国家、社会利益，即便是发生在家庭中的犯罪，他人

---

① 费孝通：《乡土中国　生育制度　乡土重建》，商务印书馆2011年版，第28页。
② （西汉）司马迁：《史记文白对照本》（第三册），张大可译，商务印书馆2019年版，第1222页。
③ 李根蟠：《从秦汉家庭论及家庭结构的动态变化》，《中国史研究》2006年第1期。
④ ［澳］迈克尔·R. 达顿：《中国的规制与惩罚——从父权本位到人民本位》，郝方昉、崔洁译，清华大学出版社2009年版，第27页。

也可以告发，谓之为公室告。如果侵害的利益只限于家庭关系之内，即使发生"主擅杀、刑、髡其子、臣妾"在今天看来属于严重刑事犯罪的行为，也规定，"子告父母，臣妾告主，非公室告，勿听"。① 显然，秦律规定的根据家事犯罪性质不同的处理方式凸显了对父权的维护，而禁止"以卑犯尊、以下犯上"的皇权思想则通过对父权的维系自然而然贯穿至家庭犯罪之中。

在此后的历代"以君、以父、以夫"为纲的封建社会中，对于皇权、父权和夫权之"三权"制度的维护几乎没有松弛过。因为传统封建社会的社会建制就是由家庭、家族扩展开来，一直延伸至国家顶层的。"家庭作为编户齐民的群体，与国家的关系密切。"② 民国时期，张树生曾撰文曰："中国自周朝到现在，一向沉溺在宗法社会之下，一切社会基础无不建筑在家族制度之上。中国的法律历来多含有保护家族的色彩。"由此，凡是涉及此等互融互通"三权"者，家事犯罪的性质和对之采取的处理模式就会陡然上升到国事犯罪的层级上。或者，它们本来就处在同一层级上。此外，宗法王朝还将涉及家事的犯罪与封建道统紧密勾连起来。譬如《大明律》就明确规定妻妾失序、尊卑为婚、良贱为婚、官吏娶部民或乐人为妻妾等皆为罪。③ 因为在其看来，以上婚配行为显然会使家庭成员之间的血统关系混杂，更扰乱了社会极差等级格局，会触及宗法体制之根本，需要以刑制之。

（二）古代立法中的家事犯罪

鉴于唐律乃我国封建法典集大成者，属中华法系的代表，本书将以其为核心探讨关于家事犯罪的立法例。例如在唐朝按律当斩的死刑总类里，诸谋杀期亲尊长、外祖父母、夫、夫之祖父母、父母者之条，

---

① 于振波：《简牍与秦汉社会》，湖南大学出版社2012年版，第268—269页。
② 周积明、宋德金主编：《中国社会史论》（上卷），湖北教育出版社2000年版，第239页。
③ 怀效锋点校：《大明律》，法律出版社1999年版，第60—64页。

诸部曲奴婢谋杀主者之条，与谋杀附主等官之条，诸谋反及大逆者之条并列于《贼盗》篇之一处。①

1. 家事犯罪中的性别差异

有研究显示，唐朝胸襟宽阔，气势宏大，政治上能兼容各族，学术上能并包诸家。唐律中亦夹杂的一些对人性关怀的亮点似乎也印证了这一说辞。的确，与秦、汉等朝代奉行重刑主义相比，唐朝伊始就开启了明德慎罚、唯刑恤哉的轻刑之路，分别在消减死刑数量、体恤老幼、减轻刑罚幅度、体谅亲情等方面进行改革。这些法制上的亮点也深刻影响着后世的立法理念。不过，这种人性关怀也多与其对宗法等级的维护，特别是对统治阶层的维护相关联。譬如，在某些家庭犯罪中，关于女性成立该罪的条件，唐律规定的门槛较低，而且处罚更为苛刻。如"犯奸而奸人杀其夫；所奸妻妾虽不知情，与同罪。按律当绞"②。可见，在维护夫权之路上，唐朝还是继承了前世遗风。因为，无论秦汉，律令皆显示出男女不平等的处理倾向。如《汉律·贼律》规定："妻悍而夫殴笞者，非以兵刃也，虽伤之，毋罪。"而"妻殴夫，耐为隶妾"③。在秦朝，妻子如果背夫逃亡与他人婚配，将会被处以黥城旦春，即在脸上刺字后强制服劳役的重刑。④

宗法社会中有一最特殊而最不平等的观念，便是妇人非"子"。⑤ 并且，这种观念已然通过社会等级制度予以强加与固定。更为重要的是，妇女的这种失守节操之"罪行"已然冲击了封建伦理纲常的根基。只不过，在行刑之制上，唐律会给予妇人一定的人身尊严。即妇人犯罪，绞于隐处，妇人行刑不于市也。谓为"妇人不暴尸"。⑥

---

① （清）沈家本：《历代刑法考》（上册），商务印书馆2011年版，第574页。
② （清）沈家本：《历代刑法考》（上册），商务印书馆2011年版，第579页。
③ 朱红林：《张家山汉简〈二年律令〉集释》，社会科学文献出版社2005年版，第38页。
④ 张桂琳、常保国主编：《政治文化传统与政治发展》，社会科学文献出版社2009年版，第284页。
⑤ 陈东原：《中国妇女生活史》，商务印书馆2015年版，第5页。
⑥ （清）沈家本：《历代刑法考》（上册），商务印书馆2011年版，第549页。

2. 家事犯罪中的尊卑差异

而在另外一个层面，只要在犯罪品性上触及"纲常"的家事犯罪，几乎毫无例外地在刑律处置上被列为与国事犯罪同一等级。这一点，在"以卑犯尊"相关罪行的安排上体现得尤为突出。面对一些家事犯罪，国家司法权力并不必然出面介入，而是会默许家族私刑权的存在以作为国家刑罚权的补充。正如张中秋先生指出，在传统社会，家法族规拥有对国法加以补充的地位，丈夫作为一家之长，对妻子以及子女享有统治权甚至责罚权。①

唐律以及其他封建律令更多地体现为对"以卑犯尊者"处罚得比其他犯罪者更为苛刻与严厉。例如，同属于发生在家庭中的盗窃，卑幼盗窃尊长就比尊长盗窃卑幼处罚得重。换言之，同样的情形，为尊长盗窃卑幼行为设置了更高的刑法门槛。据唐律《贼盗》门绞四十二条：盗缌麻小功财物，伤者，就按律当绞，而尊长盗窃卑幼，则有所规求而故杀期以下卑幼者才按律当绞。② 至于与没有亲属关系的一般人犯罪比较，相同的犯罪行为，只因发生在以卑犯尊之情形下，作为具有卑幼身份的行为人就会获得较为严厉的刑罚。据唐律《贼盗》门斩三十四条：诸有所憎恶而造厌魅，及造符书诅咒欲以杀人者，各以谋杀论减二等。于期亲尊长及外祖父、夫、夫之祖父母、父母各不减。③ 同样的情形，一般人使用"妖术"杀人，只要不涉及政治，可获得减刑二等的处遇，而作为家庭中的晚辈就没有这种相应待遇了。其实，唐律并未将民间妖术视为针对国家的阴谋活动，否则即便一般人也不会获得减刑。只是，晚辈对期亲尊长施以此法，实与十恶中的不道相呼应，从而危及了宗法制度的根基，据此要给予重处。再据唐律《斗讼》门绞四十二条：一般人"诬告谋反及大逆者"才会按律当绞，但作为卑幼者"告祖父母、父母"即可按律当绞。④ 而在相反的

---

① 张中秋：《中西法律文化比较研究》，中国政法大学出版社2006年版，第56页。
② （清）沈家本：《历代刑法考》（上册），商务印书馆2011年版，第581页。
③ （清）沈家本：《历代刑法考》（上册），商务印书馆2011年版，第575页。
④ （清）沈家本：《历代刑法考》（上册），商务印书馆2011年版，第583页。

方向上,《清律例·刑律·斗殴》则规定,父母控子,即照所控办理,不必审讯。① 可见,在强调父权的同时,以卑犯尊似的诬告罪行因为触及宗法体制的敏感神经而和国事罪行一样严重,从而获得了与国事犯罪同等"待遇"。还有,唐律规定,奴婢之于良人,妾之于妻,妻之于夫,子孙之于祖父母、父母,部曲之于主人,学生之于授业师,如此等以下犯上依律当斩者,即便有符合减刑的情形,亦不得减。此以下犯上诸条与诸诬告谋反及大逆者同列于《斗讼》门斩二十五条。

3. 家事犯罪的立法体例

唐律的立法体例显示,国事犯罪及与之贯通的罪名大都相挨着写于律条一处,按照现行的刑罚体系来说,就是相关或者相通的罪名得以安排在同一罪域。显见,唐律及后世效仿其的各朝律例的这种罪设安排传达着立法者维护宗法体制的鲜明立场。同时,这也正是封建统治者的聪明或者狡黠之处,他们正在构建一种从上到下的伦理秩序,并将其灌输到每一社会成员的思想中。因为,单纯的政治与法制往往过于扎眼和强悍,容易招致世家大族或下层民众的抵制。当然,这种抵制并不都是显性对抗式的,一般情况下会是运用弱者武器式的消极对抗。而当伦理和政治融为一体的时候,政治和法律事务的推行就变得相对容易了。正如孔子教导,对于控制人的行为而言,"道之以德,齐之以礼,有耻且格"②。

而且,这还不够。因为毕竟还有没写进纸面的,即一旦有人触犯诸如十恶之国事、家事重罪,一切刑罚减免的规定都会形同虚设。正如学者在研究唐律重罪时所言,为了满足巩固封建统治的需要,触犯重罪的情节甚至可以使八议、故意过失的区分、同居相为隐、自首减

---

① 宇培峰:《"家长权"研究:中、西法文化视野中的"家长权"》,中国政法大学出版社2013年版,第235页。

② (南宋)朱熹集注:《论语集注》,郭万金编校,商务印书馆2015年版,第91页。

免等根本原则失灵或无效。①

概括而言，唐律及其宗法社会律例也很少就家庭犯罪进行专门性规定。以禁止违法结婚为例，唐律规定，即对于居父母丧而忘哀拜灵成婚者，强制离婚，并徒三年；而元朝只是离婚加杖八十七。② 这一点，其实与现行刑事立法模式极为相似。正如上文所言，世界各国现行刑法典有不少国家如墨西哥、葡萄牙等将家庭暴力罪作为专门罪名进行设置，但并未见其为其他类型家事犯罪安排专门的罪域，只是零零散散地规定了诸如侵入住宅罪、重婚罪、虐待罪、遗弃罪等妨碍婚姻、家庭等犯罪。倒是民国时期刑法曾经将诈术结婚罪（第238条）、通奸罪（第239条）和诱罪（第240条）作为妨害婚姻家庭罪列于一处。③ 另外，包括我国在内的不少国家通过附属刑法（如我国的《反家庭暴力法》）或者单行刑法（如韩国的《家庭暴力犯罪处罚的特例法案》）的方式对涉及家庭暴力、侵害儿童、妇女权益等行为进行了规定。

总之，不管采用何种立法模式，宗法社会的立法宗旨是将一些家事犯罪上升到国事犯罪的性质，或者至少是与国事犯罪相关联，以此采取与国事犯罪类似的处理模式。家事犯罪与国事犯罪的相通性主要体现为，对以卑犯尊的家事犯罪行为的处罚严厉程度无异于国事犯罪。与之相较，受到经济发展、政治体制改革、权利意识兴起等诸多社会背景变迁的影响，现代刑法往往淡化甚至直接忽略了家事犯罪与国事犯罪之间的这种关联性。

四 家事犯罪的实证研判

现代刑法未给予家事犯罪足够重视的境状，在另外一个层面上得

---

① 徐永康：《〈唐律〉"十恶"罪刑研究》，《河南省政法管理干部学院学报》1999年第6期。

② 刘双舟主编：《中国法制史》，对外经济贸易大学出版社2014年版，第120—121页。

③ 倪万英：《二十世纪中期上海婚姻刑案研究：以1945—1947年上海部分婚姻刑案为例》，上海人民出版社2013年版，第202页。

到一些缓解,即人们在司法实践中越来越注意到家事犯罪的特殊性。事实上,随着现代犯罪学理论对刑法学影响的逐渐深入,人们在犯罪处遇领域对犯罪个体差异性和犯罪群体特殊性的关注越来越多。面对犯罪个体差异性,理论界和实务界纷纷就刑罚个别化等量刑理论开展研究和付诸实施,而特殊犯罪群体相关理论的出现也催生出新的司法机制。特殊犯罪群体中,最为典型和受到瞩目的便是少年群体犯罪,包括我国在内的不少国家专门成立少年法庭,亦有国家专门针对家庭犯罪成立家庭法院。如在20世纪60年代,美国掀起了成立独立的家庭法院运动,有大约20个州建立了独立的家庭法庭系统。家庭法庭审理的案件类别众多,其中一项就是受理包括婚内强奸、虐待、遗弃配偶或子女等在内的家庭犯罪。此外,美国还就独立家庭法院的法官任职资格和审理方式等方面做出了一些特别规定。①

实践中的诸多做法为分析家事犯罪积累了一定的素材,而在刑法学和犯罪学层面上,的确需要对家事犯罪进行深入的实证分析,以探视家事犯罪的历史脉络和演绎趋势。在样本采选上,鉴于清朝编撰留存的刑案集众多,其中尤以《刑案汇览》内容精良、来源真实可靠,因而本书主要选择清时期的典型案例。在罪名截取上,本书主要选择通奸、亲属间盗窃等不具备过于鲜明的时代色彩的罪名,力图与我国现当代相似案例进行比较分析。

(一)通奸

通奸罪可谓为我国刑法史上的活化石。在中国,通奸入罪最早可以追溯到商周时代。《尚书大传》记载:"男女不以义交者,其刑宫。"② 其后,通奸入罪的做法一直为历代所沿循,直至民国时期。新中国成立之后一段时间,虽然设置有通奸罪的刑法典草案及其后的修正案并未颁行,但实践中不乏以通奸罪论处的司法判例。李胜渝、何定洁研究某地的通奸司法判例档案史料发现,对通奸行为的刑事司法

---

① 夏吟兰:《美国现代婚姻家庭制度》,中国政法大学出版社1999年版,第173—174页。
② 管伟主编:《中国法制史》,华中科技大学出版社2015年版,第27页。

调整几乎占所有类似案件的十分之九，即进入法院的九成通奸案件最终采用了刑事规范进行调整。① 此成果亦可通过1964年9月11日《最高人民法院关于妨害婚姻家庭罪犯在缓刑期间要求与原通奸人结婚不应允许问题的批复》（以下简称《批复》）得到证明。《批复》对通奸这一家庭犯罪表达了特殊的态度，其指出，为避免引起群众的不满乃至其他不良后果，通奸罪犯不应当比照一般犯罪获得相应的宽宥。可见，从当时最高人民法院的态度来看，对于通奸与其说是慎重，不如说是嫌恶。这种做法实际上亦与1902年6月12日《海牙婚姻法律冲突公约》相吻合，其第2条第2款规定"绝对禁止因通奸罪而经宣告解除婚姻关系的一方与其通奸者结婚"。在我国，1955年至1964年间，最高人民法院作出关于下级法院询问通奸犯罪有关疑难问题的批复、复函、指示共计10条；最高人民检察院也曾于1980年5月作出《最高人民检察院关于劳改犯加刑案件的公判和通奸案件的处理问题的请示报告的批复》。其后，由于通奸罪名的彻底废除，便不再有通奸罪相关法律和司法解释出现。

我国历代对通奸罪犯的刑制大体相通，除了因男女身体自然差异而做了必要的区分外（例如"男女不以义交者，其刑宫"。即女子幽其闭，男子去其势），另外一个最显著的特征就是对男女、尊卑处置上的不平等。直至清代，通奸罪相关规定中对妇女更加苛求的立法、司法倾向仍一以贯之。清律甚至规定，妇女被强奸时若放弃反抗，以和奸论处。按照清人沈之奇的阐释，"夫淫人妇女，坏人闺门，犯奸之罪，本重在奸夫，然必奸妇淫邪无耻，有以致之，故不论和奸、刁奸，有夫、无夫，男女并坐也"②。而在另外一个方面，按照唐律，主对奴仆妻女的通奸，却是不为法律所处置。③ 授之于唐律，其后各朝代多

---

① 李胜渝、何定洁：《新中国初期重庆地方通奸司法判例刍析》，《中国刑事法杂志》2012年第4期。

② （清）沈之奇：《大清律辑注》（下），怀效锋、李俊点校，法律出版社2000年版，第912页。

③ 瞿同祖：《中国法律与中国社会》，中华书局1981年版，第257页。

沿用这一做法。至于,丈夫对奸夫的处置也拥有很大的裁量权。按照《大清律例·刑律·犯奸》规定:"奸妇从夫嫁卖,其夫愿留者,听。"①

从犯罪发生情境上看,通奸犯罪多属于"熟人作案",有不少发生在亲属之间。为此,清律专门设有亲属相奸的刑制。在此意义上,发生在亲属之间的通奸罪亦是一种典型的家事犯罪。通过对《刑案汇览》的阅览,本书发现其中直接涉及通奸罪名以及因通奸事实引发其他罪名的案例甚多,凡千余件。其中需要探究的案例主要涉及以下三种情形。

1. 亲属相奸

《刑案汇览》卷五十二、卷五十三集中篇章罗列了亲属相奸的种种案例。当然,此处亲属相奸案例不止于亲属间通奸犯罪,还涵括了发生在亲属之间的强奸、调奸、图奸、刁奸、和奸等诸多情形。此外,《刑案汇览》还在其他章节分布着关涉通奸的案例。概括起来,亲属通奸大致发生在叔嫂之间、叔母之间、姑侄之间、公媳之间、子与继母、妻子与缌叔、妻子与缌侄、兄与弟媳、表兄与出嫁缌麻表妹、堂兄与出嫁缌麻堂妹等。

对于亲属之间犯通奸罪的处理,虽然清律规定"和奸者,男女同罪",但据《刑案汇览》记载,司法实践中会根据谁更主动、奸情是否引起有人自尽、有无自首等具体情况进行相应的调整。如"奸出嫁缌麻表妹"和"奸出嫁缌麻堂妹"两案只记载对男性处发附近充军之刑。② 而在另外"兄之奸妇弟娶为妻后复并奸"一案中,男子被处发配充军,女子则拟杖一百,徒三年。③ 通过案例比对分析可知,若通

---

① 钱泳宏:《清代夫权的法定与恣意——基于〈大清律例〉与刑科档案的考察》,《北方法学》2011 年第 3 期。

② (清)祝庆祺、鲍书芸、潘文舫、何维楷编:《刑案汇览三编》(一),北京古籍出版社 2004 年版,第 1965—1966 页。

③ (清)祝庆祺、鲍书芸、潘文舫、何维楷编:《刑案汇览三编》(一),北京古籍出版社 2004 年版,第 1972—1973 页。

奸发生在同辈之间，处罚较轻，若通奸行为发生在长幼之间，则往往处罚较重。如"出继侄与本生小功叔母通奸"一案，对案犯李喜成"照奸出嫁从祖伯叔姑监候绞之律办理"。① 而且亲属相奸，血缘关系越近，服制越近，处罚就越重。② 如"子与继母通奸比例拟斩"一案中，山西巡抚奏请："李张氏勾诱伊夫前妻之子李明则通奸，李明则幼为该氏抚养，因被勾诱，罔顾继母名分，均属淫乱蔑伦，将李张氏李明则均比照奸伯叔母律各斩立决，恭请王命即行正法。"③ 如果按照宗族社会法制惯常的尊卑有别理念，在涉及长幼的犯罪中，一般对晚辈处罚更重，不过从通奸罪的刑制和司法处置来看，如在上一"子与继母通奸案"中，则并未加以区分，亦可以此略窥清人对亲属通奸乱伦行为的严惩之态。

如上所述，1979 年刑法颁行之后，通奸罪在我国大陆地区被彻底废除。而且虽然台湾"刑法典"规定了以亲属关系存在为构成要件的血亲相交罪，可能会在实践中与通奸罪存在竞合。不过，截至本书写作时，通过对台湾地区案例库的搜索，仅收集到两起关涉通奸罪的案例，分别为台湾嘉义地方法院 89 年自字第 3 号案例和"最高法院"87 年台非字第 334 号案例，但此两起案例都没有涉及亲属相交的问题。所以，仅就通奸案例的比较而言，确乎没有现行有效的素材。加之上文亦已简单述及新中国成立后曾经的司法处置方略，故此处不再延伸讨论。

2. 尊卑相奸

除前文所述的长幼之间的通奸罪之外，对于其他发生在尊卑之间的通奸犯罪，《刑案汇览》也记载了不少案例。通奸主体大致集中在

---

① （清）祝庆祺、鲍书芸、潘文舫、何维楷编：《刑案汇览三编》（一），北京古籍出版社 2004 年版，第 1964—1965 页。

② 钱泳宏：《防控与失控——清代重惩奸罪与"因奸杀夫"》，《华东政法大学学报》2012 年第 1 期。

③ （清）祝庆祺、鲍书芸、潘文舫、何维楷编：《刑案汇览三编》（一），北京古籍出版社 2004 年版，第 1974 页。

师生之间、家长与家人（奴婢、雇工）之间。其中清人对破坏师德，特别是为师不尊者往往持较为严厉的处罚态度。如据"儒师奸拐学徒之妻"一例处置奏表："尚统始与学徒之妻奸淫，继复带领同逃，实为士林败类。若仍照寻常奸拐拟军，似与齐民无所区别，不足以端士习，应于和诱知情为首拟军例上量加一等，发烟瘴充军。"①

而关于家长与雇工之间通奸的处置，清朝官吏则持不同的态度。一方面，之于奴婢主动和家长之妻通奸的，往往处罚重于"凡人"，如"奴及雇工和诱家长之妻同逃"一案的处置，认为"若将奴及雇工诱拐家长亲属之犯诱拐同科，未免漫无区别。改发烟瘴充军，面刺'烟瘴改发'四字。与凡人稍有区别。"② 但在另一方面，之于家长寻求雇工或奴仆之妻的，与"凡人"亦有所区别，只是与上述情形恰好相反，即从轻发落。如"大员与仆妇通奸致本夫杀妻"一案处置："阿玉什身为一品大员，辄与仆妇通奸，无耻已极，但细阅供单，姑念阿玉什之父伊升阿前在伊犁军营阵亡，伊母孀居守节，情殊可悯。阿玉什着即照福昌等所拟发往新疆效力赎罪，此系格外施恩。"③ 其中"情殊可悯"在很大程度上乃一种托词。而在另外一起涉及清朝皇族宗室"将妻改装送与圈禁室通奸"一案中，"宗室图克坦令雇工家人阎三将其妻阎张氏送入圈禁"，供其奸淫，但审判者只判处"阎三、阎张氏照纵奸律杖九十，酌加枷号两个月"。对始作俑者宗室图克坦则不了了之。④ 类似的情形在清道光十三年的"旗人犯奸拐业已自首免销档"等案中也曾出现。

及至当代，通奸亦时有发生，但根据现行《刑法》相关规定，此

---

① （清）祝庆祺、鲍书芸、潘文舫、何维楷编：《刑案汇览三编》（一），北京古籍出版社2004年版，第712页。

② （清）祝庆祺、鲍书芸、潘文舫、何维楷编：《刑案汇览三编》（一），北京古籍出版社2004年版，第715—716页。

③ （清）祝庆祺、鲍书芸、潘文舫、何维楷编：《刑案汇览三编》（一），北京古籍出版社2004年版，第2001页。

④ （清）祝庆祺、鲍书芸、潘文舫、何维楷编：《刑案汇览三编》（一），北京古籍出版社2004年版，第1961页。

等行为只可能构成重婚罪、破坏军婚罪等。截至本书写作时，在中国裁判文书网中查阅所得案例中，涉及通奸构成重婚罪的判例只有 11 件，涉及通奸破坏军婚罪的判例 2 件，但皆与上述案例主旨无相干，亦无牵连因素，故无比较意义。

3. 通奸引发的其他家事犯罪

值得注意的是，通奸还是其他下游犯罪的诱发因素。因奸情而导致的贪污贿赂、伤害、杀人的案例，现实中也很多。

截至本书写作时，在中国裁判文书网输入"通奸"关键词之后检索到的刑事案例共有 284 件。这些案件分别因为通奸而涉及非法拘禁、敲诈勒索、诈骗、侮辱、诬告陷害、诽谤、贪污、行贿、徇私舞弊、包庇、窝藏、故意伤害、故意杀人、绑架、寻衅滋事、妨害作证、强奸、重婚、妨害婚姻家庭等诸多罪名。法院在作出判决时，几乎毫无例外地将通奸情形作为一个重要的量刑因素予以考虑。绝大多数案例都是被害人因为通奸而被法院认定为存在过错，被告人由此进而获得相应从轻或者减轻处罚。如山东省沂南县人民法院在（2014）沂南刑初字第 337 号"盛某甲、盛某丙、盛某乙非法拘禁案"判决书中所载，"鉴于被害人与人妻通奸不道德过错行为在先，三被告人的行为确属事出有因，案发后投案自首且有悔罪表示，对三被告人可从轻处罚并宣告缓刑"。反之，当被告人还存在通奸过错时，则会加重对其处罚力度。如辽宁省葫芦岛市中级人民法院在（2011）葫刑一初字第 00050 号"刘某娥窝藏案"判决书中认为，"被告人刘某娥与李某利通奸后，李某利将黄某伟杀害。刘美娥明知李某利杀人犯罪而与李某利共同生活、一同逃匿，并为李提供隐藏处所的事实成立，情节严重，判处有期徒刑六年"。

《刑案汇览》中记载的因通奸事起的案例也很多，其中有纵奸、奸拐、勒索、伤人、杀人、致人自尽等。其中值得注意的是，在应对被告人因奸情激愤伤害、杀人等案件时，清人的处置方式与当今司法中的操作具有不少相似之处。不过与今日判决仅于量刑时得减不同的是，清人还倾向于法外施恩。如"杀伤奸妇限外身死奸夫减等"一案中，审判者认为，"江西省罗康八与大功堂兄罗连一之妻熊氏通奸，被罗连一登时奸所获奸，用炭火烧伤熊氏，余限内身死。在平人例应拟绞，奏请定夺，减为杖一百，流三千里"①。而对于奸夫、奸妇在通奸事件中触犯其他犯罪的则会增加刑罚量。如"奸夫被获奸妇帮护咬伤本夫"一案中，审判者认为，"陆吴氏与僧灿珍通奸，被本夫陆泳才捉获灿珍挣扎不脱。该氏帮护奸夫，将陆泳才咬伤，将陆吴氏比照奸夫拒伤应捉奸之人刃伤以下加本罪二等例，于军民相奸加杖上加二等，杖七十，徒一年半"②。此外，在纵奸罪中，如果涉及长辈纵容晚辈或者晚辈包庇长辈的情形，前者中被告人往往获刑更重。

总体而言，经过判例比较可以发现，清代案例呈现出的处置方式基本延续了宗法等级社会的一贯做法，即对犯奸之罪深恶痛绝，持重惩之态。以《刑案汇览》所载"犯奸不得容隐埋尸亦系侵损"一案来看，即可知悉一二。该案审判者认为"犯奸辱没祖宗"，不得援引"大功以上亲有罪相为容隐"之条。③ 而当代司法实践也在一定程度上继受了古代案件处置中所蕴含的一些思想。通奸罪虽然取消，但案件中的通奸情节仍然成为影响司法人员判决结果的重要因素。

（二）亲属间盗窃

伦理纲常是宗法社会得以构建的基本准则，并贯穿于其法制之始终。正如钱大群先生所述，《唐律疏议》关于惩治亲属间相盗犯罪旨在将"亲亲疏疏"的伦理原则贯彻到这种犯罪的处置中去。按照《唐律疏议》第 287 条："诸盗缌麻、小功亲财物者，减凡人一等；大功，减二等；期亲，减三等。"其第 288 条又规定："诸同居卑幼，

---

① （清）祝庆祺、鲍书芸、潘文舫、何维楷编：《刑案汇览三编》（一），北京古籍出版社 2004 年版，第 962 页。

② （清）祝庆祺、鲍书芸、潘文舫、何维楷编：《刑案汇览三编》（一），北京古籍出版社 2004 年版，第 2146 页。

③ （清）祝庆祺、鲍书芸、潘文舫、何维楷编：《刑案汇览三编》（一），北京古籍出版社 2004 年版，第 185 页。

将人盗己家财物者，以私辄用财物论加二等。"① 前后两条比对，后者之所以被加重处罚，显然在于其将"外人"引入"家事"之中，侵入了父权维系的封闭空间。于此，我们也能够发现封建法制对家事权的维护之意旨。另者，如上文所言，按照唐律规定，卑幼盗缌麻小功财物，伤者，就按律当绞，而尊长盗窃卑幼，则有所规求而故杀期以下卑幼者才按律当绞。这一规定又深刻体现了唐朝法制对宗法等级的极端维护。可以说，以唐朝为代表的封建法制始终以维持尊卑有序之道统为旨归。

唐以降，各朝亦就亲属相盗的特殊性作出明确规定。与唐律相较，明律规定得更加细致，在期亲、大功、缌麻的基础上，又增加了小功和无服两个等级。清律沿袭明律。《大清律例》卷二十五《刑律·贼盗下》：规定亲属相盗，无服减一等，缌麻减二等，小功减三等，大功减四等，期亲得减五等。② 清人沈之奇辑注大清律例之亲属相盗各减等级，查知，并无同居亲属相盗的规定。③ 此外，大清律例亦有类似唐律关于尊卑位置不同而处罚相异的规定，各居亲属相盗财物者，无服之亲减一等，若行强盗者，尊长犯卑幼，亦各依上减罪，卑幼犯尊长，以凡人论。④ 当然，通过对《刑案汇览》阅览，还可以看出审判者在尊卑相盗的案件处理时，还要考虑案犯与事主是否具有同居共财等其他相关情况。

《刑案汇览》中收集的案例显示，清人对亲属相盗司法处理基本按照大清律例所定刑制，遵循亲属相盗得减的基本原则，但也呈现出一些不一样的特征。

1. 亲属相盗得减原则的扩大适用

审判者推行刑名案件以服制为重的准则，但又设法顾及亲谊，所

---

① 钱大群撰：《唐律疏义新注》，南京师范大学出版社2007年版，第628—630页。
② 瞿同祖：《中国法律与中国社会》，中华书局1981年版，第58页。
③ （清）沈之奇：《大清律辑注》（下），怀效锋、李俊点校，法律出版社2000年版，第603页。
④ （清）祝庆祺、鲍书芸、潘文舫、何维楷编：《刑案汇览三编》（一），北京古籍出版社2004年版，第645页。

以使得司法实践中亲属相盗案件的主体出现扩大化趋势。如"外姻亲属相盗应照图服定例"一案中，犯人与被害人属外亲，"并不在图载妻党无服亲之内，但既有亲谊，即不得不名为无服之亲"。因为刑名衙门里的审判者坚持认为按照大清律例无服之亲才能减等，所以对本案采取"推原定拟"的处置方式，"亦得援律议减也"①。从该案的处理可以看出，对于审理者认为需要顾及亲情的盗窃案，哪怕法律没有载明，也要通过类推解释的方式照律减等。

2. 亲属相盗得减原则的限制与搁置

一方面，一旦因盗窃拘捕转化为抢劫或者因盗窃杀人，审理者往往态度为之转变，当事人之间原有的亲情就会被后续严重犯罪斩断，因而亲属相盗之得减情形就会被吸收，加害人甚至会因此被加重处罚。如"偷窃母姨衣服之后故杀事主"一案的审理中，初审者依据"故杀外姻小功之律拟以斩候"，不过复审者认为"其欺于氏年迈，既窃其衣，复戕其命，凶恶之极。原情定罪，实与窃贼临时杀死事主相同"。原审拟处以斩候，"是但论其杀死之罪，而不究其忿杀之由，殊未允协，驳令妥拟去后。拟斩立决"②。

亲属相盗得减原则中"亲属"的范围也呈现出逐渐缩小之势。例如大清律例原载奴婢、雇工盗窃家长财物，减凡盗罪一等，并免刺。不过，经雍正、乾隆两朝改定，奴仆雇工盗窃家长财物，照窃盗计赃一体治罪。其后，审理人员据此扩大解释，认为奴雇盗窃家长既与凡盗一体治罪，就应当与凡盗一体刺字。此可以《刑案汇览》之"雇主偷窃家长财物应行刺字"和"奴仆雇工偷窃主财均应刺字"两案为佐证。此种变化一方面自然体现宗法社会刑制不稳的特征，另一方面可以从这里的变化看出封建宗法社会对卑幼者的管束之道愈加苛刻。

在另一方面，审理者或批奏者有时又为了强调刑罚的威慑和教化

---

① （清）祝庆祺、鲍书芸、潘文舫、何维楷编：《刑案汇览三编》（一），北京古籍出版社2004年版，第635—636页。

② （清）祝庆祺、鲍书芸、潘文舫、何维楷编：《刑案汇览三编》（一），北京古籍出版社2004年版，第640页。

功能，而选择绕开律条，刻意避免亲属相盗得减等的规定。由此可以看出，传统社会何以为重！当亲情遇到国情时，家庭维系还需要给国家统治让路。如在"无服卑幼经管财物肆窃赇累"一案中，皇帝亲自批阅"亲属相盗，较之寻常窃盗得邀末减者，原因孝友睦姻，任恤之道，本应周急。盖明刑所以弼教，朕之所以从严办理者，正恐愚民无知，恃有亲属之议减之条，肆意攘窃"[①]。

进入现代，亦有不少国家和地区刑法就亲属相盗作出特别规定，体现出刑法对家事干涉的谨慎态度。台湾"刑法典"第324条专门规定了亲属相盗的罪与罚，"于直系血亲、配偶或同财共居亲属之间，犯本章之罪者，得免除其刑；前项亲属或其他五等亲内或三等亲内姻亲之间，犯本章之罪者，须告诉乃论"。《澳门刑法典》第203条则将符合亲属间相盗的情形规定为自诉罪，以限制刑罚权的介入，并且将亲属范围扩大至与被害人在类似配偶状况下共同生活之人。在域外，《法国刑法典》规定了盗窃直系亲属和配偶等亲属财物不得引起刑事追诉。[②]《日本刑法典》第244条第1款亦规定，"配偶、直系血亲或者同居的亲属之间犯第235条之罪、第235条之二之罪或者这些罪的未遂的，免除处罚。前款规定的亲属以外的亲属之间，犯前项规定之罪的，告诉的才能提起公诉"。可见，日本对不同情形的亲属相盗要么使被告人免受刑罚干涉，要么设定特别刑事程序限制刑罚干预的程度。与日本刑法相较，韩国刑法进一步扩大了亲属范围，除直系血亲、配偶、同居亲属之外，还将户主与家属罗列进来。这倒与我国传统宗法社会将奴婢与雇工列为亲属相盗主体范围的做法极为相似。

与上述介绍的刑法体例不同，我国现行《刑法》并未明确规定亲属相盗的处置模式，只有司法解释涉及此等问题。最高人民法院在1997年11月4日公布了《关于审理盗窃案件具体应用法律若干问题

---

① （清）祝庆祺、鲍书芸、潘文舫、何维楷编：《刑案汇览三编》（一），北京古籍出版社2004年版，第636—638页。

② 罗结珍译：《法国新刑法典》，中国法制出版社2003年版，第108—109页。

的解释》，其中第 1 条第 4 项规定，"偷拿自己家的财物或近亲属的财物，一般可不按犯罪处理；对确有追究刑事责任必要的，处罚时也应与在社会上作案的有所区别"。2006 年 1 月 23 日实施的《关于审理未成年人刑事案件具体应用法律若干问题的解释》第 9 条规定，"已满十六周岁不满十八周岁的人盗窃自己家庭或者近亲属财物，或者盗窃其他亲属财物但其他亲属要求不予追究的，可不按犯罪处理"。

在此司法解释之下，司法判例也基本反映了这一态度。通过判例检索发现，亲属相盗的判例与一般人盗窃的判例相较，少之又少。这一方面表明，现实中亲属相盗的案件发生率较低；另一方面也意味着司法处置中亲属相盗案件出罪的可能性较大。截至本书写作时，在中国裁判文书网通过"盗窃"关键词搜索到的一审刑事判决书就有近 60 万件之多，而按照裁判用语的表达习惯，加上"亲属财物"几字之后，只有寥寥 437 件，其中基层人民法院审理的案件最多，计 433 件，中级人民法院 2 件，高级人民法院 2 件。经阅览之后，又剔除一些诸如"盗窃病人亲属财物""骗取亲属财物""不属于盗窃亲属财物"等不符合要求的样本，剩下的关涉亲属相盗的案件仅计 197 件。

在涉及亲属盗窃案件的审理中，司法人员基本遵照司法解释的精神，在被告人向被害人赔偿及取得被害人谅解的基础上，酌情予以减轻处理。在所有亲属相盗的案件中，除涉及"数额巨大"的案件判处被告人三年以上有期徒刑并以实刑处理之外，其他案件大都作出一年以下有期徒刑、拘役并以缓刑处理的判决，或者只根据盗窃数额单处相应罚金。不过值得注意的是，上述案例中，法官在依据亲属相盗情形作出判决时，往往将被告人和被害人之间的亲疏关系作为重要的考量因素。例如，被告人与被害人属父母子女关系的，量刑较轻；属于堂兄弟姐妹关系的，则量刑稍重。这与我国传统社会中卑幼盗窃尊长会获刑过重不甚相符。可见，现代法官对亲属相盗减轻处罚与古之作法一脉相通的是，其对家庭伦理和秩序的维护之意以及对亲谊的呵护之情。

对于传统社会亲属相盗减轻处理的原则，沈家本亦对其进行了现代意义上的解读，认为此原则是"亲属有同财之意而宽之也"。不错，"同居共财"是家族存在的经济基础，因而在传统社会需要予以肯定。而大清律例经雍、乾两朝取消"同居奴婢、雇工盗家长财物，减凡盗罪一等，免刺"这一规定的情况，又与沈氏的解说两相吻合。所以，传统社会对亲属相盗的特殊处理毋宁说是在维护宗法社会的根基，维护亲亲尊尊传统伦理，给父权行使营造足够的空间。而现代社会对亲属相盗无罪化或者轻缓化对待，自然是考虑维护家庭的稳定性，避免刑法对家事的过度干涉，对家事犯罪行为的过剩处罚。刑法的过早介入或者过剩干预难免会影响家庭关系的和睦，甚至会滋生新的家庭问题，还可能让犯罪行为给亲情造成的裂隙难以修复，可谓出力不讨好。

此外，范忠信、郑定、詹学农提出，"在儒家政治理论和伦理观念的影响下，中国传统刑法无论对亲属相杀、相殴，还是亲属相奸、相盗，都是以名分尊卑为刑罚加减的分界，以服制亲疏作为处罚轻重的准尺。原来是用于丧葬礼仪的五服制度，渐渐蜕变成了国家刑法用以确定罪之有无、刑之轻重的重要尺度"[1]。这段论述不仅表明了中国传统刑法在亲属相犯中的立场，也印证了本书上述关于家事犯罪和国事犯罪相关联的表述。尽管传统宗法社会在卑幼诬告尊长等罪名设置和刑罚规定上仍有与现代刑法制度比较的可能与意义，但限于篇幅，不再就此展开。

五 家事犯罪的刑事法路径

现代刑法究竟该如何面对家事犯罪呢？本书认为，现代刑法既要批判继承传统社会法制体系在应对家事犯罪中，基于家事犯罪当事人之间的身份和维护家庭关系稳定的需求进行个别化对待的理念，也要学会如何从传统社会法制的影响中抽身出来，准确把握现代伦理观念、社会习惯与刑法效应的关联度。一方面，对于纯粹的家事行为或者能够被家庭关系合理吸收、化解的行为，刑法须尽量做到谦抑，不轻易

---

[1] 范忠信、郑定、詹学农：《中国式法律传统》，台湾：商务印书馆2013年版，第169页。

发动；另一方面，即使对家事犯罪适用刑法，亦须在选择此罪与彼罪，乃至量刑、行刑的过程中充分关注家事犯罪的特殊性，不仅应当考虑到刑罚对犯罪人和被害人的影响，还应当考虑到刑罚对家庭关系的影响，进而个别化地定罪、量刑和行刑。具体而言，家事犯罪的刑事法路径包括刑事实体法领域和刑事程序法领域。

（一）刑事实体法领域

我国现行《刑法》对通奸罪等家事犯罪的"松绑"，或利用刑事司法对关涉亲情犯罪之罪与刑的权衡，都是基于家事犯罪理论的明智之举——《刑法》之所以放行这些罪行，不仅是受社会观念变化的影响，更可能正是由于该类行为具有家事属性和侵害对象的特定性。一些学者对此提出了其他担忧：通奸行为会引发其他犯罪，正日益成为一种危害行为。如师宗正便主张通奸罪应当回归《刑法》。[①] 但是，就我国的犯罪构成体系而言，并非所有的危害行为均应当成为《刑法》规制的对象。刑法理论通说认为，我国《刑法》中规定的定罪量刑模式具有既定性又定量的特点，只有具有严重社会危害性的危害行为才需要引起刑法的特别关注，进而具有被评价为犯罪行为的可能。换言之，刑法并不处罚所有危害行为。在脱离了宗法等级制度的笼罩之后，现代社会中伦理道德与法律之间沟壑日益清晰，而诸如通奸等在宗法等级社会因严重违反家庭伦理，进而触及彼时社会制度之根基的行为，在当代便逐渐被限制在伦理道德和民事法律的评价体系之内。即使认为该等行为具有社会危害性，这种危害也更多体现为间接危害而非直接危害。尤其当人类跨入风险社会时代以后，面对无处不在的社会风险，刑法的有限性和最后手段原则都决定了它们不可能都再由刑法规制。

当然，犯罪终究是反社会行为，哪怕是家事犯罪，也会存在具有严重社会危害性的可能，从而进入刑法视野。只是，家事犯罪的特殊性又要求刑法在评价这些犯罪行为时，要给予其充分且合乎情理的考

---

① 师宗正：《我国刑法应当增设通奸罪》，《政法学刊》1990年第3期。

虑，要在衡量刑法规范与家庭伦理、社会习惯之间相互效应的基础上制定具有针对性的刑事应对策略。而针对性的刑事应对策略同时也是建立在对家事犯罪分类之基础上的——对于广义上的以家庭安全为犯罪客体的家事犯罪，如非法侵入住宅、入户盗窃、入户抢劫、"灭门"等犯罪，完全可以参照传统社会针对"外人"犯罪的处置方式，自然不必刻意区别对待。对于狭义上的发生在家庭成员之间的家事犯罪，则需要进一步区分。特别谨防刑法过度介入家庭关系对家庭伦理秩序造成冲击。

在处理狭义的发生在家庭成员之间的家事犯罪时，家庭关系和家庭伦理秩序的诉求可能一定程度上会弱化乃至排斥刑法发挥维护社会秩序和法治尊严的功效，最典型的便是滥用家长权代替国家公权力实施惩戒或解决社会纠纷，最终冲击国家刑罚权。一些根深蒂固的习惯看法也可能左右人们的刑罚观。正如发生在家庭里的"大义灭亲""安乐死"等往往会遮蔽一般的"杀人偿命"观念。面对如此伦理迷谷，司法者往往也举步维艰。总的来说，对于发生在家庭中的严重暴力行为，刑法不可求全责备，切不可为家长权的泛化推波助澜，但也应正视家庭伦理的强大生命力，并相信家庭伦理在化解家庭矛盾、解决家庭内部纠纷中的积极作用，更要分清家庭犯罪案件中当事人所扮演的角色和所处地位。就此，对于狭义上的发生在家庭成员之间的家事犯罪，传统刑法制度在家事犯罪中对卑尊相犯采取区别对待的策略能够为现代刑法在家庭关系中的运作提供灵感——现代刑事司法需要考察家事犯罪中双方当事人之间在财产和身体等方面的强弱对比。例如，在针对家庭内部成员实施的盗窃犯罪中，要分析犯罪人的收入水平、为维持家庭运作付出的有报酬劳动和无报酬劳动的强度、拥有的可支配财产在家庭财产中的份额和使用状况等要素，综合以上情况给予家庭同居共财且处于经济弱势地位的犯罪人一定程度的宽宥；针对家庭内部成员实施的暴力犯罪中，要考察犯罪人在家庭生活中，身体上或者精神上是否处于劣势以及这种境遇的存在时间长短等要素，对于长期经受家暴苦楚的弱势一方奋起杀害施暴者的行为，需要结合被害人的过错程度和当事人之间家庭关系之远近进行考虑，从而为该行为走向出罪化和轻罪化之可能性做好铺垫。陈璇博士在为犯罪人为摆脱家庭暴力而杀害施暴者可得减轻、免除处罚寻求理论支撑时论述道："在刑法教义学领域内能够体察和吸纳常理、人情的所有途径尚未穷尽之前，不应随意将被告人的行为划入违法圈；在排除犯罪性事由得到充分考虑之前，法官也不宜匆忙地给被告人贴上犯罪人的标签。"[1] 此外，在我国的社会文化环境和违法犯罪二元体系中，刑罚不仅是对犯罪人的惩罚，还会引起广泛的附随后果。是故，刑法在对家庭犯罪的犯罪人定罪量刑时，还应当将适用刑罚对家庭犯罪被害人乃至其他家庭成员产生的消极影响考虑在内。例如2017年引起热议的"南京南站猥亵女童事件"，从保护未成年人隐私和合法权益，维护削弱社会舆论给这个家庭，尤其是被害人带来的伤害角度而言，刑法最好持谨慎态度，以免刑罚的附随后果和舆论给被害人和这个家庭带来第二次伤害。总之，刑法虽然是"必要之恶"，但亦不仅仅是"以恶制恶"，还要伸张正义、扶危济困。其应当给予在家庭关系中穷途末路之人足够的关照，并且以尽可能不破坏家庭关系的稳定为行动基准。

上述应对原则亦得到司法解释印证。2015年3月2日，最高人民法院、最高人民检察院、公安部、司法部联合发布的《关于依法办理家庭暴力犯罪案件的意见》规定的"办理家庭暴力犯罪案件，应当根据法律规定和案件情况，加大对未成年人、老年人、残疾人、孕妇、哺乳期妇女、重病患者的司法保护力度"。"对于实施家庭暴力构成犯罪的，应当根据罪刑法定、罪刑相适应原则，兼顾维护家庭稳定、尊重被害人意愿等因素综合考虑，宽严并用，区别对待。""对于长期遭受家庭暴力后，在激愤、恐惧状态下为了防止再次遭受家庭暴力，或者为了摆脱家庭暴力而故意杀害、伤害施暴人，被告人的行为具有防卫因素，施暴人在案件起因上具有明显过错或者直接责任的，可以酌

---

[1] 陈璇：《家庭暴力反抗案件中防御性紧急避险的适用——兼对正当防卫扩张论的否定》，《政治与法律》2015年第9期。

情从宽处罚。"都体现了在家庭暴力犯罪中，根据犯罪人与被害人之间的家庭关系背景对犯罪人的定罪量刑予以个别化对待的刑事政策。

(二) 刑事程序法领域

相较于刑事实体法，刑事程序法是当代刑事法律人权保障需求的集中体现，因而传统社会法制体系在规范层面对当代刑事程序法并无显著的借鉴意义。但正如上文所述，传统社会法制体系在处理家事犯罪中体现出的维护家庭关系和谐稳定的理念仍能对设置刑事程序法起到借鉴意义。

具体而言，上文已多次强调，刑法在介入家事犯罪时应着眼于避免家庭矛盾升级、解决家庭内部纠纷。但在实践中，家事犯罪是否必然是家庭关系破裂的产物，家庭矛盾的升级在多大程度上得到了避免，家庭内部纠纷又在多大程度上得到了解决，往往很难由公安司法机关工作人员这些"外人"准确判断，就更不必说根本不参与具体案件处理的立法者了。正所谓"如鱼饮水，冷暖自知"，家庭关系到底处于何种状态，家庭犯罪当事人期望家庭关系向哪个方向变化，只有家庭犯罪当事人自己清楚。因此，在刑事司法程序中，立法要给予家事犯罪中的被害人更多的选择权，使其将家庭关系的走向牢牢把握在自己手里。例如，可以考虑增加法定刑在三年以下的轻罪家事犯罪中亲告罪的数量。即使考虑到被害人在告诉过程中可能面临的不熟悉程序、难以全面取证等障碍，立法亦可规定对于轻罪家事犯罪案件，检察机关在审查起诉程序中须尊重被害人的选择，在被害人明确反对的情况下，检察机关便不再提起公诉。另外，基于"亲亲得相首匿"这一古老法制理念，在其他可能涉及家庭成员参与的刑事案件中，立法应当赋予家庭成员更大程度的回避权，尽量避免强迫家庭成员作证而破坏家庭关系的情况发生。目前我国《刑事诉讼法》对所有知道案件情况的人都赋予了作证义务，"亲亲得相首匿"原则仅体现为人民法院不能强制被告人的配偶、父母、子女到庭作证。一方面，在我国目前的刑事诉讼实践中，直接言词原则尚未得到贯彻，证人出庭的比例本就较低,该规定基本形同虚设;另一方面,配偶、父母、子女的范围过于狭小,甚至并未包括同胞兄弟姐妹,这显然无法契合家庭成员的外延。因此,未来刑事诉讼立法应当进一步推进"亲亲得相首匿"理念的现代化,以期消除家庭成员之间的伦理危机。

在刑罚执行方面,刑事诉讼立法可以考虑进一步发挥假释制度的功能,将家庭内部纠纷的解决情况、被害人意见作为刑罚执行机关提出假释建议和人民法院审核、裁定的重要参考。这不仅可以帮助家事犯罪犯罪人尽快回归社会,亦可弥合家庭成员之间因长期分离而产生的精神隔阂,体现恢复性司法促进社会和谐稳定的价值导向。

第三节 来自内部的乡村家事犯罪:乡村家庭暴力犯罪及其治理

家庭稳定是社会稳定的前提,家庭和谐是社会和谐的基础,然而出轨、家暴等各种异质性因素不断侵扰着现代家庭。可以说,在强调每一位家庭成员都拥有平等权利的社会,家庭暴力几乎成为摧毁家庭的深水炸弹。暴力是蛰伏在人类心灵和肉体里的野兽,瞅准时机,就会作祟。家庭成员之间的亲密接触一方面能够加深感情,另一方面也更容易衍生暴力诱因。

家庭暴力犯罪已然成为一种社会历史现象,具备了犯罪学研究的特质。在犯罪学视野中,家庭暴力犯罪有提出之必要。对于家庭暴力犯罪研究而言,犯罪学研究范式相对灵活、宽泛,既可以从社会学、文化学、历史学和心理学等角度展开,也可以结合个体行为和群体现象进行。与之相较,刑法学研究的主要是家庭暴力犯罪的构成要件,目的在于就此类犯罪如何定罪量刑,因而研究视域相对固定、狭促。

不过,考察现行有效的家庭暴力相关法律,会发现,其尚不能够为家庭暴力犯罪的刑法规制提供完整的规范体系。与家庭暴力行为最为关联的两部法律,即《反家庭暴力法》和《民法典》,只是以附属刑法的方式在法律责任部分设置了针对严重家庭暴力行为追究刑事责任的条款，至于怎样才算是严重情形，以及对其以何种罪名追究、如何追究，则全部交由刑法处置。问题是，我国现行刑法中亦未专门设置家庭暴力犯罪之罪名或罪域，关涉家庭暴力行为的相关罪名也分散设置在不同的条文。这无疑会导致司法实践中对一些家庭暴力犯罪行为的性质认定存在争议（如虐待罪与故意伤害罪）。此外，尽管《反家庭暴力法》设置了带有司法性质的"人身安全保护令"，但是实践中同样面临其与刑事强制措施以及刑罚之间如何对接的问题。至于，《反家庭暴力法》规定的由公安机关针对较轻家庭暴力行为出具的告诫书，以及针对较重家庭暴力行为作出的行政处罚，则明显带有行政性质，更无法与刑罚匹配，还会带来行政罚与刑罚之间的衔接问题。

在中国裁判文书网以刑事案由为一级案由输入"家庭暴力"关键词，截至本书写作时，在所涉最终被定罪的 176 件一审判决文书中，其中 175 件均只涉及故意伤害、故意杀人两种罪名，剩下 1 件则是在家庭暴力胁迫下的诈骗罪。在另外直接关涉家庭暴力罪的裁定文书中，皆为自诉人自称被告人实施了家庭暴力犯罪，却因证据不足被法院裁定驳回起诉。

总的来说，家庭成员之间使用暴力或者变相暴力，已然摧残他人身心健康，严重扰乱家庭秩序的行为皆可称为家庭暴力犯罪。此外，家庭暴力犯罪的发生大多深具浓厚的家庭关系背景，其与一个家庭的构成方式、家庭成员所处的阶层、家庭成员及其家族的文化传统、家庭所在的物理空间等均有密切联系。换言之，家庭暴力犯罪的成因、特征、治理模式等均具有较强的特殊性，而在不同家庭暴力犯罪类型中，最具区分意义的便是乡村家庭暴力犯罪与城市家庭暴力犯罪。二者发生所基于的家庭关系背景的巨大差异自不待言，本书在第一章第二节中对家庭暴力犯罪现状的总结同样说明了与城市家庭暴力犯罪相比，治理乡村家庭暴力犯罪的紧迫性。因此，本书将分别从犯罪学、社会学和刑法学视角出发，考察乡村家庭暴力犯罪的界分、演化及其原因，以谋求应对之策。

一 乡村家庭暴力犯罪的内涵与特征

如其他犯罪一样,乡村家庭暴力犯罪的促成因素较为复杂,其中既有社会因素,也有个人因素。究其社会根源,家庭成员的施暴者既可能受到传统封建文化残余之浸染,也会受到现代社会环境及经济因素之影响。在诸多发生于夫妻之间的乡村家庭暴力犯罪事件中,传统的男尊女卑思想仍在作祟;由经济上攀比而造成的心理落差也往往成为夫妻不睦的动因;开放性社会环境制造的婚外情等异质性介入因素亦容易成为一些乡村家庭暴力犯罪的导火索。犯罪治理的研究应当首先框定研究范围,因而需要以犯罪的概念、类型和特征为理论基础。为此,下文将对乡村家庭暴力犯罪进行概念界定、类型划分和特征扫描。

(一)乡村家庭暴力犯罪的概念界定

正如本书第一章第二节所述,乡村家庭暴力犯罪之"乡村"主要用于对研究对象的范围进行限缩。是故,想要明确乡村家庭暴力犯罪的概念,主要在于界定家庭暴力犯罪。

1. 家庭暴力犯罪的行为场域

目前学界关于家庭暴力犯罪之概念并无明确界定。不过,对于家庭暴力之概念,则众说纷纭,其中既有法律概念,也有学术概念。本书采用我国《反家庭暴力法》第 2 条之规定,即"本法所称家庭暴力,是指家庭成员之间以殴打、捆绑、残害、限制人身自由以及经常性谩骂、恐吓等方式实施的身体、精神等侵害行为"。鉴于本书在讨论乡村犯罪中通常默认采用广义的犯罪概念,即将行政违法、越轨行为乃至不良行为皆纳入犯罪的范畴。是故,从犯罪学视角,即广义的犯罪来看,可以将家庭暴力犯罪与《反家庭暴力法》中的家庭暴力等同,甚至认为前者的范围较后者更大。由此,依据《反家庭暴力法》上述规定,家庭暴力发生场域被限定在家庭成员这一特定范围中。

犯罪学视角下的界定固然较为简单易操作,却缺乏了对家庭暴力犯罪本质的探究。这便需要刑法学视角予以辅助。正如本章第二节中对家事犯罪之"家事"的解读，根据刑法学理论，家庭暴力犯罪中家庭暴力行为发生场域之"家庭"亦宜理解为一种社会关系，而非仅指空间。鉴于本章第二节已对此界定理由进行了阐释，此处便不再赘述。

2. 家庭暴力犯罪的行为主体

将家庭暴力犯罪发生的场域限定为家庭这一特定社会关意味着同时限定了家庭暴力犯罪之行为主体。《反家庭暴力法》将暴力行为主体规定为家庭成员，但并未进一步明确家庭成员的含义。本书认为，结合《民法典》相关规定，宜将家庭成员的范围限定为直系血亲（包括法律拟制血亲）和生活在一起相互负有扶养义务的旁系血亲以及基于法律事由而负有扶养、监护义务的人，具体包括父母、子女、配偶、兄弟姐妹、（外）祖父母、（外）孙子女等。同理，在一起生活的女婿和儿媳应视为家庭成员。需要说明的是，尽管有人将宠物视为家庭成员，并且在域外也的确有设置虐待动物罪的立法体例。不过，考虑到我国目前的社会总体认知和相关立法规定，本书认为，家庭成员应当仅限于自然人。由此，家庭暴力犯罪之主体是基于血缘、事实和法律事由而具有特定家庭成员关系的人。

3. 家庭暴力犯罪的行为指向

在行为指向上，虽然《反家庭暴力法》将之规定为身体和精神两个层面，但根据传统理论，暴力犯罪主要指向犯罪对象的身体，作用方式带有明显的物质性，如故意杀人、故意伤害就是直接针对身体的暴力行为。不过，随着犯罪学与刑法学理论的演进，考虑到精神暴力的现实性和《反家庭暴力法》的规定，虽然将纯粹的精神压制纳入家庭暴力犯罪的行为指向或许还需进一步讨论，但应承认家庭暴力犯罪中的"暴力"需涵括已然外化的可用物质性衡量的精神折磨。无独有偶，虐待罪的客观表现即包括精神上的折磨，而其情节严重的判断标准即包括因长久精神折磨而导致被害人的精神损伤。事实上，任何一种暴力犯罪行为给被害人带来的都不仅仅是肉体上的伤害，其或多或少会伴有精神上的损伤。特别是家庭成员之间的强迫性交行为和强制猥亵行为，往往混杂着更为沉痛的肉体伤害和精神屈辱。

4. 家庭暴力犯罪的危害程度

对于家庭暴力犯罪危害程度的界定，犯罪学和刑法学要求不同。犯罪学主要在事实层面上研究这一社会行为，而刑法学主要在规范层面型构这一行为的犯罪构成要件。因而，在犯罪学视域下，家庭暴力犯罪既包括一般的违法行为，也包括严重的犯罪行为，其之成立对危害程度的要求不高；在刑法学视域下，家庭暴力犯罪应当具有严重的社会危害性。判断标准主要是行为的暴力性和结果的实害性或危险性。虽然就手段而言，刑法学视域下的家庭暴力犯罪亦可包括冻饿、不予治疗、遗弃、限制自由、精神摧残等软暴力。但如欲将软暴力评价为刑法学意义上的家庭暴力犯罪，就必须考虑到其造成或可能造成的客观危害结果。

如上所述，刑法意义上的家庭暴力犯罪是指家庭成员之间使用暴力或者变相暴力，摧残他人身心健康，严重扰乱家庭秩序，带有严重社会危害性，依法应受刑事处罚的行为。而犯罪学、社会学中的家庭暴力犯罪的外延则更为广泛，主要表现为行为类型相对更加广泛，社会危害相对更加轻微，以及不对应受刑罚处罚性作出要求。而乡村家庭暴力犯罪，则是结合本书第一章第二节之界定，系犯罪行为发生在城市管辖的区以外的包括乡、民族乡、镇、村在内的地区，与乡村所具有的要素存在内在联系，并在犯罪主体、犯罪地点、行为特征等方面符合一定特征的家庭暴力犯罪。

（二）乡村家庭暴力犯罪的类型划分

1. 单个主体的乡村家庭暴力犯罪与多个主体的乡村家庭暴力犯罪

乡村家庭暴力犯罪的主体可以是家庭成员中的单个人，也可以是家庭成员中的多个人。因此，根据实施暴力主体的数量，可以将乡村家庭暴力犯罪分为单个主体的乡村家庭暴力犯罪与多个主体的乡村家庭暴力犯罪。传统社会的家庭，成员复杂，如妻子可能会遭受来自丈夫、婆婆、妯娌、小姑子或者其他人的合力伤害。现代家庭虽然在人数和成分上相对简化，但仍然不断有父母共同杀害子女，妻子帮助丈夫强奸女儿，子女共同虐待父母的家庭暴力犯罪事件发生。除此之外，实践中，还存在一些家庭成员借助于外来力量的情形，例如妻子为弥补身体对抗上的劣势，伙同情夫一起对丈夫实施暴力。针对多个主体的乡村家庭暴力犯罪，通常而言，两人以上实施的家庭暴力行为被评价为刑法上的共同犯罪，单个人应当承担的刑事责任将根据其在犯罪中所起的作用大小进行认定。

2. 硬性乡村家庭暴力犯罪、软性乡村家庭暴力犯罪和精神乡村家庭暴力犯罪

一般认为，暴力都带有强迫性，而要构成暴力犯罪，强迫及其侵害都要达至一定程度。不过，实施暴力所采用的强迫手段多种多样。因此，根据暴力的强迫手段，可以将家庭暴力犯罪分为硬性暴力犯罪、软性暴力犯罪和精神暴力犯罪三种类型。首先，硬性暴力乃常见的家庭暴力，即犯罪主体采用殴打、捆绑、残害等针对被害人身体进行强制的行为，在狭义的犯罪领域，通常会构成故意伤害、强奸、强制猥亵等犯罪。其次，与硬暴力相同，软暴力的手段较为缓和，但其仍然是针对被害人身体进行的强制行为。如将被害人长时间锁在某处、不给卧病在床的被害人提供饮食等。在狭义的犯罪领域，此类行为通常会构成非法拘禁、虐待、遗弃等犯罪。当然，软硬暴力划分并非绝对或互斥关系，因为现实中的确存在"软硬兼施"的家庭暴力行为。最后，鉴于《反家庭暴力法》引入精神暴力的概念，犯罪学、刑法学等其他领域的理论亦应予以观照，就此承认精神乡村家庭暴力犯罪。和前述两种暴力类型相较，精神暴力主要针对被害人的情绪、精神进行，并最终对其造成精神伤害。其强制手段主要以威胁、恐吓等形式呈现，亦存在纯粹漠视等冷暴力的情形。这些精神暴力往往会对被害人造成精神压抑和钳制，在特定情形下，可能造成其心理乃至精神疾病。更有甚者，此类精神伤害不止停留在精神层面，最终仍会延伸至被害人的身体甚至生命。2023年6月15日在北京市海淀区人民法院一审宣判的"牟某翰虐待案"中，便是存在精神暴力的情况。在本案的审理

中，法院认为，"在 2019 年 1 月至 2019 年 9 月间，牟某翰高频次、长时间、持续性对陈某某进行指责、谩骂、侮辱，言词恶劣、内容粗俗，对陈某某造成了巨大的心理伤害。陈某某不愿与牟某翰分手，但又不知如何面对牟某翰反复持续施加的精神暴力。在日积月累的精神暴力之下，陈某某承受了巨大的心理压力，精神上遭受了极度的摧残与折磨，其实施割腕自残以及服用过量药物的自杀行为便是例证"[1]。同时，本案亦存在"被告人牟某翰对陈某某实施的辱骂行为与陈某某自杀身亡这一结果之间是否存在刑法上的因果关系"这一争议焦点。可见，将精神暴力纳入家庭暴力是立法、执法、司法的必然趋势，但其衍生出的其他问题仍需理论界与实务界持续关注。

3. 乡村家庭暴力犯罪中的刑事犯罪

根据《刑法》分则所设置罪名，涉及乡村家庭暴力的犯罪主要有以下几种类型，即故意杀人罪、故意伤害罪、强奸罪、强制猥亵罪、强迫卖淫罪、非法拘禁罪、虐待罪、遗弃罪和暴力干涉婚姻自由罪。其中较值得探讨的是家庭成员间的强奸行为。不同辈分家庭成员之间的乱伦强奸行为被当然评价为刑法意义上的强奸罪，学界就此争议不大。而婚内强奸问题却存在一定的争议。基于相关数据统计和我国媒体的披露，婚内强奸现象在我国的确客观存在，因而有学者主张对其通过《刑法》进行规制。[2] 对此，司法实践中亦有对婚内强奸行为进行定罪的判例，如被称为中国首例婚内强奸案的"上海王某强奸案"。[3] 总的来说，司法实践遵循了"离婚诉讼期间的婚内强奸入罪"的裁判原则。当然，也有学者主张，从维护家庭秩序稳定和节约司法资源考虑，不宜将婚内强奸予以定罪。综合而言，本书赞同婚内强奸亦为强奸的定性，并认为不应根据是否属于离婚诉讼期间而选择将婚内强奸入罪与否。同时，在程序

---

[1] 黄洁：《牟林翰虐待案一审宣判，主审法官回应案件五大焦点！》，"法治日报"微信公众号，https：//mp.weixin.qq.com/s/U__pX4pqJspup9_9A1tgGw，2023 年 10 月 24 日。

[2] 蔡道通：《刑事法治：理论诠释与实践求证》，法律出版社 2004 年版，第 240 页。

[3] 羊城晚报：《上海判决首例婚内强奸案》，新浪网，https：//news.sina.com.cn/society/1999-12-26/46072.html，2023 年 10 月 24 日。

法领域，本书倾向于在追诉程序上，应充分考虑婚内强奸作为家事犯罪的特殊性，特别需要尊重被害人的意愿，而非强行司法介入，如通过将婚内强奸的认定设置为告诉才处理的模式。对符合犯罪构成的发生在未成年兄妹之间的强奸更需要谨慎司法介入。

（三）乡村家庭暴力犯罪的特征分析

1. 乡村家庭暴力犯罪的生成背景复杂

虽然家庭是最小的社会单位，但是其关系并不简单，尤其是一些成员较多家庭、重组家庭、单亲家庭、贫困家庭，其关系往往变得更为微妙。如2016年案发的"吴谢宇弑母案"就发生在单亲家庭之中。[①] 除了家庭内部的微妙关系可能引发家庭暴力之外，外部异质性因素的介入亦会直接促成家庭暴力事件发生。在众多的夫妻之间的家庭暴力事件中，"第三者插足"往往成为致命因素。以某地乡村为例，人口频繁流动给其家庭的稳定和家庭成员之间的情感纽带带来了极大冲击，外出乡村青壮年与他人组成"临时夫妻"给背后的乡村家庭制造了致命伤害，并由此不断衍生家庭暴力犯罪事件；正所谓贫贱夫妻百事哀，乡村社会的一些赌博、攀比等陋习亦严重侵蚀着家庭的经济基础，并由经济困顿而不断滋生家庭暴力事件；留守妇女犯罪已然凸显为一种社会现象，其中就涵括不少留守妇女针对留守老人和留守儿童的家庭暴力犯罪；丈夫殴打甚至残害妻子的暴力行为甚至在一些糟粕思想作祟的地方仍被视为是天经地义的事情。当然，促成乡村家庭暴力犯罪事件的因素还远不止于此，形形色色的家庭暴力犯罪事件皆是乡村社会复杂生活场景的反映。

2. 乡村家庭暴力犯罪所侵犯社会关系单一、特殊

家庭暴力犯罪所侵犯的社会关系较为单一，即家庭关系；侵害的对象亦较为被限制在家庭成员内。我国《刑法》相关规定同样佐证了这一点，即家庭暴力犯罪关涉的罪名除强迫卖淫罪之外，其他都分置

---

① 吴琪：《吴谢宇弑母案：最后的悲剧发生之前》，"三联生活周刊"微信公众号，https://mp.weixin.qq.com/s/g8clv7n92SlQ132hDt6DiA，2023年10月24日。

于《刑法》第四章侵犯公民人身权利、民主权利罪之罪域中。可以说,家庭暴力行为乃传统观念所认定的一种"家事",家庭暴力犯罪则当然属于本章第二节所称的"家事犯罪"。

由此,无论是"家丑不可外扬""清官难断家务事""法律不入家门"等传统观念,还是"维护家庭长期和谐稳定""家庭教育与法律规训相结合"等现代司法理念,都应当在处理家庭暴力犯罪时予以考虑。因而,基于家庭这一特殊社会关系形态,处理家庭暴力相关犯罪,尤其是犯罪发生背景中受传统观念影响更深刻的乡村家庭暴力犯罪,盲目、机械的司法介入可能事与愿违,并不一定能够实现正义。这也是《刑法》将其中的一些犯罪如虐待罪、暴力干涉婚姻自由罪设定为亲告罪的缘由。在刑事诉讼程序中,遗弃行为的追诉权也往往交由被害人自己行使,在司法实践中,绝大多数遗弃案件都被作为自诉案件处理。此外,对于发生在家庭成员间的非法拘禁行为亦需具体分析。如基于被害人承诺理论,因被害人为了戒除毒瘾、网瘾等而请求家庭成员对其捆绑或者拘禁自己的,不能轻易将该行为评价为犯罪。考虑到父母教育小孩的义务,出于管教目的而限制精神障碍或者年幼家庭成员活动的行为亦不可轻易定为犯罪。

3. 乡村家庭暴力犯罪损害的社会关系具有较大修复可能

一般而言,经历暴力犯罪事件之后,被害人会对施暴者充满仇恨,正如詹姆斯·菲茨詹姆斯·斯蒂芬(James F. Stephen)所言,刑法总是与复仇情绪相联结。[①] 在复仇情绪的支配下,暴力犯罪行为对社会关系所造成的破坏很难修复,特别是被害人与犯罪人之间的情绪隔阂,更加难以消除由此难免引发被害人与犯罪人之间的二次甚至多次冲突。为了阻止私力救济和暴力恶性循环,国家往往对暴力犯罪持积极干预姿态,试图通过公力救济消解被害人的复仇意愿。

而在暴力犯罪中,家庭暴力犯罪则具有特殊性。基于犯罪人与被

---

① James F. Stephen, *A History of the Criminal Law in England*, London: Macmillan, 1985, p. 80.

害人之间的亲缘关系,家庭暴力犯罪尤其是损害不严重、犯罪人恶性相对较轻的虐待、暴力干涉婚姻自由等犯罪给二者之间造成的伤害和情绪隔阂并非不可逆转。"血浓于水"的天然特质不断稀释犯罪所造成的伤痛。[①] 特别是在传统大家族理念更重的乡村家庭中,对家庭团结和血缘关系的重视使家庭暴力犯罪发生后,犯罪人有更大的动力改过自新,亦容易取得被害人的谅解。

4. 乡村家庭暴力犯罪容易成为隐性犯罪

相较于其他场域发生的暴力犯罪,家庭暴力犯罪带有一定隐蔽性。而乡村犯罪独有的特性又加重了家庭暴力犯罪的隐蔽性。一方面,诸如虐待罪等赋予被害人选择权的亲告罪,有不少因为被害人的放弃或者其他亲邻的干扰而难以走进刑事司法视野,从而成为隐性犯罪;另一方面,即使是从治安管理等行政权力介入或故意伤害等非亲告罪的角度看,乡村地区具有的地广人稀、执法力量薄弱、户籍管理相对松散、村民联合抵制公权力介入等特征亦对乡村家庭暴力犯罪成为隐性犯罪发挥了催化作用。

显然,具有隐蔽性的乡村家庭暴力犯罪产生了大量的犯罪黑数,这不仅可能会误导官方对社会治安状况的判断,进而对相应社会政策和刑事政策的制定产生影响,还会削弱公权力对弱势群体的保护力度。即便一些造成严重危害后果和社会影响的乡村家庭暴力犯罪得以立案,后续开展的案件处理工作亦可能会遇到各种各样的阻碍。之所以出现前述局面,不仅受"乡村"与"家庭"两个特定场域的影响,还和"法不入家门"等传统家庭观念不无关联。实践中,大量轻微的家庭暴力行为被被害人自我消化或被周边亲邻以"打是亲骂是爱"等劝说方式抚平,即使涉及一些严重的暴力行径,如家庭成员间的强奸和强制猥亵行为,受"家丑不可外扬"等传统思想的影响,被害人往往羞于启齿或者为了维护家庭颜面而选择忍气吞声。甚至一些在现代执法、司法看来恶性极其严重的如涉及故意杀害家庭成员的犯罪中,犯罪人

---

① 张训:《论被害人情结》,《内蒙古社会科学》(汉文版)2015 年第 3 期。

也会因为家庭成员的包庇和周边亲邻的漠视而免受法律的追究和惩处。多年前，本书笔者曾听闻，一家大人吵架，两岁孩童被情绪激动的年轻父亲随手摔死在砖墙上，之后不了了之。

二 乡村家庭暴力犯罪的演化趋势

以往，乡村家庭暴力主要表现为身体上的暴力。暴力发生场域仅限于家庭或者以家庭为中心。暴力相关人也就是家庭暴力犯罪人和被害人止于家庭成员之间。暴力指向也主要限于身体上强势一方针对弱势一方，如丈夫之于妻子，父母之于孩子，成年儿女之于老人。不过，随着社会的发展和家庭结构的变化，近年来，乡村家庭暴力犯罪亦呈现出诸多新变化。具体表现在以下四个方面。

（一）乡村家庭暴力形式呈现多样化趋势

我国传统思维和现有典型案例显示，人们更多地将家庭暴力形式定格在身体暴力上。我国现行《民法典》及其司法解释亦将家庭暴力形式限制在殴打、捆绑、残害、强行限制人身自由等手段中。以此而言，家庭暴力形式主要表现为身体暴力和精神暴力。事实上，家庭暴力侵犯的不仅仅是家庭成员的身体健康权和精神健康权，还包括生命权、名誉权、平等权、自由权（身体自由和性自由）及财产权（对家庭共同财产的话语权和个人财产的支配权）等。因而，在理论上，根据不同标准，家庭暴力形式可以呈现出多种类型：从行为方式上看，家庭暴力可以分为肢体暴力（身体暴力）、语言暴力、冷暴力（软暴力）；从行为对象或者侵犯客体上看，家庭暴力可以分为身体暴力、精神暴力、性暴力和财产暴力（经济控制）。

陈敏研究认为，国外的立法例以及联合国的有关文件显示，家庭暴力除身体暴力外还包括性暴力、心理折磨以及经济制约。[①] 前述研究不仅将性暴力单独列出予以评价，还将通过限制被害人合理经济需求的实现，使其产生屈辱、自卑等不良情绪进而实现对其人身、精神

---

① 陈敏：《关于家庭暴力认定难的思考》，《法律适用》2009年第2期。

控制的经济制约也纳入家庭暴力的范畴,无疑进一步扩展了家庭暴力中"暴力"的内涵,也加深了学界对家庭暴力的认识。

2016年施行的《反家庭暴力法》则持更为开放的态度。一方面《反家庭暴力法》第二条将暴力手段从殴打、捆绑、残害、限制人身自由扩展到包括经常性谩骂、恐吓等方式。将暴力形式由单纯的肢体暴力扩展到语言暴力,并且为冷暴力(软暴力)预留了一定空间;另一方面,全国人大常委会法制工作委员会和中华全国妇女联合会共同主编的《〈中华人民共和国反家庭暴力法〉释义》中也承认,虽然《反家庭暴力法》只规定了两种家庭暴力形式,但却使用了"等"概括了其他形式的家庭暴力,并且推介了理论上关于身体暴力、精神暴力、性暴力和经济控制的划分,为实践中人们认可性暴力、经济控制等形式的家庭暴力预设了空间。此前,最高人民法院中国应用法学研究所发布的《涉及家庭暴力婚姻案件审理指南》亦对家庭暴力形式做了多样化的界定,认为家庭暴力包括身体暴力、性暴力、精神暴力和经济控制。

总体而言,与传统单一的身体暴力类型相较,近年来家庭暴力形式和类型呈现出身体暴力、精神暴力、性暴力和财产暴力(经济控制)相结合的多样化趋势。其中,身体暴力可细化为针对健康的暴力、针对生命的暴力以及针对身体自由的暴力;性暴力可分为猥亵型的暴力和强奸型暴力;精神暴力可分为由肢体行动引起的暴力和由语言行为引起的暴力。

(二) 乡村家庭暴力范围呈现扩大化、多样化趋势

乡村家庭暴力范围呈现扩大化趋势主要体现在人和地两个方面,前者指在主体和对象的范围上有所扩大,后者指在发生场域上有所扩展。

1. 乡村家庭暴力主体的扩大化

传统理论认为家庭暴力发生在家庭成员之间,并主要以身份为核心要素来确定家庭成员关系存在与否,即考察犯罪人与被害人之间是否具有亲属关系、血缘关系、婚姻关系、收养关系。这一点也和《反家庭暴力法（征求意见稿）》的规定相吻合，其第 2 条规定，该法所称家庭暴力，是指家庭成员之间实施的身体、精神等方面的侵害。同时该条第 2 款将该法所称的家庭成员限制在了配偶、父母、子女以及其他共同生活的近亲属之内。

不过，近年来涉及家庭暴力的案例中对家庭成员的认定以及新的理论思潮要求立法做出应对，即立法需要从法律层面对家庭暴力主体进行扩张，或者至少预留一定的拓展空间。就此，立法者在《反家庭暴力法》正式稿中放宽了征求意见稿中对家庭暴力主体的限制。该法第 37 条明确规定，"家庭成员以外共同生活的人之间实施的暴力行为，参照本法规定执行"。这也意味着，诸如在乡村中，与留守儿童共同生活，代留守儿童父母履行监护义务的留守儿童远亲属、邻居、朋友等并非留守儿童家庭成员的人对留守儿童实施暴力的，其行为亦可被评价为家庭暴力行为，从而使其成为《反家庭暴力法》所规制和制裁的对象。事实上，这些新增的家庭暴力主体和对象在乡村留守群体中所占的比重并不小。根据本书调研组于 2022 年开展的一项针对重庆市、四川省、陕西省、云南省、贵州省、陕西省、甘肃省、广西壮族自治区、宁夏回族自治区、新疆维吾尔自治区十个省、自治区、直辖市中乡村留守儿童的实证调查，在受访的 797 名留守儿童中，有 92 名留守儿童的替代监护人属于远亲属、邻居或其他人，占比达到 11.54%。可见，《反家庭暴力法》对家庭暴力主体和对象的扩展有利于进一步强化对乡村家庭暴力犯罪的治理。

除直接扩大家庭暴力主体和对象范围外，《反家庭暴力法》中家庭成员的范围也在扩大。相较于《反家庭暴力法（征求意见稿）》，正式稿删除了对家庭成员的范围的定义，这一方面体现出立法者对家庭成员的范围进行实质解释的倾向，另一方面也为司法实践和后续法律实施细则的颁布创造了空间。在前文提到的"牟某翰虐待案"中，法院便指出，"牟某翰、陈某某不但主观上有共同生活的意愿，而且从见家长的时点、双方家长的言行、共同居住的地点、频次、时长以及双方经济往来支出的情况可以反映出客观上二人已具备了较为稳定的共同生活事实，且精神上相互依赖，经济上相互帮助。牟某翰与陈某某之间的共同居住等行为构成了实质上的家庭成员关系的共同生活基础事实"[①]。可见，对家庭成员的范围采取实质解释的做法已可以为司法实践接受。

2. 乡村家庭暴力发生场域的扩大化

虽然家庭的构建主要以人与人之间的关系而定，但是空间位置也成为制衡家庭类型的关键因素。一方面，以特定关系为纽带的家庭成员并不绝对受家居这一物理空间的制约，完全可以将家庭暴力引到户外。这种发生在户外的暴力又迥异于发生在一般社会关系甚至陌生人之间的暴力，仍然属于家庭暴力范畴，只是因为家庭暴力的外显，拓展了家庭暴力的发生场域。另一方面，特定的物理空间仍是衡量或判断家之所在的重要因素。例如以夫妻之名的同居关系，成为周围邻居认可乃至司法认定的家庭关系，其主要因素固然是他们所展现的夫妻之实的社会关系，但是起到关键作用的仍然是其共同生活的物理空间。

在空间位移和规模变换方面，现代乡村人口密度与家庭人口数量均趋于下降，向精小化方向发展，流动家庭、临时家庭、孤岛家庭、丁克家庭、单亲家庭等新型家庭亦逐渐增加。与他人相对隔离的独门独院住宅模式更使精小化家庭和新型家庭成为家庭暴力的发生场域。

（三）乡村家庭暴力被害人的多样化

乡村家庭暴力形式的多样化带动了乡村家庭暴力被害人的多样化。家庭暴力类型的增加使家庭暴力不再限于身体暴力，因而过去只有一般意义上的身体弱势一方才会遭受家庭暴力的局面便有所改变——具有话语权和经济优势的家庭成员亦可能成为家庭暴力的主体。换言之，虽然身体相对强壮，但不具有话语权和经济的家庭成员亦可成为乡村犯罪暴力的被害人。以家庭中的男女实施家庭暴力的情况变化为例。在传统意义上的家庭冲突中，女性往往因为身体的弱势而遭受更多的

[①] 黄洁：《牟林翰虐待案一审宣判，主审法官回应案件五大焦点！》，"法治日报"微信公众号，https：//mp.weixin.qq.com/s/U__pX4pqJspup9_9A1tgGw，2023年10月24日。

家庭暴力。中国妇联的一项抽样调查结果显示，全国 2.7 亿个家庭中，遭受过家庭暴力的妇女已高达 30%，其中，施暴者九成是男性。[1] 另外一份数据显示，从 2014 年到 2016 年，全国涉及家暴的一审案件数量共 94571 件，仅有 38 名男性自诉遭遇了妻子的家暴，99.9996% 的施暴者都是男性。[2] 无独有偶，美国家庭暴力案件也呈现相同的态势。根据肖建国、姚建龙的研究，美国有 200 万至 400 万名妇女遭受丈夫殴打，此数超过强奸或者抢劫受伤的人数。[3] 杨静的研究则显示，美国每年遭到配偶、前配偶或者男友毒打的女性达到 300 万至 400 万人次。[4]

而如今，不同于身体素质上天然的相对高质量，在话语权或语言上，男性便不一定再具有优势，从而其亦可能沦为精神暴力或语言暴力的受害者。谭旭燕、马茜就认为，当前男性受到家庭暴力比例越来越高，约占总案件数的 15%。[5] 这其中涵括了不少语言暴力。女性除了在语言上不落下风甚至占有先天优势之外，其工作能力提升以及善于精打细算或者理财而逐步成为家庭经济主导力量，从而拥有了对其他家庭成员进行经济控制的可能。这也改变了以往靠身体"打天下"的家庭暴力格局。

即便纯粹从针对身体或者使用身体实施暴力来讲，自然身体弱势一方亦并非毫无"成功"实施家庭暴力的机会。这主要取决于弱势一方隐忍的意志和反击的决心。实践中，长期受到家庭暴力的身体弱势一方存在彻底将情势扭转，成为实施家庭暴力的一方的可能。并且从

---

[1] 光明网：《反家庭暴力法助力反家暴法治化》，中国政府网，https://www.gov.cn/zhengce/2015-07/30/content_2905876.htm，2023 年 10 月 24 日。

[2] 佚名：《大数据看家暴背后的秘密 仅 9.5% 家暴受害者报警求助》，新华网，http://www.xinhuanet.com/legal/2017-05/06/c_1120928086.htm，2023 年 10 月 24 日。

[3] 肖建国、姚建龙：《女性性犯罪与性受害》，华东理工大学出版社 2002 年版，第 162 页。

[4] 杨静：《浅析家庭暴力犯罪预防与惩治的域外经验》，《中国检察官》2016 年第 2 期。

[5] 谭旭燕、马茜：《当前男性受到家暴的比例越来越大》，东方网，http://news.eastday.com/eastday/13news/auto/news/china/20170302/u7ai6554443.html，2023 年 10 月 24 日。

结果来看，身体弱势一方的奋起一击往往程度更为严重，以至于极可能直接涉嫌故意伤害罪乃至故意杀人罪。如黑龙江省嫩江市的韩某在与其丈夫张某甲结婚五十余年间经常受到无故打骂、虐待，甚至张某甲还使用铁链对韩某进行拴脚控制。最终韩某在2019年不堪虐待选择杀死张某甲，其本人也因故意杀人罪被人民检察院提起公诉。①

此外，情势反转的情形在精神暴力、经济暴力、语言暴力中同样存在，并可能交叉存在。例如长期遭受妻子语言暴力的丈夫极可能通过身体暴力进行回应，而长期受制于经济暴力的一方也有可能通过动用身体暴力解决问题。总之，乡村家庭暴力形式的多样化不仅使得乡村家庭暴力被害人不再局限于具有某种单一特征即身体相对羸弱的人群，还会促使各种类型的家庭暴力在拥有不同领域优势的人群之间发生连锁式反应，使家庭暴力更具多样化和融合性。

（四）乡村家庭暴力事件呈现隐性和显性交织的态势

2020年全国妇联和国家统计局第四期中国妇女社会地位调查显示，根据《反家庭暴力法》对家庭暴力概念的界定，在婚姻生活中女性遭受过配偶身体暴力和精神暴力的比例为8.6%。② 可见，但从表面数据来看，家庭暴力似乎已逐渐不再是一项严重的社会问题。但实际上，在婚姻关系中遭受家庭暴力但隐忍不说的被害人不占少数。被曝光和被统计进入数据库的家庭暴力案件或许只是冰山一角。相较于其他类型的犯罪行为，尤其是在犯罪学领域，理论界和实务界尚未能准确定义家庭暴力行为的程度，这便导致家庭暴力常常与亲密关系中的感情纠纷交织在一起而难以被明确界分。因此，表现在对家庭暴力犯罪的统计中便是统计数据的失真，即一部分感情纠纷被评价为家庭暴力，而一部分家庭暴力行为则被排除出家庭暴力的范畴。这种现象在

---

① 金泽刚：《马上评丨受虐50年后杀夫，如何量刑才能体现公正？》，澎湃新闻网，https：//www.thepaper.cn/newsDetail_forward_10199636，2023年10月24日。

② 全国妇女报：《第四期中国妇女社会地位调查主要数据情况》，全国妇女报网，http：//paper.cnwomen.com.cn/html/2021-12/27/nw.D110000zgfnb_20211227_1-4.htm，2023年10月24日。

其他家庭关系中也存在。虽然近年来我国大力推进乡村普法活动，但受群众受教育水平、普法经费欠缺、基层干部法律素养不足等方面的限制，普法活动在我国乡村的效果仍然有限。① 在法律意识淡薄、普法活动效果相对有限的乡村，遭受家庭暴力幼年子女可能将父母的"训斥""惩戒"当作自然而然之事，被疏于照顾的老年人和残疾人则可能反而会因为自己需要照顾，"耽误了家人赚钱"而自责，在此类情形中，这些群体均未意识到其正处于家庭暴力之中。由此，可以基本推断家庭暴力的总体态势是隐形的。

不过另外一个层面，随着《反家庭暴力法》的落地以及各级组织尤其是妇联的宣传，人们逐步意识到家庭暴力不再纯粹是家务事，"法不入家门"的观念亦有所松动。甚至，不少年轻女性选择勇敢发声以捍卫自身权益。在涉及离婚诉讼案件中，也有不少被害人将遭受家庭暴力的情形告知法官。以北京市为例，《反家庭暴力法》实施的2016年、2017年，全市各级妇联组织接到涉及家庭暴力的信访投诉，在七大类113个小项的分类上，均居首位，且投诉主体97%以上为女性。两年间，北京市法院对受理的离婚案件作出一审判决书共17463份，其中有1867件离婚案件的当事人反映对方有家庭暴力情节，占一审离婚案件的11%。② 但需要说明的是，目前依照《反家庭暴力法》投诉或以家庭暴力为由的起诉离婚仍主要发生在权利意识与法律意识相对较高的城市妇女群体中，而乡村妇女群体依法维权的案例和数据则相对较少，这也反映出《反家庭暴力法》在适用过程中的不足与缺憾。

由此，虽然被害人对遭受家庭暴力选择沉默的总体态势没有改变，但是近年来，特别是《反家庭暴力法》实施以后，被害人选择公布家暴行为的趋势亦越来越明显，从而使得从整体上看，家庭暴力事件从深度隐形开始慢慢走向显性。

---

① 马丹：《农村基层普法教育问题与对策研究》，《智库时代》2019年第27期。
② 王砚：《反家暴法实施两周年 勇敢向家暴说"不"》，中工网，http://right.workercn.cn/161/201804/03/180403084847276.shtml，2023年10月24日。

三 乡村家庭暴力犯罪变化的原因解析

(一) 经济发展推动了社会对家庭暴力的进一步思考

当今社会，发展是全方位和多元化的，而经济的繁荣奠定了发展的基础。贫穷往往使人失去尊严，正所谓"仓廪实而知礼节，衣食足而知荣辱"。改革开放以来，我国经济迎来了腾飞。国家统计局数据显示，1978年至2022年，我国全国农村居民人均可支配收入从133.57元/年增长至20132.83/年，年均增长率达到了12.25%。虽然由于国家统计局并未将乡镇居民人均可支配收入与农村的合并计算，无法体现增长率更高的乡村居民人均可支配收入，但乡村居民物质生活水平的提高是肉眼可见的。物质需要被满足的正面效果就是让人们能够从容回到对人本身的关注这一本原命题上来。于是，人们开始注意到，在家庭中，家庭成员的健康、生命、财产自由、身体自由、精神自由、性自由都是不容侵犯的权利，而侵害这些权利的身体暴力、精神暴力、性暴力、财产暴力都要被纳入家庭暴力范畴。家庭暴力类型的多样化又衍生了新型的家庭暴力手段，语言暴力、冷暴力和软暴力也进入人们的视野，成为理论和实践的双重考察目标。

与之相应，家庭暴力在范围上亦呈现扩大趋势。传统观念认为家庭暴力仅限于家庭成员之间的暴力，而家庭成员的认定则以血缘、婚姻、收养等身份为主要判断标准。特别在家庭较为封闭、社会物资较为匮乏的乡村，身份成为进入家庭并成为家庭成员互助互养的核心标准。即便在现代家庭，上述理念仍然普遍存在。这一点也和《反家庭暴力法（征求意见稿）》第2条将家庭成员限定为近亲属的规定相吻合。不过，受到国际立法、民众意见和社会实际发展状况的影响，人们更开始深入探索和思考对家庭暴力主体范围，并逐步认识到不应仅以身份要素确定家庭成员关系，还应当引入经济要素，并将共同生活作为核心要素。例如在留守群体大量存在的乡村，邻居、远亲属等与留守群体共同生活、相互扶持，从而可能成为家庭暴力犯罪的犯罪人或被害人的情形已成为一种常态，为了应对该变化，家庭暴力的范围便不能再局限于传统观点。

（二）社会结构的变化成为影响家庭暴力演化的主导因素

家庭暴力犯罪场域的拓展主要受社会结构改变和生活环境变化的影响。在传统农耕社会中，人类对地理环境的改造能力较弱，物质条件相对较差，这便使得乡村家庭的居住环境以及与外界交往的方式亦较为稳定单一，家庭内部成员构造亦较为稳定。正如费孝通先生所言："向泥土讨生活的人是不能老是移动的。"[①]

与之相较，随着经济发展与科技水平的飞跃，现代社会中，人口的流动性不断增强。一方面，农业科技的进步使乡村开始出现劳动力剩余；另一方面，城市务工带来的高回报使乡村剩余青壮年劳动力开始向城市转移，以至于留守家庭大量出现。

家庭结构的变化与社会结构的变化往往会保持一致性。在乡村，传统家庭模式如联合家庭或主干家庭逐渐减少乃至绝迹，取而代之的是独立家庭或小家小户的现代家庭模式。过去，在政府控制与干预能力较弱的乡村，平息争议和解决纠纷大多依靠乡村大家庭、大家族内部的自我管理。而如今，传统家庭模式的消亡与现代家庭模式的出现导致了家庭内部的制衡因素大大减少，也极大稀释了家族观念和亲戚之情，"打不断的亲、骂不断的邻"已成为过去式，"三代以后是路人"的观念开始蔓延。随之，家庭伦理秩序也开始解构乃至崩坍。没有大家长的震慑，也没有亲情的守护，年青一代的夫妻之间一言不合就"干仗"，还没有人斡旋、调停，往往越闹越僵、越闹越大，最终演化为各种形式的乡村家庭暴力犯罪。

受国家计划生育政策和人们生育观转变的影响，即使是在乡村的家庭，年青一代也多为独生或二胎，过去兄弟姊妹四、五人的情况已是罕见，这亦对乡村家庭暴力的滋生产生一定影响。以往的大家庭兄弟姊妹众多，谁家如果发生家庭暴力事件，其他人就会及时干涉、阻

[①] 费孝通：《乡土中国　生育制度　乡土重建》，商务印书馆2011年版，第22页。

止，特别是嫁出去的姊妹受到欺负，娘家人有时会"纠集人马"群起攻之，给犯罪人制造巨大震慑，几个回合下来，犯罪人的暴戾之气就会收敛，家庭渐渐复归平和。而现如今，独生子女却失去了"后援团"，其不仅缺少兄弟姊妹，在成家之后亦多与父母分居，家庭暴力的"火苗"一点就着，且缺乏"灭火装置"。

此外，即便在现代家庭模式这一结构简单的小家庭中，异地工作、经济独立、平权思想等因素的介入，使得夫妻关系不再像传统家庭那么稳固。夫妻关系的松散，不仅仅导致婚外情、临时夫妻现象和离婚率的攀高，其最直接的后果便是夫妻双方由感情纠纷引起的家庭暴力犯罪的相互促生。

（三）传统家庭观念中的糟粕思想尚未完全清除

一方面，家庭暴力显性化特征开始出现的主要原因在于独立精神和平权思想得以融入现代家庭。"平权运动讲的是人，是人们的教育、工作，还有他们所认为的公平。"[①] 年青一代逐步认识到家庭成员之间平等的重要性。特别是义务教育的普及与大众传媒对民众生活的渗透，其不仅强化了其现代乡村女性的独立精神，还使其工作能力、收入水平显著提升，这都提高了现代乡村女性的社会和家庭地位。家庭中由身体强度建立的霸权逐渐为经济实力所削弱，身体暴力的根基开始动摇，家庭话语权亦不再由男性独占。此外，法治意识也走进家庭，家庭事务开始浮出水面，逐渐成为社会事务的重要部分。"一言不合就动手"可能换回来的是"一言不合就找妇联""一言不合就找法院"。平权意识、法治意识、女权意识，这三大意识帮助传统意义上的家庭暴力被害人不再选择隐忍，而是勇敢地将其公布于众，寻求社会力量的帮助与支持。

但另一方面，仍有不少受害人在家暴事件中选择沉默致使一般性的乃至严重性的家庭暴力犯罪躲在"暗室"无人知晓，在犯罪学上形

[①] ［美］特里·H. 安德森：《美国平权运动史》，启蒙编译所译，上海社会科学院出版社2017年版，第4页。

成巨大的犯罪黑数。相较于城市，这一现象在乡村中尤为突出。这是由于家庭暴力事件被遮蔽的主要原因还在于传统思想作祟。在受教育程度水平不高的乡村，受尊卑有序传统思想的影响，男性的平等观念与女性的权利意识均较弱，丈夫是"一家之主"的封建思想仍然存在。家庭成员之间，主要表现为长辈对晚辈、丈夫对妻子（包括童养媳）的家庭暴力行为几乎一度成为常态。甚至在某些地方，秉持大男子主义的人还认为打老婆孩子天经地义。此外，仍然有包括受害人在内的不少人认为家庭暴力属于家务事。在很多情形下，受害人会受制于"家丑不可外扬"的传统理念，羞于向他人启齿而选择隐忍。同时，还有部分被害人认为遭受家庭暴力是隐私，不足与外人道也。即便排除这些无形的束缚，遭受家庭暴力的被害人要么是身体上的弱势群体，要么处在经济上的弱势地位，有几个又有公然反抗的能力和勇气呢？

四　乡村家庭暴力犯罪治理的社会政策

弗兰茨·李斯特（Franz Liszt）曾经说过，最好的社会政策即最好的刑事政策。家庭暴力绝非简单的家庭事务，而是一项社会事务。小家不安何谈大家安宁？为此，国家安全、社会安全需要从家庭安全入手，而防控家庭暴力的社会政策需要从以下三个方面推进。

（一）树立正确的权利意识和法治意识

女权意识和平权意识深入家庭能够对传统的夫权意识和成员等级观念形成有效制衡，并有利于新型家庭秩序的建立。法治意识的形成则有利于维护这种和谐秩序并在家庭中形成以法律为基础的家庭关系新平衡点。"哪里没有法律哪里就没有自由。"家庭环境中亦是如此。弱势家庭成员的维权意识必须在法治土壤里才能落地生根，否则一切都是镜中花、水中月。

当然，权利意识的建立和锻造不是朝夕之事，它需要在法治的场域中才能有效展开和健康成长。令人欣慰的是，家庭弱势群体维权意识的崛起已经在提醒人们，必须回到人性关怀这一关乎人类整体命运的根本性问题上来。不过，同样值得警醒的是，权利意识及维权行动必须在法律框架之内，因为从来就没有绝对的权利，就如同绝对的自由就是最大的不自由。就当下而言，年青一代家庭成员的维权意识的确令人赞赏，只是有时缺少审慎的态度。虽说反家庭暴力不再是单纯的家务事，应当遭到坚决抵制和反对，但这也不意味着父母或其他长辈对子女只能百依百顺，无限纵容，不得进行任何形式的训诫和责罚。而子女对在一定限度内的训诫和责罚过分抗拒或添油加醋后向外界渲染同样并非理智之举。

理想的或者正确的态度是，在乡村中加强妇女权利与男女平权思想观念宣传，确立家庭成员平等观念，立足于人性，关怀弱势的家庭成员。在权利意识成熟发展的基础上，寻求塑造人们的法律意识，让人们真正明白家庭暴力的社会危害性及违法性，明晰家庭暴力的内涵和种类。在法律框架内，令家庭强势成员防微杜渐，有所收敛，有所克制；家庭弱势成员敢于道破，敢于诉说，敢于抗争，尤其在必要的时候敢于拿起法律的武器。

（二）以优秀传统文化为根基构建家庭伦理新秩序

我国传统社会没有家庭暴力之说。不过，对家庭成员之间尤其夫妻间拳脚相向，伤及身体乃至性命的情况，亦有法律规定。相关夫妻之间殴斗的法律处断姑且算作家庭暴力犯罪的法律雏形了。最早的记载可见秦简《法律答问》："妻悍，夫殴治之，夬（决）其耳，若折支（肢）指、胅胅（体），问夫可（何）论？当耐。"[1]相较于后世，秦法对这种犯罪行为处罚已是较轻。其后，中华法系的父权、夫权色彩越加浓重。及至汉律，"妻悍而夫殴笞之，非以兵刃也，虽伤之，毋罪。妻殴夫，耐为隶妾"。其他家庭犯罪也有类似的规定，比如在清朝，

---

[1] 睡虎地秦墓竹简整理小组编：《睡虎地秦墓竹简》，文物出版社1990年版，第112页。

"尊长犯卑幼,亦各依律减罪,卑幼犯尊长,以凡人论。"①

可见,正如本章第二节所述,我国古代的家庭伦理观虽然也强调家国天下的理念,重视修身齐家的重要性,正如张晋藩先生所言,中国古代是沿着由家而国的途径进入阶级社会的,②但是,其家庭伦理的核心却是家庭成员之间的等级划分与法律确认。出于维护夫权、父权宗法制度的需要,这种家庭伦理并未给予家庭弱势群体足够的关照,更缺失基本的平等理念。所以,当一个时代的伦理观认为丈夫殴打妻子是正常事情的时候,似乎也就不存在所谓的家庭暴力了。但无疑,如此伦理观主导下的家庭伦理秩序对女性的发展进而对这一时代人类的整体发展起着严重的阻碍作用。因为忽视女性就忽视了半数人类。

当然,传统家庭伦理观也给国人留下了一些珍贵的遗产。在今天,儒家思想熏陶所养成的"体恤老幼、相敬如宾、孝敬长辈"等中国传统家庭伦理思想仍然有值得推崇之处。毋宁说,哪怕是等级鲜明的传统家庭伦理秩序也反对家庭伦理虚无主义,而家庭伦理虚无主义导致的家庭伦理秩序紊乱正是家庭暴力产生的根本原因之一。

如今,在经历了社会生活方式和家庭生活方式的深刻变革之后,多元价值观并存的新型家庭伦理秩序开始建构。抑或许正是如此,传统家庭伦理观念中的精华并没有被完全接纳和传承,而风清气正的现代新型家庭伦理秩序尚未构建完成。譬如"孝敬",不少人可能只看重对长辈的奉养,殊不知尽孝不仅仅是物质上的供养,还需要身体上的陪伴和精神上的呵护,否则极可能对长辈形成精神上的漠视,情形严重者,同样可能构成家庭暴力犯罪。在另外一个层面,家庭多元价值观的并存和家庭话语权的分解使得家庭成员间的制衡与共荣成为可能,但同样会导致家庭合力因成员间的牵扯而出现松散,进而不利于新型家庭伦理秩序的建立与稳固。

---

① (清)祝庆祺、鲍书芸、潘文舫、何维楷编:《刑案汇览三编》(一),北京古籍出版社2004年版,第645页。

② 张晋藩:《中国法律的传统与近代转型》,法律出版社1997年版,第141页。

毫无疑问，正如上文所述，不同于社会管理更为严密的城市，家庭、村集体自治仍然是乡村治理的首要方式。在反家庭暴力之路上，明智之举是将家庭矛盾尽可能地限制在家庭之内，而在此路径上，新型家庭伦理秩序对于家庭暴力的防控与反制作用不可低估。本书认为，当务之急是更好地控制和利用现代家庭多元价值体系，令其助力新型家庭伦理秩序的建设，并积极引导家庭成员积极沟通，防止其对家庭伦理秩序造成离心力，以便营造开放、多元、和谐、共荣的家庭氛围。此外，乡村传统观念留存较多同样意味着，在乡村，以优秀传统文化为基础构建新型家庭伦理更具可行性。其具体要求为：在夫妻之间营造平等和谐的婚姻伦理观、爱与忠贞的两性伦理观；在不同辈分之间营造长惠幼顺的辈分伦理观，特别杜绝晚辈对长辈无休止的代际剥削现象；在同辈之间营造同根同源的族源伦理观、兄友弟恭的族亲伦理观。

（三）社会政策的倾斜与关注

1. 提高弱势群体的物质生活水平

虽然家庭的幸福指数并非仅靠物质衡量，但是，因物资匮乏所引发的困顿确乎是折磨甚至摧毁一个家庭的毒剂。在充斥着疾病和饥饿的家庭中，遑论和谐与安稳，也很难抵制乃至消除家庭暴力。因此，对于贫困、疾病等弱势家庭要给予更多的政策上的倾斜，并且想方设法在制度上保障国家以及社会的惠民政策能够走完最后一千米。可期待的是，提高弱势群体的物质生活水平至少会为反家庭暴力清理出一条通行之路。

至于社会政策关注点，则因为社会群体分化而需要呈现出多点开花的局面。诸如妇女、老年人、少年儿童、残疾人、低收入者、刑满释放人员等的物质生活水平都或多或少依赖于政策的调剂，如果政策关注不到位就容易将一些不稳定因素引入家庭，造成家庭的不稳定，从而滋生家庭暴力。

此处仅以针对妇女的政策为例做一些说明。一般而言，在家庭成员之间的身体对峙上，妇女很难从根本上改变劣势局面，如果一味追寻身体上的对抗，要么会引火烧身，要么会引发"以暴制暴"的惨剧。不过，在针对经济控制类家庭暴力的防控上，妇女便通过个人努力取得独立的经济地位，从而逆转颓势。当今社会，在城市中，妇女脱产成为家庭主妇的比例相对较低，夫妻之间经济收入的差距并不大，而在乡村中，妇女往往从事的是弹性工作，即就近零散就业的形式参与生产，其在工作的同时还需要兼顾为母为妻的"道德义务"。① 这不仅无法显著提高其收入水平，弥合其与丈夫的收入差距，还进一步加剧了社会性别不平等。

因此，国家需要通过政策上的倾斜以提升妇女的社会地位尤其是经济地位。对于距离城市物理距离较远，前往城市工作可行性较弱的乡村女性，随着互联网下沉带来的数字就业下沉，让乡村妇女通过互联网在乡村家中远程工作显然是较为合适的选择之一。根据华中师范大学农村研究院农村妇女研究中心联合蚂蚁集团研究院、中国妇女报和中国妇女网、北京益创乡村女性公益事业发展中心发布《2021 中国农村女性就业调研报告》，因互联网经济增长创造的数字新职业，如在线云客服、人工智能训练师、物流、电商直播等新职业，都可以成为乡村妇女就业的新选择。一方面，这些工作强调耐心、责任心、沟通力，相对更适合女性从事；另一方面，调查结果显示，从事这些工作的女性中，36.8%的人认为，跟过去几年相比，自己的家庭地位有所改善；33.3%的女性认为，自己的家庭地位明显提高。② 这也进一步证明了提升乡村妇女经济收入对改善其家庭地位，进而降低乡村家庭暴力犯罪率的积极作用。此后，特别是地方政府应当加大对互联网就业进乡村的引进与扶持力度，同时积极拓展其他乡村妇女就业渠道，为

---

① 钟煜豪：《学术研究：乡村留守妇女弹性就业，愈加在工作家庭中分身乏术》，澎湃新闻网，https://www.thepaper.cn/newsDetail_forward_15869279，2023 年 10 月 24 日。

② 中国青年网：《2021 中国农村女性就业调研报告：数字就业机会下沉让越来越多农村女性在家门口就业》，中国青年网，https://df.youth.cn/dfzl/202105/t20210508_12923394.htm，2023 年 10 月 24 日。

乡村妇女提供工作稳定、收入相对可观的就业机会。

另外，国家也需要设置女性特殊保护的法律和政策，以保障在城市或乡镇企业中从事全职工作的妇女拥有平等就业和平等获得工作报酬的权利。前述平等权并非形式上的平等，而应是实质的平等，如延长妇女因生育而不被辞退的期间、保障并提高妇女在生育期领取的生育津贴、为怀孕妇女的配偶设置强制产假等。通过这些制度设计，不仅可以保障妇女在社会生活和工作中不因特定的生理需求而面临更严酷的竞争，还能令其在本就属于为家庭做贡献的孕期维持相当的收入，不至于因为失业、失薪反而在家庭中失去话语权，落入"怀孕陷阱"。

2. 完善家庭暴力综合治理体系

家庭暴力防控是一项社会综合治理工程，需要建立专业化、跨行业的综合治理体系。综合性治理体系应当包含预防、响应、制止、救助、惩治等多个领域，因而需要民政、妇联、工会、残联、共青团、学校、公安、司法等多部门联合行动，还需要其他机构如福利机构、社会服务工作机构、医疗机构、村委会予以配合协助。

相较于城市，在乡村中，上述机构与群众的联系并不紧密，家庭暴力被害人向上述机构求助的难度和复杂程度均较大。因此，一方面，应当强化相关部门与乡村的联系，通过设立派出机构、定期寻访、建立优先响应机制等方式提高乡村家庭暴力被害人向有关机关寻求帮助的便利程度，强化反家庭暴力力量对乡村家庭暴力的介入能力和介入程度；另一方面，遵循统筹安排、分类处理的原则，防控体系中应当具有专门性应对措施。譬如以县或镇为单位，针对不同的弱势群体设立专门的保护或者救助中心。有条件的地方可以分门别类设置妇女救助中心、儿童救助中心、老人救助中心、残疾人救助中心，条件不足的可以统一设置弱势群体救助中心，作为用来收容遭受乡村家庭暴力的被害人的临时避难场所。救助中心须具备必要的生活和医疗救助条件，并且有专人值班负责，及时帮助乡村家庭暴力被害人和其他机构取得联系，以便后续工作的开展。

五 乡村家庭暴力治理的刑法规制

如上文所述,乡村家庭暴力犯罪极易成为隐性犯罪,即便因人举报或者其他原因而案发,有时家庭反倒成为犯罪嫌疑人的"避风港湾",给侦查工作的开展制造阻碍。此外,乡村家庭的收入通常不高,且大多情况下,乡村家庭暴力的犯罪嫌疑人往往是家庭中的经济支柱,这就导致部分乡村家庭暴力犯罪的刑事追诉程序中,司法机关会面临一旦将犯罪嫌疑人定罪将致使这一家庭陷入更深困境,从而无法实现社会效果与法律效果的统一的问题。

当然,大量的隐性犯罪在一定程度上表明乡村家庭暴力犯罪损害的社会关系往往正在自然弥合,这就意味着针对一些情节较轻的乡村家庭暴力犯罪并非一定要通过刑罚追究行为人的责任。不过,问题在于,家庭暴力犯罪的发生有着深刻的社会背景,社会关注度也在与日俱增,稍有处置不当便可能会引发民众的激烈反应,甚至最终影响到社会的刑罚观乃至法治理念。所以,对于行为社会危害性达到刑事犯罪程度的家庭暴力犯罪,即便考虑到家事犯罪的处理理念和个案的特殊性可以对犯罪人施与更加灵活和个别化的处理,但总体而言,家庭暴力犯罪的处理规则不能与其他犯罪之刑法规制原则偏离过远。由此,就乡村家庭暴力治理的刑法规制,还需首先梳理关涉家庭暴力犯罪之刑事立法,尽量排除法律体系之间衔接不畅、刑法立法不周延、罪名设置不科学、罪域安排不合理、刑罚度量不均衡等立法技术缺陷问题,进而建立家庭暴力犯罪的司法处置原则。

(一)家庭暴力犯罪之立法梳理

随着《反家庭暴力法》的颁行,我国规范家庭暴力行为的法律架构已基本搭建。其以《宪法》为根本大法,以《反家庭暴力法》《民法典》《妇女权益保障法》《未成年人保护法》《治安管理处罚法》《刑法》《刑事诉讼法》等为基本法律。这一法律体系能够为家庭暴力行为从违法到犯罪的认定与处罚提供基本的法律依据。

关于家庭暴力犯罪、刑事责任及其刑罚的规定主要集中在刑事法律当中。在刑事实体法方面，除了《刑法》本身，《反家庭暴力法》等法律中的个别条款亦以附属刑法的形式出现。综合而言，现行《刑法》对关涉家庭暴力犯罪的规定已较为严密，其基本涵括了家庭暴力行为可能涉及的罪名，而且相关罪名大都设置在同一罪域，相对集中，符合罪域设置的科学性。不过，在其罪名设置、刑罚幅度、刑罚种类等方面仍然存在需要探讨的地方。

1. 严密法网

应进一步细化家庭暴力的法律层次，制定针对不同对象的法律规范，特别是细化公安、司法机关处置及其衔接，考察并落实干预的进展及其效果。虽然，任何家庭成员都可能成为家庭暴力犯罪的被害人，但是一般而言，妇女、儿童、老年人在身体上处于弱势的地位，从而更容易遭受家庭暴力。所以，正如我国已经制定了《妇女权益保障法》保护妇女权益一样，立法者亦可以考虑制定针对老年人的特别法律，同时完善《未成年人保护法》中关于保护未成年人不受家庭暴力侵害的相关内容。这一点可以从域外立法得到启示。英国在《1996 年家庭法》《2004 年家庭暴力和犯罪及受害人法》等法案之外，还制定有《1989 年儿童法》。英国在反家庭暴力的法律体系中除了强调对犯罪人加以刑罚处置外，还赋予了司法等机关颁布互不妨害令、占有令、禁止骚扰令、儿童评估令、儿童紧急保护令等强制手段，并且构建了针对家庭暴力的观察制度。[①] 因此，针对弱势家庭成员身体对抗上的天然劣势，在实体上，应明确妇女、儿童、老年人、残疾人等特殊保护对象，明确孕期、哺乳期、患病期、生理期等特定保护时期；在程序上，应理顺实体法和程序法的衔接机制，明确家庭暴力犯罪被害人寻求司法救济的途径。还可以制定专门针对家庭暴力犯罪被害人身体

---

① 蒋月：《英国法律对家庭暴力的干预及其对中国的启示》，《太平洋学报》2008 年第 11 期。

保护的法律，如我国台湾地区就有"性侵害防治法"，以便于弱势家庭成员在受到性侵害时拥有更多的法律救济和保护途径。

2. 合理规划关涉家庭暴力行为的罪域

我国《刑法》没有对家庭暴力犯罪进行专章或专节的设置，便无法就此在刑罚幅度上作出区别规定，而分散设置的立法模式可能会带来不同罪名之刑罚上的冲突。例如《刑法》第 260 条虐待罪之第 2 款规定，"致使被害人重伤、死亡的，处二年以上七年以下有期徒刑"。而刑法 234 条故意伤害罪之第 2 款规定，"致人重伤的，处三年以上十年以下有期徒刑，致人死亡……的，处十年以上有期徒刑、无期徒刑或者死刑"。由此观之，虐待罪与故意伤害罪两罪之间刑罚幅度相差甚远，而两罪的犯罪行为及其危害结果则存在相似之处。即便与过失致人死亡罪相较，虐待罪刑罚幅度亦属偏轻。由此会给司法实践制造困境，较为典型的案例如"王某宇虐待董某珊案"。[①] 此案判决结果之所以在民众间引起较大争议，主要在于故意伤害罪与虐待罪致人死亡情节相对应的刑罚幅度相差过大。

当然，本书并非建议立法者增设家庭暴力犯罪之专门罪名，而是建议合理规划关涉家庭暴力行为的罪域，理顺各罪之间的刑罚与刑度，以免司法人员基于犯罪发生场域的特殊性而偏向于适用虐待罪而不是故意伤害罪或者其他罪名。事实上，中华法系早期，就对于家庭成员之间的作奸犯科作出了区别规定。如唐律规定，以尊犯卑的可以不构成犯罪，构成犯罪的，轻处，且亲等越近，量刑越轻；以卑犯尊的不仅构成犯罪，而且是最严重的犯罪，重处，且亲等越近，量刑越重。[②] 此类关于家庭暴力犯罪刑罚轻重有别的规定可以为现代刑事立法带来启示。

3. 增设刑罚种类和加重财产罚的处罚力度

目前，我国关涉家庭暴力犯罪之刑罚种类限于生命刑、自由刑和

---

① 刘薇、于杰：《女子新婚 1 年遭丈夫虐待致死 案发前曾 8 次报警》，中国法院网，https://www.chinacourt.org/article/detail/2010/11/id/436639.shtml，2023 年 10 月 24 日。

② 狄世深：《刑法中身份论》，北京大学出版社 2005 年版，第 58 页。

财产刑。尽管《反家庭暴力法》已经规定了告诫书、人身安全保护令等处罚种类,但刑法并未作出回应。考虑到家庭暴力犯罪往往带有持续性特征,可以参考现行《刑法》关于禁止令的规定,在家庭暴力犯罪的处理中,让禁止令的适用不再限于犯罪人被判处管制的情形,增加在特定时期禁止犯罪人接触被害人等剥夺犯罪人资格或限制其行为的刑罚;而对于不顾亲情的施暴行为,可增加有损犯罪人声望以便警醒其迷途知返的名誉刑;还可以从剥夺犯罪人在家庭中基于经济优势地位恣意侵害被害人的行为能力出发,加大对犯罪人个人财产处罚力度。前述改革方向可以在中共法律史中找到启示,根据地时期的法令曾针对家庭暴力犯罪人制定了罚款等财产罚,罚纺线、罚做军鞋等身体罚,游街示众等名誉罚。①

4. 明确被害人的各类诉讼权利

在刑事诉讼中,应当明确被害人的诉讼选择权、有利的举证制度以及诉讼后的其他特别权利。虽然我国《刑法》和《刑事诉讼法》通过设置亲告罪、自诉程序等方式赋予被害人诉讼选择权,但由于《刑法》并未单独设立家庭暴力罪,而家庭暴力犯罪可能涉及的罪名远超目前亲告罪的犯罪。后续立法还应当在诉讼程序法中进一步扩大自诉案件的种类,同时对其中情节严重的案件,还需兜底规定国家追诉权的发动,以避免额外增加被害人求助公力救济的负担。此外,基于家庭暴力的隐秘性,为保护弱势一方之被害人和惩治强势一方之犯罪人,应当在被害人选择自诉的案件中,设置并启用举证责任倒置制度。这些保护被害人的立法导向应当贯穿于整个刑事司法程序,即便刑罚执行完毕,被害人应当被有关部门主动告知获释者减刑、假释或刑满释放的最新信息以便及时作出其是否仍有遭受获释者所带来风险的评估,并且有权了解获释者在回归社会后是否还受到特定的活动条件限制或者监督。

---

① 崔兰平:《根据地反家庭暴力的历史考察及启示》,《妇女研究论丛》2008 年第 1 期。

(二) 家庭暴力犯罪之司法处置

家庭暴力犯罪之刑法规制最终要落位于司法实践当中，司法处置是否适当将直接影响反家庭暴力犯罪相关制度适用的社会效果。为此，需要注意以下几个方面。

1. 准确界定行为性质和选择罪名

罪与非罪的认定方面，司法工作人员不能以"清官难断家务事"为由进行推脱，或者受"法不入家门"理念羁绊一味地寻求调解，要注意把握诉调结合的分寸，注意充分发挥以案说法的功能。当然，司法工作人员更要注意家庭暴力案件乃家事纠纷的本质属性，因而在处理案件时，需要繁简划分、分层应对，注意行政、民事、刑事的区分与衔接。对于一般家庭暴力事件，构成一般性违法的，司法工作人员应当依法移交行政执法机关处理。在处理长期受到家暴行为的被害人之正当防卫和"以暴制暴"等行为时，也需要综合考虑，不枉不纵，才能做出罪与非罪的准确认定。此罪与彼罪的认定方面，司法工作人员应在准确认定罪与非罪的基础上，选择适当罪名。比如针对"婚内强奸"问题，不能一味强调行为的发生场域和时间段，而应当评估行为本身的性质，从而做出最终认定；在面对同居关系中发生的家庭暴力案件，可以考虑作出将涉事行为人视为家庭成员的认定；还要准确选择罪名，比如在故意伤害行为、故意杀人行为与虐待行为存在一定竞合的情形下，不能想当然地将虐待罪当成家庭暴力犯罪的专属罪名。长期以来，司法实践中的确存在优先适用虐待罪的现象，正如上文提及"王某宇虐待董某珊案"。长此以往，虐待罪恐将会沦为家庭暴力犯罪的口袋罪名。

2. 坚持个别化量刑

司法工作人员除了要秉持罪刑法定原则之外，还需要注重刑罚个别化原则的运用。首先，实践中需要防止两种倾向，一种是基于维系或者修复家庭关系之理念，对家庭暴力犯罪人"从轻发落"；另一种则是认为家庭暴力犯罪人对家庭成员尚且如此冷漠和残忍，其主观恶性与人身危险性必然胜于其他领域的暴力行为，故此对其加大处罚力度。其次，司法工作人员要综合考虑案外因素。案外因素干扰司法自然会受诟病，不过，司法工作人员想做到"耳根清净"并不现实。审判本就不是法官的独舞。具体案件之被害人、被告人及其围绕于此的其他人会凝结完全不同的案外情绪，如果完全忽略这一情绪，则可能影响审判的效率和判决执行的效果。比如，在"以暴制暴"案件中，如果不顾为被告人求情之公众意见而执意从重判决，就可能割裂案件审判法律效果和社会效果的统一性。当然，如果走向另外一个极端，也可能会引发被害人亲友的不满，从而堆积仇怨。最后，司法工作人员在处理家庭暴力犯罪案件时，应当遵循繁简分流的程序规则，尊重被害人的谅解意见，而非机械地适用法律。

3. 减少强制措施的适用限制

相较于其他类型的暴力犯罪，家庭暴力犯罪中犯罪嫌疑人与被害人的接触往往更加频繁。为了最大程度上保护家庭暴力犯罪被害人，提高家庭暴力犯罪干预措施的有效性和及时性，可以减少对公安司法人员针对犯罪嫌疑人所实施强制措施的限制。例如，我国台湾地区即仿欧美法之无令状逮捕制度，放宽检察官与警察对家庭暴力犯罪嫌疑人迳行拘提之要件。对于涉嫌家庭暴力罪和违反保护令罪者，如为现行犯，应加以逮捕并移送地检署侦办，无须补发拘票；嫌疑重大且有继续侵害危险，并有情况急迫不及报请检察官情形者，应迳行拘提并移送侦办，再报请检察官补发拘票等。[①]《反家庭暴力法》固然已有人身安全保护令之规定，但仍需要进一步明确其与不同处罚之间的衔接以及违背法院禁止性命令能否直接评价为扰乱法庭秩序罪予以收监等问题。此外，在程序上，还需要针对违反人身安全保护令的行为人，赋予公安司法机关对其拘留、逮捕或申请羁押的权限。

[①] 杨清惠：《我国台湾地区家庭暴力刑事司法干预机制研究》，《刑法论丛》2015年第4期。

第四节 来自外部的乡村家事犯罪：乡村收买、拐卖类犯罪及其治理

一 乡村收买、拐卖类犯罪之乱象[①]

（一）21世纪以来乡村收买、拐卖类犯罪的新特点

在人类社会历史长河里，拐卖人口特别是拐卖儿童、妇女犯罪作为古老的一个犯罪类型在今天依旧屡见不鲜。在全球化的背景下，随着资金、技术、劳动力的急速流转，人口流动和迁移更加频发，收买、拐卖类犯罪自身为应对反拐行动而产生的免疫能力亦与日俱增，这都使得收买、拐卖犯罪滋生出一些新的病灶。

毫无疑问，收买、拐卖类犯罪是一项世界性的犯罪，据有关国际组织的透露，各国及相关地区黑帮每年贩卖100万至200万妇孺，供应全球各地充当性奴或奴工，其中亚洲地区就有25万妇女儿童遭受非法贩卖的厄运。贩卖人口利润高、风险低，已成为世界上增长最快和最有利可图的犯罪行业之一。世界上每年因拐卖人口犯罪牟取高额利润达170亿美元左右，居贩卖毒品、走私军火之后，列第3位。如今贩卖人口案件数量庞大，发展迅速，形势严峻；受害妇女儿童大多数被贩卖到色情服务行业，遭受商业性剥削；贩卖妇女儿童活动组织化，已成为继贩毒、贩军火之后，跨国有组织犯罪乐于涉足的又一重要行当，并有可能取代贩毒成为跨国犯罪组织的主要财源。[②]

中国的收买、拐卖类犯罪由来已久，20世纪60年代，收买、拐卖类犯罪曾在新中国政府的有力打击之下濒临绝迹。[③] 但是随着经济

[①] 正如本书第一章第二节所述，虽然拐卖妇女、儿童存在从城市向城市拐卖的情况，但绝大多数拐卖类犯罪仍属于乡村犯罪。由此，下文中不再逐一特别指出文章讨论的对象为乡村收买、拐卖类犯罪。

[②] 刘宪权：《论我国惩治拐卖人口犯罪的刑法完善》，《法学》2003年第5期。

[③] 储槐植主编：《"六害"治理论》，中国检察出版社1996年版，第160页。

体制改革与市场经济的发展，收买、拐卖类犯罪便又死灰复燃。20世纪70年代以降，我国收买、拐卖类犯罪的犯罪率呈现逐年上升趋势。特别是20世纪末21世纪初，由于各地经济发展不平衡的趋势更加明显以及人们贫富差距加大，收买、拐卖类犯罪在数量上有增无减，而且表现出许多新特点：其一，在犯罪主体方面，由过去较多的单个犯罪发展为较多的团伙甚至组织犯罪，根据最高人民法院的发布的信息，拐卖儿童犯罪团伙化趋势明显，犯罪网络错综复杂，涉及地域众多，成员构成复杂，内部分工明确，作案具有连续性、专业性。如胡明华拐卖儿童案，就是一个由专门拐卖儿童的犯罪团伙实施的案件，涉案人员达10多人。其二，在犯罪对象方面，则由过去的妇女儿童发展为多样化，拐卖外来务工人员子女案件明显增多，拐骗成年男性进而强迫其劳动的现象也时有发生。其三，犯罪区域方面，由过去比较集中的几个地区逐步辐射扩张到全国各地，近年来甚至出现了跨国（边）境的拐卖人口犯罪。其四，犯罪手段方面，对于成年人，由过去简单的介绍工作等发展为以公司招工等名义进行拐卖的情况。对于儿童，则由单一的诱拐向偷盗、绑架、麻醉、抢夺等转变，特别是以出卖为目的，盗抢儿童的情况突出，犯罪恶性程度加剧。如最高人民法院公布的苏宾得拐卖儿童案就是一个以出卖为目的，抢夺、抢劫儿童的犯罪团伙。其五，犯罪目的方面，拐卖儿童也不再单纯作为收养对象而是作为行乞、诈骗工具使用，拐卖妇女则由过去卖做人妇为主变为充当性奴为主。其六，犯罪特征方面，犯罪分子的犯罪技巧性和技术性越来越高，由此反侦能力越来越强。[①]

（二）乡村收买、拐卖类犯罪的社会危害

虽说收买、拐卖类犯罪的对象不止于妇女、儿童，但毋庸置疑，妇女、儿童仍然是此类犯罪的主要目标，原因在于妇女、儿童的多重脆弱性。据蔡一平的调研结果，妇女的脆弱性主要由以下几个方面构成：在性别、年龄、地域方面所处的不利地位；在家庭、社区、社会

---

① 刘宪权：《论我国惩治拐卖人口犯罪的刑法完善》，《法学》2003年第5期。

资源分配上的不利地位；在人口流动过程（流出前、流动中、流动后）中所处的不利地位；在获取信息和其他服务方面的不利地位；在解救与回归过程的社会性别分析透视出的不利地位。[①]

具体而言，收买、拐卖类犯罪对社会造成的危害主要包括：第一，侵犯人身自由，摧残妇女、儿童身心健康。被拐卖的妇女、儿童，一般都处境凄惨。有的妇女、少女在拐卖过程中反复遭受人贩子的奸污蹂躏，有的甚至被倒卖多次，受尽凌辱；有的儿童被贩卖给"蛇头"（役使孩子乞讨的人）当作赚钱的工具，甚至被故意致残；有的儿童被卖给色情机构，充当性奴；有的儿童被卖给黑心窑厂、地下煤矿当作童工。第二，毒化社会风气，危害社会治安。在贩卖人口的歪风影响下，传统封建习俗中的买卖包办婚姻、借婚姻索取财物等社会陋习重新抬头。人贩子还往往利诱他人协助其实施犯罪，特别是拉拢腐蚀基层干部，令他们充当拐卖犯罪的保护伞。第三，对被害人亲人链的侵蚀。现实中，一名妇女或儿童被拐卖，感到痛苦的往往不仅只有被拐卖者本人，还包括其背后的亲人们。许多丢失孩子的父母整日沉湎于失去孩子的痛苦之中，无心工作；有的精神失常；更有甚者，选择报复社会，走上犯罪的不归路。第四，歪曲了人们的精神价值观。对贩卖人口现象日益扩大进行的详细和深入研究表明，错误精神价值观、极端信仰和宗教、错误表达自由含义、宣传不受约束的自由，这些为收买、拐卖人口尤其是收买、拐卖妇女、儿童这一丑恶现象的不断扩大奠定了基础。总之，在收买、拐卖类犯罪的乱象背后，我们能够切实看到其带给人类社会触目惊心的灾难！

二 乡村反拐行动之乱象

为应对给人类社会带来巨大灾难的收买、拐卖类犯罪，包括中国在内的世界各国以及相关国际组织正在努力建立和提高打击此类犯罪

[①] 蔡一平：《中国在消除对妇女的暴力方面所面临的新挑战——对女童和青年妇女以劳动剥削为目的的拐卖》，《妇女研究论丛》2005年第S1期。

的体制机制。联合国将每年的 1 月 11 日确定为"制止人口贩卖"活动日，同时作为惯例，每一届联大都会举行主题辩论，讨论加强国际社会在打击人口贩卖问题上的合作。国际妇联等相关组织也在为打击人口贩卖积极呼吁和筹措资金。很多国家成为《打击国际人口贩卖公约》的成员国，并且寻求建立各国之间的打击人口贩卖的小型联盟。中国政府也多次开展反拐专项斗争。我们必须承认各国政府在打击人口贩卖上所做的努力和取得的一定成果，但亦无法否认，前述活动的效果仍然有限。根据 2023 年年初联合国毒品和犯罪问题办公室发布的《全球人口贩运报告》，自 2003 年至 2020 年，全球每 10 万人中识别的被贩卖人口从 0.29 人增长到了 1.00 人。这就意味着，在 2020 年，从统计学的角度，全球有 8 万左右人口贩卖犯罪的被害人。然而，由于世界许多地方，相关国家机关跟踪和评估人口贩运模式和流动的能力有限，许多实际发生的人口贩卖犯罪并未被发现和统计，而成为犯罪黑数。因此，实际的受害人数量应当远不止于此。这一点从联合国国际劳工组织发布的《现代形式奴隶制全球估计》报告中可见一斑，其中载明，到 2021 年，有 5000 万人生活在现代奴役中。其中，2800 万人被强迫劳动，2200 万人被困在强迫婚姻中。这些人中同样有相当一部分属于人口贩卖犯罪的被害人。

就我国实施遏制收买、拐卖类犯罪措施的现状来看，仍然存在以下三个方面的问题。

（一）对收买、拐卖类犯罪的认识有误

犯罪行为的类型和程度总是与其实施者所处的社会环境息息相关。埃德温·萨瑟兰（Edwin Sutherland）在他的不同交往理论中曾提出，犯罪动机、犯罪驱使力的特定心理倾向是通过（周遭人群）对法律赞同或不赞同的观念习得的。在有的社会中，周围的人们将法律看作应被遵守的规则；而在有的社会中，周围的人们却赞同违反法律。[①] 在

---

① 参见［美］乔治·B. 沃尔德、托马斯·J. 伯纳德、杰弗里·B. 斯奈普斯《理论犯罪学》（原书第 5 版），方鹏译，中国政法大学出版社 2005 年版，第 200 页。

萨瑟兰之后，沃尔特·米勒（Walter Miller）、马文·沃尔夫冈（Marvin Wolfgang）等人或多或少发展了他的理论，这些理论被统称为学习理论。[①] 虽然在学习理论中，各犯罪学家提出的观点不尽一致，但他们基本肯定了社会文化环境和特定的价值观对犯罪行为的触发作用。换言之，当特定的价值观中具有认可、肯定甚至奖赏某种犯罪行为的内容时，处于这种特定价值观形成的亚文化环境内的个体便会更加无所顾忌地实施相应的犯罪行为，而即使是在该亚文化环境内未实施相应犯罪行为的个体，亦通常不会对该犯罪行为表示谴责，更不会乐于对公权力机关打击该犯罪行为的活动予以协助。

根据学习理论，某些亚文化中包含的非主流价值观会成为特定犯罪"正当化"的依据，而收买、拐卖类犯罪的猖獗和屡禁不止的关键因素之一恰恰就是此类行为具有广泛的亚文化基础。

一方面，在中国，人们仍然总会根据传统观念将"拐卖"误解为仅仅以出卖为目的，将妇女、儿童拐卖为妻、为子的情况。在此种理念的支配下，在一些传统封建思想留存较多，特别是"男尊女卑"这类父权主义思想支配下的乡村，村民乃至一些基层干部会在伦理上将妇女、儿童当作能够被买卖的"商品"，认可妇女、儿童是可以出卖和被收买的，甚至把被拐卖的妇女、儿童当作收买人的所有物，认为收买人在道义上具有支配被拐卖的妇女、儿童的"权利"。正如上文所述，在实践中，这类父权主义思想往往并未只存在于一家一户，而是会以村庄为单位形成亚文化环境。这便导致被拐卖妇女、儿童在试图报警或逃脱的过程中不仅要冲破收买人的控制，还要面临收买人邻居乃至整个村子的阻碍，其难度可想而知。再者，公安机关在解救被拐卖妇女、儿童时，当地村民甚至会出于对收买人道义上的支持，不仅不对公安机关的行动予以配合，甚至会制造各种障碍阻挠解救行动，为收买、拐卖妇女、儿童的行为制造了层层障碍。

---

① 参见［美］乔治·B. 沃尔德、托马斯·J. 伯纳德、杰弗里·B. 斯奈普斯《理论犯罪学》（原书第 5 版），方鹏译，中国政法大学出版社 2005 年版，第 201—221 页。

另一方面，谈到以劳动剥削为目的的收买、拐卖时，部分群众可能会仅仅将其与跨国的人口贩运联系在一起，认为似乎只有跨国的人口交易才是应当受到重视和大力打击的，而国内的收买、拐卖类犯罪甚至被部分群众单纯地理解为人口迁移甚至是"农转非"。在过去中国乡村劳动力出现大量剩余的情况下，人们往往将一些拐卖人口充作劳动力的行为和职业中介混淆在一起，乃至于部分被害人的家人包括本人因为人口贩子为其谋到"工作"而感激涕零，毫无寻求公权力救济之意。这无疑为人口贩卖特别是以劳动剥削为目的的收买、拐卖创造了较为宽松的生存空间。

可见，在重男轻女、父权主义等非主流、反社会价值观在乡村仍然广泛、普遍存在的社会背景下，收买、拐卖类犯罪仍具有深厚的社会文化土壤，以至于此类犯罪屡禁不止。

（二）收买、拐卖类犯罪相关刑事立法、司法存在缺漏

当前反拐领域刑事立法的不足主要体现在收买被拐卖的妇女、儿童罪之法定刑设定问题。学界就提高该罪法定刑是否有助于提高反拐工作的有效性以及如何提高该罪法定刑开展了广泛讨论，大致形成了"拐买同刑论""维持现状论"和"取消罪名说"三种观点。

1. 拐买同刑论

拐买同刑论者主张，应该"提高收买被拐卖的妇女、儿童罪的刑罚，实现形式上的买卖同罪同罚"。其主要理由在于：其一，"在刑法中，共同对向犯的刑罚基本相当。罪名相同的共同对向犯，如非法买卖枪支罪，买卖双方自然同罪同罚"。因此，同为对向犯的收买被拐卖妇女、儿童罪与拐卖妇女、儿童罪，其法定刑也应该相当。其二，收买被拐卖妇女、儿童罪的法定刑在刑法各罪的法定刑序列内，甚至不如危害珍贵、濒危野生动物罪等以保护动植物资源为目标的犯罪所配置的法定刑重，因此，有必要予以提高。[①]

[①] 罗翔：《我为什么始终主张加重收买被拐妇女儿童罪的刑罚？》，搜狐网，https://www.sohu.com/a/521467295232950，2023年10月24日。

本书认为，拐买同刑论的理论障碍在于：其一，无论是何种对向犯，其配置法定刑的标准只能是该行为本身的危害性，而不能比照到对应一侧的罪名。实际上，以"买卖枪支同刑"的例子来证立"拐买亦应同刑"并不合适，因为"买枪"与"卖枪"，对于公共安全法益来说，其受侵害的程度并没有明显区别。但对于拐卖妇女儿童罪而言，由于其法定刑中实际上是包含了非法拘禁、奸淫、诱骗、强迫卖淫等行为，因此，即便认为拐卖妇女、儿童罪和收买被拐卖的妇女、儿童罪所保护的法益均是作为通说的"人身不可买卖性"，也至少有必要从拐卖妇女、儿童罪中剔除内含罪名所蕴含的刑罚分量，而不能直接照搬拐卖妇女、儿童罪的法定刑。其二，珍稀动植物类犯罪与拐卖类犯罪并没有可比性。换言之，从理论上说，这涉及作为社会法益的动植物资源与作为个体法益的人身权的价值衡量，但显然，这一问题难以给出确定的答案。另外，如果认为"收买一只国家重点保护的鸟类的配刑重于收买被拐卖的妇女"是不合理的话，从逻辑上看，也不排除是因为前者的法定刑畸重所致。此外，拐买同刑论还存在两点担忧。一是，可能会增加解救的难度，减少收买人配合办案的可能性；二是，本来被视为轻罪的收买被拐的卖妇女、儿童罪的法定刑一旦提高到拐卖妇女、儿童罪的程度，不排除会造成进一步的刑罚攀比。①

2. 维持现状论

而维持现状论的学者则指出：其一，应全面综合地评价收买被拐卖的妇女的法定刑，《刑法》第241条收买被拐卖的妇女、儿童罪的第二、三、四、五款②规定了与相关重罪的并罚条款，而"收买之后极

---

① 当然，这两点担忧需要通过实证调研来确定，但从常识的角度看，至少也不显得突兀和难以理解。

② 《刑法》第241条规定："收买被拐卖的妇女、儿童，非法剥夺、限制其人身自由或者有伤害、侮辱等犯罪行为的，依照本法的有关规定定罪处罚。收买被拐卖的妇女、儿童，并有第二款、第三款规定的犯罪行为的，依照数罪并罚的规定处罚。收买被拐卖的妇女、儿童又出卖的，依照本法第二百四十条的规定定罪处罚。"

高概率甚至是必然伴随实施的各种行为，都是法定刑极高的重罪。因此，如果全面地评价收买被拐卖妇女、儿童的行为，不能仅仅着眼于第 241 条第一款本身，片面地评价成一个轻罪，而要结合第 241 条的全部条款综合评价成一个重罪"。其二，从整体评价角度看，收买被拐卖妇女、儿童的行为本身，也可以天然地被认为是后续强奸罪、非法拘禁罪、故意伤害罪等重罪的预备犯的行为。进而认为"将收买被拐女的行为单独定罪，无论行为人是否实施后续的重罪行为"，这已经体现出对收买行为的提前惩罚和从重打击。①

维持现状论的理论障碍在于：其一，量刑的整体评价难以贯彻。一方面，在司法实践中，《刑法》第 241 条第二、三、四、五款适用得很少，难以支撑起"重判"进而"重刑"的结论。根据 654 起拐卖妇女案件的大数据实证统计结论，被告人被以数罪追究刑事责任的案件仅占比 10.86%。②另一方面，从配刑的角度看，判断某一罪名是否罪刑均衡，是指构成要件所定型的实行行为及其法定刑配置是否均衡，换言之，某罪的法定刑是否能够该当立法者所设想的该罪实行行为。如此，为什么在评判收买被拐卖的妇女、儿童罪的配刑问题时，不是判断收买行为本身，而是判断可能发生的后续行为及其处罚，这不能不说是论者将立法上的问题偷换成了刑罚裁量的恰当与否的问题。其二，立法者设立收买被拐卖的妇女、儿童罪并不能表明对收买行为从重打击的态度。首先，收买被拐卖妇女、儿童的行为，之所以能够成

---

① 车浩：《收买被拐妇女罪的刑罚需要提高吗?》，"中国法律评论"微信公众号，https://m.thepaper.cn/baijiahao16596902，2023 年 10 月 24 日。

② 其中，仅存在收买被拐卖的妇女这一犯罪行为的案件共计 583 件，占比为 89.14%；既存在拐卖妇女行为，又存在收买被拐卖的妇女行为的案件共计 24 件，占比为 3.67%；既存在收买被拐卖的妇女行为，又存在强奸行为的案件共计 22 件，占比为 3.36%；既存在收买被拐卖的妇女行为，又存在非法拘禁行为的案件共计 8 件，占比为 1.22%；存在收买被拐卖的妇女行为、强奸行为、非法拘禁行为的案件共计 3 件，占比为 0.46%；存在拐卖妇女行为、非法拘禁行为、收买被拐卖的妇女行为的案件共计 2 件，占比为 0.31%。参见小包公《从 665 份判决书看应不应提刑——收买被拐卖的妇女案件实证研究》，"小包公"微信公众号，https://mp.weixin.qq.com/s/oi-cfz2Z80-ZnzBtkFbytA，2023 年 10 月 24 日。

罪，并不是立法者认为，如果上述行为不予以正犯化，就不利于预防后续可能的重罪的发生，而是因为收买行为本身已经具有能够独立支撑起罪名的法益侵害性了；其次，即便承认收买行为是后续犯罪的预备犯，进而立法者将其独立成罪，从逻辑上看，体现的也应是对后续犯罪的从重打击；再次，如果认为收买行为是后续犯罪的预备犯，则会存在有罪推定的嫌疑；最后，该种观点并不适合对于收买被拐卖儿童犯罪的讨论，因为对于很多收买被拐卖儿童的犯罪来说，并不存在后续的罪行，也就无所谓后续犯罪的预备犯了。

3. 取消罪名说

主张取消罪名说的学者认为，"既然法律里面有现成的罪名：非法拘禁罪、强奸罪、绑架罪、人身伤害罪，'拐卖妇女罪'就可以取消。因为这个罪名是用来混淆视听的"。该观点从经济学的视角出发，认为"纯粹的'买卖'定义，是指某人用属于自己的物品，去交换别人的物品或钱币；交换的比率（价格）以双方都同意的为准；而买方确信该物品是属于卖方的。一旦他付出对方满意的交换物，他就拥有占有、使用或处置该物品的权利。值得注意的是，这样的买卖没有任何暴力因素，完全是和平的。"根据这个定义。该观点认为，无论拐卖妇女还是收买妇女的行为人，都不是买卖自己的物品——妇女是人，不是物品，不能买卖，且"必定是在妇女本身不同意的情况下进行的，因为如果她们是自由的，权利得到保护，就不会出现被别人买卖她们自身的情况"。——因此，从"买卖"的原意讲，所谓的"拐卖者"和"收买人"根本就不是在"买卖"，而由此产生的"买主的权利"，则更是不存在的和虚妄的。[①]

取消罪名说的理论障碍在于：第一，"人身不可买卖的权利"本身就是一项值得刑法保护的重要法益，取消这两个罪名，反而是对这一法益或者说被害人人格权的最彻底的否定。第二，刑法中的"买卖"不能从经济学的角度理解，而是通常被界定为转移占有，是一种

---

① 盛洪：《盲山式犯罪：乔装"买卖"的重罪》，明德公法网，https://news.ifeng.com/c/8DjFyi9KFQh，2023年10月24日。

事实层面的认定，而不要求必须是合法所有。第三，从规范层面看，《刑法》规定拐卖妇女、儿童罪，收买被拐卖的妇女、儿童罪，恰恰是对"买卖"本身的非难，正是因为刑法认为人身不得买卖，才规定这两个罪名，若照搬经济学中的界定，来硬套刑法的用词，实属没有必要。第四，司法实践中，收买被拐卖妇女的行为人，往往不被判处强奸罪、非法拘禁罪等，之所以并罚难，确实涉及社会学、证据学、对收买犯罪的刑事政策学等多方面因素，但绝不是因为刑法条文用了"买""卖"二字，进而认为刑法承认了买主的权利的缘故。这种理解不得不说是论者的臆想。第五，贩卖人口罪是一个典型的国际刑法罪名，2003年12月25日起正式生效的第一部将贩卖人口定为刑事犯罪的国际法律文件被称为《贩卖人口议定书》，我国已在2010年2月8日正式加入该议定书。如果按照取消罪名说的观点，《贩卖人口议定书》使用了"贩卖"的用词，也会是不正当的，但时隔近20年，并没有人对此提出这一异议。

可见，从理论上说，收买被拐卖的妇女、儿童罪的法定刑问题绝非"不存在问题的问题"。其实，无论该问题的答案是什么，都需要充足的理由来支撑，因为这关系到刑法应如何对待妇女、儿童等弱势群体拥有免于被贩卖的权利这一颇具象征性的问题。

另外，对实践中出现的一些新情况，刑法及司法解释没有及时回应。1997年《刑法》第241条第5款规定："收买被拐卖的妇女、儿童，按照被买妇女的意愿，不阻碍其返回原居住地的，对被买儿童没有虐待行为，不阻碍对其进行解救的，可以不追究刑事责任。"这是一个看似体现刑法温情一面的规定，但从另一视角则体现了对受害人及其家人的漠视，甚至在客观上起了鼓励犯罪人的作用。而对于屡见不鲜的亲人间的拐卖，司法机关也往往持暧昧的态度，甚至作为家务事不了了之。这也在一定程度上滋养甚至纵容了拐卖之风气。

（三）公安机关与民间力量衔接不畅

近年来，随着越来越多的人参与到反拐、打拐行动中来，反拐的形式也呈现多样化趋势：有单个人的寻亲也有多人联名号召反拐行动；①有专门的全国性或者地方性反拐组织；有全国性或者地方性的反拐志愿者团队；有政府创办或者民间自发组成的反拐机构；②有各种宣传反拐和帮助寻亲的大小网站。③ 总的来看，诸多反拐形式在一定程度上为社会公众普及了反拐理念，加深了公众对拐卖行为的认识，为部分被拐卖人员回归原生家庭发挥了促进作用，也在一定程度上遏制了收买、拐卖类犯罪的嚣张气焰。但是，这其中仍有诸多不足。

民间反拐的自发性在彰显其决心与生机的同时，也显示出其盲目性、间断性、分割性与无助的一面。中国疆域辽阔、人口众多，寻亲和反拐无疑像大海捞针，所以民间的反拐行动客观上具有盲目性特征。民间反拐人士缺少专项资金，有的还要忙于自身生计，往往导致反拐行动间断或者终止，另者，由于没有统一的组织形式、资金调配和号召力，各种形式的民间反拐也难形成联动。

也正因为此，公安机关的反拐力量同样受到掣肘。如果得不到民间力量的有效支持，公安机关的反拐能力亦大打折扣，甚至陷入被动和"孤立无援"的境况。屡见不鲜的群众围攻并且阻挠公安机关解救被拐卖人的案例恰恰说明警民之间的反拐互动机制没有真正建立。

---

① 前者如山东省的郭某堂骑摩托车寻子12年，并且在此过程中自发帮助别人找到被拐孩子（参见青年时报《父亲骑摩托寻子12年找遍大半中国 怕儿子过得苦》，搜狐新闻网，http://news.sohu.com/20090702/n264911650.shtml，2023年10月24日）；后者如湖南妈妈网万名母亲联名要求加大惩治拐卖儿童犯罪的力度（参见佚名《万名母亲联名要求加大惩治拐卖儿童犯罪的力度》，湖南妈妈网，http://www.hnmama.com/html/ertong/liam_index.html，2023年10月24日）。

② 国家性、政府性的反拐机构以国务院反拐部际联席会议办公室的成立为标志；地方性的诸如四川省仁寿县反拐项目在乡村社区建立"妇女之家"等（参见http://www.women.org.cn/allnews/1002/22.html，2023年10月24日）。

③ 著名的反拐和寻子网站如"宝贝回家"（一对夫妇自筹资金于2007年4月30日开办的寻子和反拐网站，参见http://www.baobeihuijia.com/）和"搜人网"（朱某儒自费于2004年8月创办，参见http://www.souren.net/）。

三 乡村收买、拐卖类犯罪的防控机制建设

乡村反拐行动之乱象不仅是刑法执行不力带来的。实际上，其产生的背后存在着诸多不同方面的因素。为纠正上述乡村反拐行动过程中存在的乱象，提高反拐行动实际效果，构建乡村收买、拐卖类犯罪的综合防控机制，本书从社会意识、刑事立法、刑事司法与行政执法四个方面出发提出建设性意见。

（一）社会意识方面

如上所述，从表面上看，当下反拐行动执行中遇到的阻碍大多源于收买人及其家庭、宗族、村落乃至当地公权力机关的积极抵制和消极处理。但进一步探索，可以发现，除了直接源于收买人的性伴侣、传宗接代等需求外，无论是收买人及其家庭、宗族、村落的积极抵制还是公权力机关的消极处理，都与行为主体，特别是收买人以外的行为主体对收买、拐卖类犯罪行为在当代社会中具有的反道德伦理性和社会危害性的认识不足有着密切关系。申言之，导致前述阻碍"长盛不衰"的原因很大程度在于当地群众和公权力机关工作人员对妇女、儿童人格尊严的极度漠视。而此种社会意识的产生主要基于以下三点因素。

第一，收买、拐卖类犯罪频发的乡村通常处于远离城市、交通不便的地区，这些乡村与外界的联系较为闭塞，即使在改革开放后，中国经济发展的春风亦难以惠及此类乡村。这就导致此类乡村的生产方式仍停留在传统小农经济的模式下。而传统小农经济模式下，以体力劳动为核心，所谓"男主外，女主内""男耕女织"的生产方式正是父权主义、男本位思想产生的经济基础。如此一来，此类乡村会形成对妇女、儿童人格尊严极端漠视的亚文化环境便不难理解了。

第二，由于收买、拐卖类犯罪频发的乡村往往经济发展水平较差，群众文化水平普遍不高，新一代人在社会化早期受到来自家庭

的言传身教中所蕴含的道德认知仍然普遍由传统封建思想和父权主义思想的支配，没有接受现代社会人本、人权思想影响的渠道和土壤，故而即使是新一代人，思想亦较为保守，难以全面认识到收买、拐卖行为所具有的反道德伦理性和对被拐卖人及其家庭造成的伤害。

第三，从上述两点原因可以看出，收买、拐卖类犯罪的发生根植于乡村这类亚文化圈中。是故，收买、拐卖类犯罪在实践中通常并不会以个例的形式出现，而是在一个乡村中普遍存在，甚至有些乡村长期以来具有买卖人口的传统。这便导致乡村中家家有案、相互包庇的现象频发。这种相互包庇的传统甚至会通过宗族势力影响到当地公权力机关的工作人员，进而阻碍反拐行动的顺利、高效执行。

本书认为，如欲改善乡村社会对收买、拐卖类犯罪反伦理道德性，消除收买、拐卖类犯罪的社会文化土壤，应当分别从上述三点因素出发开展以下工作。

其一，马克思主义认为，物质决定意识，经济基础决定上层建筑。想要从根本上破除传统乡村社会中的父权主义、男本位思想，应当首先改变以男性劳动力为主的农业生产方式。一方面，在农业科学技术快速发展的今天，女性亦可借助科技的力量缩减甚至消除其与男性之间身体素质上的差距，成为农业生产的主要劳动力。为此，国家和地方政府可以针对性出台惠农政策，为经济发展落后、生产方式原始的乡村提供生产技术支持；另一方面，乡村女性还可以利用互联网创造新的收入渠道，如直播带货、远程工作等，通过增加经济收入提高家庭地位，构建平等家庭环境的经济基础。

其二，群众的文化水平不仅受经济发展情况的影响，还与当地的教育条件息息相关。老一辈人的思想已经根深蒂固，难以彻底纠正，乡村传统封建和父权主义亚文化环境的破除有赖于新一代乡村居民思想的进步。在新一代村民社会化的早期，家庭和学校教育都扮演着重要角色。在互联网高速发展的当代，抖音、快手、小红书、微博等社交媒体也成为塑造人们价值观的关键渠道。因此，一方面，有关部门可以在乡村教育中适当增加权利意识培养、平权思想等内容，令现代社会人人平等的思想深入新一代乡村居民的心中；另一方面，有关部门还可以通过互联网社交媒体宣传权利意识、平权思想，在乡村居民的日常生活、娱乐中对其施以潜移默化的影响。

其三，直接宣传收买、拐卖类犯罪的反伦理道德性和社会危害性同样至关重要。有关部门和社会组织在加大法律知识宣传力度的同时，还可以利用收买、拐卖类犯罪被害人及其家庭的亲身经历和感受普及收买、拐卖类犯罪对被害人本身、家庭乃至社会造成的危害，将心比心，营造乡村居民正确认知并反对收买、拐卖类犯罪的社会意识，呼吁乡村居民支持进而主动参与、配合反拐行动。

（二）刑事立法方面

1. 适当提高收买被拐卖妇女、儿童罪之法定刑

针对收买被拐卖妇女、儿童罪之法定刑与反拐行动的现状，本书并不赞同"拐买同刑"，但亦反对"维持现状论"，而是认为可有限度地提高收买被拐卖妇女、儿童罪的法定刑，"撕下"现有的"处三年以下有期徒刑、拘役或者管制"这一典型的轻刑标签。上述主张主要有如下四点理由：

第一，刑法以人为本理念的提升是提高收买被拐卖的妇女、儿童罪的根本依据。应该说，法定刑最低刑与最高刑的设定，应根据构成要件中类型化的罪行之法益侵害性的可能程度来设定，而该法益侵害性之可能程度的判断则必须依据相应的价值观念来进行。[1] 之所以要提升收买被拐卖的妇女、儿童罪的法定刑，归根结底是因为刑法以人为本理念逐渐被强调并被认同，而"人"并非"商品"，"人不能被当作商品来交易"这一抽象准则，正是因为当前刑法树立了以人为本理念，才日益被重视。

第二，配置法定刑时不能不考虑罪行的反道德性。虽然法定刑的

---

[1] 李洁：《法定刑设定根据与设定技巧研究》，《江苏行政学院学报》2006年第4期。

制定根据是构成要件中被类型化的罪行所具有的法益侵害性大小，[1] 但不得不说，罪行所蕴含的反道德性也是必须考虑的因素。正如大谷实教授所言："现实的法定刑，应当是在种类以及数量上最适于形成国民规范意识程度的刑罚。……违反正义观念的刑罚，当然会使国民对刑罚制度产生不信任感，难以形成抑制犯罪的规范意识。……这里提到了有关刑罚的正义观念，……是指以国民对治安状况的感受或者以社会不安为基础的、社会一般人认为妥当的刑罚。"[2] 就收买被拐卖的妇女、儿童来说，"人身不可买卖性"固然是一项重要的刑法法益，甚至可以说是不可亵渎的"道德律令"，但除此以外，被拐卖者在被贩卖和收买过程中产生的无助感和客体感、被拐卖者被彻底改变的人生、亲人寻之而不得的绝望与苦痛，这些都是民众对于收买被拐卖的妇女、儿童罪最直观的印象。[3] 可以说，如果配刑的过程中忽视了这一因素，将会使该罪的制定失去公众认同。同时，如果该罪配以轻罪的法定刑，面对社会民众时，也无法促进民众对于该罪法规范的忠诚，达不到特殊的一般预防效果。

第三，与侵犯相近的人格权犯罪相比，收买被拐卖的妇女、儿童罪的法定刑明显偏轻。以我国刑法中的侮辱罪和侵犯公民个人信息罪为例进行说明，《刑法》第246条侮辱罪所保护的法益系他人的名誉，第253条之一的侵犯公民个人信息罪所保护的法益是公民个人信息权，

---

[1] 李洁：《法定刑设定根据与设定技巧研究》，《江苏行政学院学报》2006年第4期。

[2] 大谷实、黎宏：《日本对付重大凶恶犯罪的刑事立法动态》，中国刑事法律网，http://www.criminallaw.com.cn/article/?id=2060，2023年10月24日。

[3] 需要指出的是，要把社会民众对收买行为的看法与收买人家人、亲戚甚至邻居的看法区分看，后者往往是站在收买人的角度理解问题，其并不看重收买一个孩子或者媳妇的行为本身，而是不自觉地转移到对收买行为背后动机的理解上，似乎动机有理就冲淡了行为本身的反道德性——例如，"这对夫妇无法生育，很可怜，不得不去买一个孩子来传宗接代""这个男人家里穷，没人愿意跟他过日子，没办法才去买了一个媳妇"。但必须指出，这种小范围的"熟人社会"无疑是自私的，并没有从被拐卖者原生家庭的角度同理心地去看待问题，不能代表公众的道德感受。对此，提升收买被拐卖的妇女、儿童罪的法定刑幅度，也是对这种错误的社会观念的否定，向其秉持者表明其是错误的，并重申人性尊严的重要性。

这两种法益均属于与"人身不被当做商品买卖的权利"相类似的法益类型，而这两个罪名的法定刑基本与收买被拐卖的妇女、儿童罪相同。但不得不指出，"人身不被买卖的权利"无论如何要重于名誉权和个人信息权，原因在于：被收买后所产生的客体感，可以类比于被当作"非人"来对待，在这种情况下，名誉、个人隐私、个人信息等根本无从谈起，也无法被救济。可以说，"人身不被买卖的权利"较之于名誉权、个人信息权等更为重要。相应地，其配置的法定刑也应该高于三年以下有期徒刑。

第四，如果收买被拐卖的儿童罪的法定刑仍是"处以三年以下有期徒刑、拘役或者管制"，那么，在很多的收买被拐卖的儿童犯罪中，被拐卖人的亲生父母可能会遭受二次情感伤害。一方面其痛恨收买人，想让收买人受到惩罚，另一方面被拐儿童在收买家庭生活过后，往往对收买家庭产生了情感，很可能难以接受让"养父母"受刑罚处罚的结果，而希望自己的亲生父母给"养父母"出具刑事谅解书。这时会让被拐儿童的亲生父母难以决断。因为如果出具了相关文书，很可能就会导致判处缓刑的结果，而如果不写，又怕让刚刚"失而复得"的孩子受到心理伤害，甚至会怨恨自己。因此，如果将本罪的法定刑适当提高，这样既不至于使这个罪沦为轻罪，满足了被害家庭的报应感，也不至于出现大量犯罪黑数。

如上所述，收买被拐卖的妇女、儿童罪的法定刑有必要适当提高，摆脱该罪属于轻刑的标签，但究竟提高到何种刑格，是5年有期徒刑还是7年有期徒刑抑或10年有期徒刑？本书认为，7年有期徒刑的刑格是较为合适的。理由如下。

其一，虽然3年以下有期徒刑是通常认为的轻罪，但也有学者认为，"我国刑法中应该以5年和10年作为轻等、中等和重等有期徒刑的界限点"[①]。对此，有必要避免若干年后轻罪的标准由3年提高到5年，而7年有期徒刑则相对安全。另外，如果仅从3年有期徒刑提高

---

① 赖早兴、贾健：《有期徒刑分等研究》，《江海学刊》2009年第4期。

到 5 年有期徒刑，幅度不大，难以完全体现专门修法的意义。

其二，如果提升幅度过大，直接提高到 10 年有期徒刑，在不改变《刑法》第 241 条第二、三、四、五款的情况下，会导致收买被拐卖的妇女、儿童罪的法定刑重于拐卖妇女、儿童罪的法定刑的"倒挂现象"，且在司法实践中，确实不排除会因此增加解救的阻力。

其三，如果要求不精确的话，我们可以承认如下公式：侵犯"人身不可买卖的权利"之行为所对应的刑罚量≈典型拐卖妇女、儿童罪中拐卖行为的刑罚量-处罚被拐者的人身受拘禁所对应的刑罚量。亦即，拐卖妇女、儿童罪的基本款法定刑之上限 10 年有期徒刑，减去被拐卖妇女、儿童罪所包含的非法拘禁罪之基本款法定刑的上限 3 年有期徒刑，则等于 7 年有期徒刑。

综上所述，本书建议，将收买被拐卖妇女、儿童罪的法定刑上限由现在的 3 年有期徒刑提升到 7 年有期徒刑。在此基础上，为避免上下限之间法官裁量幅度过大，参考我国《刑法》分则中的法定刑刑格设置，可以将下限设置为 3 年有期徒刑，即将收买被拐卖的妇女、儿童罪的基本款法定刑修改为"处三年以上七年以下有期徒刑"为宜。

2. 围绕法定刑的提高制定其他辅助制度

事实上，一旦收买被拐卖的妇女、儿童罪的法定刑提高，刑法中与之临近的罪名也将面临被修改的境地。且必须承认，提高收买被拐卖的妇女、儿童罪的法定刑，并不能一劳永逸地预防该罪的发生，从更好的治理角度看，在提高该罪法定刑的基础上，有必要辅之以其他相关措施。基于此，本书在主张应提高收买被拐卖的妇女、儿童罪的法定刑的建议之外，还认为刑事立法需要进行以下三方面调整以实现收买、拐卖类犯罪及其相关范围的综合治理。

首先，有必要增加收买被拐卖的妇女、儿童罪的加重犯条款。对于多次收买被拐卖的妇女、儿童或者一次收买多名被拐卖的妇女、儿童的，应在《刑法》第 241 条中，增加相应的情节加重犯。除提高有期徒刑的刑期以外，还有必要增加"并处罚金"的规定，以进一步剥夺行为人的再犯能力。建议其法定刑可以规定为"处七年以上十年以下有期徒刑，并处罚金"。

其次，应扩大对收买被拐卖的妇女、儿童罪的共犯的认定范围。收买被拐卖的妇女、儿童的行为屡禁不绝且难以处置，一个很重要的原因是在收买人周围存在大量的教唆收买人、帮助者，对之的处罚之前由于秉持从轻处罚收买人的政策，往往容易忽略。在当前的情况下，本书建议，有必要在《刑法》241条中增加注意规定的条款，即规定"教唆收买人收买被拐的妇女、儿童，或者帮助收买人维持被拐卖人受拘禁、受强制状态的，应按刑法第二百四十一条的规定追究刑事责任"。同时，还应通过法律宣传、出台典型案例的方式，对收买被拐卖的妇女、儿童罪的发生起到事前的预防与事后的惩戒作用。

最后，应完善、调整相关临近罪名的规定。在提高收买被拐卖的妇女、儿童罪的法定刑的同时，有必要关注相关临近罪名。包括妨害公务罪，聚众阻碍解救被收买的妇女、儿童罪，不解救被拐卖、绑架妇女、儿童罪，拐骗儿童罪等罪名。其中《刑法》第242条第一款规定："以暴力、威胁方法阻碍国家机关工作人员解救被收买的妇女、儿童的，依照本法第二百七十七条的规定定罪处罚。"第二款规定："聚众阻碍国家机关工作人员解救被收买的妇女、儿童的首要分子，处五年以下有期徒刑或者拘役；其他参与者使用暴力、威胁方法的，依照前款的规定处罚。"对于这两款的规定内容，根据本书观点，究其实质，属于收买被拐卖妇女、儿童罪的共犯，与妨害公务罪、袭警罪、聚众阻碍解救被收买的妇女、儿童罪等形成了想象竞合犯，继续保留这两款，似无必要。另外，《刑法》第416条第一款规定了"不解救被拐卖、绑架妇女、儿童罪"，即"对被拐卖、绑架的妇女、儿童负有解救职责的国家机关工作人员，接到被拐卖、绑架的妇女、儿童及其家属的解救要求或者接到其他人的举报，而对被拐卖、绑架的妇女、儿童不进行解救，造成严重后果的，处五年以下有期徒刑或者拘役"。对此，本书认为，有必要将第一款中的"对被拐卖、绑架的妇女、儿童不进行解救"修改为"对被拐卖、绑架的妇女、儿童不进行解救或延误解救"，以堵上处罚的漏洞。其法定刑有必要参照提升后的收买被拐卖的妇女、儿童罪的法定刑，提高至"处三年以上七年以下有期徒刑"。就拐骗儿童罪而言，在提升收买被拐卖的妇女、儿童罪的法定刑后，基于两罪社会危害性的相似性，有必要也将其法定刑从"五年以下有期徒刑或者拘役"提高到"三年以上七年以下有期徒刑"。

（三）刑事司法方面

1. 通过解释论的方法解决收买被拐卖的妇女、儿童罪的追诉时效问题

一般认为，收买被拐卖妇女、儿童罪是一种状态犯，收买行为结束后，不法状态一直持续，而在买的那个时点，经过五年追诉时效后，如果行为人没有新的犯罪，即不再追诉收买被拐卖的妇女、儿童罪。这难免轻纵犯罪。对此，有学者认为，"收买儿童后，即使对儿童不实施非法拘禁罪，只要养着儿童，使儿童处于脱离父母监护的状态，便构成拐骗儿童罪，而拐骗儿童罪是继续犯……由此便不需要担心追诉时效的问题"①。但问题在于，无法将"收买"理解为"拐骗"，两者的行为样态完全不同，既然缺乏构成要件中规定的行为要件，那么，这种解释可能有违罪刑法定原则。且如果这一解释成立，则会导致实践中几乎不存在收买被拐卖的儿童罪，而是径直以拐骗儿童罪认定即可。本书认为，可以将收买行为理解为复合的"收养"+"购买"，购买的行为虽结束，但只要收养的行为还在继续——也即仍然在把"人当商品对待"，换言之，"人不能被当作商品买卖的权利"之法益一直处于被侵害状态——那么，就不能开始计算追诉时效，不用担心追诉时效过了的问题。

2. 有必要放宽被收买人在被收买期间正当防卫的适用

被收买的妇女、儿童在被收买期间，表面上看，其可能也有所谓的"正常生活"，但这种假象是建立在忽视其人身自由被限制且随时可能遭受各种不法侵害的基础上的。换言之，可以认为被拐卖人一直

---

① 柏浪涛：《收买罪是否需要提高法定刑？》，"转型中的刑法思潮"微信公众号，https://mp.weixin.qq.com/s/G4UuMGm1baa-zYFTnTYOIg，2023年10月24日。

处于规范意义上的不法行为之中。① 因此，如果被拐卖人或者其他人为了保护被拐卖人的人身自由、健康、性的自主权、人格尊严乃至生命等法益，而采取防卫措施，导致加害人受伤或死亡的，有必要对其正当防卫认定中的"不法侵害是否正在进行""是否明显超过必要限度"做从宽解释。

3. 有必要对收买被拐卖的妇女、儿童罪指定异地法院审判

鉴于收买被拐卖的妇女、儿童罪在司法实践中，存在并罚难、判决从轻的突出状况，不得不说存在当地人情关系网错综复杂等因素，根据我国《刑事诉讼法》第 27 条的规定，"上级人民法院可以指定下级人民法院审判管辖不明的案件，也可以指定下级人民法院将案件移送其他人民法院审判"。因此，本书建议，对于该类案件一律移送其他地区人民法院审判，最大限度规避判决不公。

（四）警民联动反拐机制方面

相较于一般的侵犯公民人身、民主权利的犯罪，收买、拐卖类犯罪往往根植于特定的社会环境中，具有浓厚的社会关系和社会文化背景。如此特征就决定了反拐行动的开展必须积极动员社会力量，依靠群众配合。由此，除完善立法、调整司法外，警民联动反拐机制的建设同样重要。建设警民联动反拐机制，本书建议从以下三个方面着手解决。

1. 确立民间力量的生力军地位

虽然民间自发组织的反拐活动在开展过程中受多种因素限制，但毫无疑问，社会主体不仅是反拐行动中一股不容忽视的巨大力量，而且是维系反拐行动持续性的不竭源泉和可再生势力。以"宝贝回家"网站为例，此网站自 2007 年 4 月 30 日创办至 2023 年，借助网络信息

---

① 最高人民法院在 2020 年 9 月 3 日公布的《最高人民法院、最高人民检察院、公安部关于依法适用正当防卫制度的指导意见》中指出，"要立足防卫人防卫时的具体情境，综合考虑案件发生的整体经过，结合一般人在类似情境下的可能反应，依法准确把握防卫的时间、限度等条件。要充分考虑防卫人面临不法侵害时的紧迫状态和紧张心理，防止在事后以正常情况下冷静理性、客观精确的标准去评判防卫人"。

平台的优势，创造了超过 10000 个骨肉团圆的奇迹。[①] 正如张宝艳所言："打拐不是公安部门一个单位的事，像'宝贝回家'可以从民间的角度，了解基层公安机关打拐行动中有哪些问题需要改进，了解全国失踪儿童家长在寻找儿童的过程中有哪些需求。"[②] 可见，在执法、司法资源相对紧缺的中国，承认民间反拐力量的庞大并继续挖掘民间反拐力量，修复和拓展民间反拐渠道，力求建立一套多渠道、多样式、互通有无、讲求整体效果和机动性的民间反拐联盟是极具前景的。可以说，民间力量永远都是反拐行动的一支生力军。

反拐行动不仅需要耗费大量的人力物力，特殊情况下，行动主体还可能会与收买、拐卖类犯罪的犯罪分子产生直接冲突。因此，为了保证民间反拐活动的可持续性、完整性和主动性，确立民间力量的生力军地位，官方不仅要在舆论层面承认、支持、鼓励民间自发组织的反拐活动，还要在物质与工作机制方面对民间反拐行动予以配合。包括公安机关在内的有关部门应当在物资拨付、协调组织、响应机制建设等方面给予民间反拐力量足够的信任、配合和支持。

2. 明确公安机关的主力军地位

与民间反拐力量自发性和自愿性相较，公安机关反拐的最大不同在于其具有的公权力属性、责任性和义务性，对公安机关来说，一方面，其具有更加充分的财政支持、完善的组织体系、丰富的信息渠道、合法的强制力，这便使得其在反拐中拥有更强的行动能力和行动效果。这从本书第一章第二节所援引的国家统计局统计数据中也能窥见一二——自 1995 年至 2021 年，全国拐卖妇女儿童刑事案件 217578 件。另一方面，反拐是人民赋予并期待其严格履行的一项义不容辞的使命，这使公安机关同样拥有积极实施反拐行动的动力。因而可以确信，公安机关才是反拐行动的主力军。

---

① 见"宝贝回家"官方网站首页：https://baobeihuijia.com/bbhj/。
② 佚名：《"宝贝回家"：一股不可忽略的反拐力量》，新浪网，http://blog.sina.com.cn/s/blog_4a4e7f1b0100dnr0.html，2023 年 10 月 24 日。

明确公安机关在反拐活动中的主力军地位不仅有利于消除个别公安民警在反拐活动中的被动性和对民间反拐力量提供信息的不重视,还有助于提升公安机关在履行职务过程中对于反拐工作的使命感。由此,各级公安机关必定会意识到反拐的重要性与紧迫性,想方设法将其当作一项任务来完成。事实也是如此,全国公安机关的一体化和信息互联互通为公安机关主动组织和全面布局反拐行动提供了组织基础。

3. 建立一套反拐长效机制

从 2000 年我国首次开展反拐专项斗争至今,已有 23 个年头。23 年间,我国的反拐行动的周期逐渐延长,有从专项斗争转化为常态化行动的倾向。因此,明确今后的反拐任务,进而在总结过去反拐成功经验基础上,采取相应的措施,建立一套反拐长效机制是十分有必要的。对此,本书以为,以下工作经验是有益的。

其一,各级公安机关要把反拐作为一项事业来做,每级机关都要配备必要的专门反拐机构和人员,并且定期开展专门培训。例如,2009 年 8 月 10 日至 11 日,公安部刑侦局在安徽黄山举办的全国公安机关"打拐"科队长培训班暨"打拐"专项行动推进会即是一项有益尝试。[①]

其二,创新以"快"制胜的工作机制。利用现有的资源,采取高新技术(如开展 DNA 采集与检测),搭建信息平台(内部联网和互联网大数据检索、识别),设置多警种联动战术,全面提升反拐行动的效率。针对当今人口流动方向复杂、次数频繁等特征,公安机关应改变以往只有在有证据表明儿童被拐骗、拐卖时才能立案的工作机制,在接到报案后,暂不考虑儿童是意外走失还是被拐骗、拐卖,都应该快速出警,做到"接警出警快,调集警力快,调查走访快,收集信息快,寻查行动快。"

其三,确立"长短结合""专常结合"的工作规划。正如《中国

[①] 新华网:《公安部培训全国公安机关"打拐"科队长》,搜狐新闻网,https://news.sohu.com/20090825/n266209598.shtml,2023 年 10 月 24 日。

反对拐卖人口行动计划（2021—2030年）》指出的，反拐是一项长期的行动，不能幻想毕其功于一役，公安机关必须根据《中国反对拐卖人口行动计划（2021—2030年）》的要求，做好反拐长期规划。不过，针对特定形势，在一定范围和时期，必要时亦可采取运动式或者规模化的短期突击，这在一定程度上能起到为反拐行动造势，震慑犯罪分子的同时借机宣传和普及反拐知识的作用。对于各级公安机关而言，反拐既是常规工作，需要联系其他工作做整体规划，但鉴于收买、拐卖类犯罪的现实紧迫性、巨大的社会危害性与常态性，又要将反拐作为专项斗争布局。

其四，要加强公安机关公共关系建设，进一步密切警民关系，维护和构建和谐稳定的社会环境。警民关系是一种全方位的社会关系，在反拐行动中，公安机关和民间力量的合作也应该是全方位的。因为，在我国，公安机关承担着民间纠纷处理、社会治安维护、打击违法犯罪等多项职责，这就导致公安机关的反拐力量仍具有有限性。而正如上文所述，社会公众是打击收买、拐卖类犯罪不可忽视的巨大力量源泉。若欲建立反拐长效机制，至关重要的便是妥善处理警民之间的联动关系。这就要求在反拐联合行动中，各级公安机关和民警切实协调好各种利益关系；加强公安民警自身修养和执法能力；培养公安民警全心全意为人民服务的精神；帮助公安民警正确认识权力观，能够认识到公安机关的权力来源于人民，应对人民负责，做真正意义上的人民公仆。

第三章

乡村留守地区犯罪、被害及其治理

第一节 本章概述

长久以来，在乡村犯罪中，包含留守老人、妇女、儿童在内的留守群体都是学界研究的重点，该领域所产出的研究成果也相当丰硕。但遗憾的是，现有的绝大多数相关研究皆是着眼于留守儿童的犯罪或留守群体被害问题，而并未注意到留守群体所具有的特征会从宏观上对留守地区的政治、经济、文化等要素产生影响，进而使得乡村留守地区的犯罪态势发展出一定的独特性，成为乡村留守地区犯罪治理研究与实践的重要切入点。是故，乡村留守地区犯罪、被害及其治理成为本章所主要探讨的内容。

另外，本书提出"留守地区"，并不是为了在行政区划或自然地理领域创造一个新的概念，而是为了强调留守群体与其所生活、居住地区的互动关系。换言之，一个地区的特征会因该地区留守群体的增加而改变；这些改变往往又会反作用于留守群体。由此，留守地区的概念并不具有明确的边界，可将视为"留守群体长期生产、生活的地区"。

关于本章的研究，具体而言，在第二节中，本书选择重庆市作为留守地区犯罪及其治理研究的对象城市。重庆市是典型的大城市、大乡村格局，乡村留守地区犯罪种类多样化，包括广泛频发的职务犯罪、盗窃罪、故意伤害罪、性犯罪等；具有区域性的盗伐（滥伐）林木罪和毒品类犯罪等；其他新型财产性犯罪、枪支弹药类犯罪、赌博类犯罪、破坏公共设施类犯罪、危害公共安全犯罪也零散分布在各地区。本书调研组经调研后发现，不同于城市较为集中、封闭的社区建制，这些村落门户相对分散，但又属于熟人社会。由于乡村文化认同感和归属感趋于殆尽，人们在社会交往中纠纷常发，矛盾日益积累。经济压力和环境阻碍等都是培育不稳定因素的土壤。因此，本书认为，治理乡村留守地区犯罪，应在努力消除城乡二元结构的基础上，在依靠治安管理处罚法和刑法打击犯罪之外，寻求根植于具体地方的社区自治防控体系。

当然，传统研究领域中，留守儿童被害及其治理的研究同样重要，近年来，学术界越来越注重定量研究方法在犯罪学研究中的作用，在过去已有的关于留守儿童被害及其治理的研究中，也不乏采用定量研究方法得出的成果。但总的来说，目前关于留守儿童被害定量研究的成果所使用的数据仍存在数据量小、涵盖范围窄、代表性较弱等问题。

因此，在第三节中，本书尝试将定性与定量研究方法相结合，首先就留守儿童的家庭教育、学校教育、成长的客观环境和心理特质等四个被害宏观因素进行分析，发现家庭教育功能缺失与学校法治教育功能的不完善是导致留守儿童易遭受犯罪侵害的重要因素，留守儿童成长的客观环境亦存在较为严重的安全隐患，留守儿童的特殊心理特征则往往导致相关预防教育工作难以开展。进而，本书调研组通过调研重庆、安徽部分地区乡村留守儿童校园欺凌被害现象进一步细化了对留守儿童被害因素的认识。发现安徽地区乡村留守儿童校园欺凌被害现象报告率低于重庆地区，两省市留守男童被害率均高于留守女童，留守儿童实施校园欺凌行为报告率明显较低，相对轻微的校园欺凌类型较为常见。就留守儿童遭受校园欺凌的原因来看，调研结果肯定了父亲监护"缺位"让重庆地区留守儿童更易成为校园欺凌现象的被害者，特定时空条件使留守儿童更易遭受上述侵害，教师的关爱可以在很大程度上降低留守儿童的被害率。根据上述结论，为了防治留守儿童被害，应当首先考虑优化已有的被害防治手段，利用好现有的设施和工作经验，完善留守儿童被害预防教育共同体。进而在家庭层面上应着力减少因监护人外出而产生的监护"真空"，在学校层面应多项并举以构建防范制度体系，在社会政策层面应着力消除上述被害现象的致害因素。最后考虑设立专项留守儿童被害预防教育基金，以用于预防留守儿童重复被害现象。

预防未成年人犯罪不应当仅针对普遍性、抽象化的潜在未成年犯罪人，更应重视那些在受到犯罪侵害后，由被害人转换为犯罪人的情况。由此，在第四节中，本书将以重庆市垫江县的调研数据为样本，探讨未成年被害人向犯罪人转化的类型及其原因。具言之，未成年被害人实施犯罪的行为结构不同于一般未成年人犯罪的行为结构，前者比后者增加了一项"被害经历"的要素，既可能是被害经历使得未成年被害人因为防卫过当的方式即时性地转换为犯罪人，也可能是此种被害经历经过时间的迁移，在基础因素、催化因素、辅助因素、新型社会化因素等多重原因机制的作用下转换为犯罪人。为预防与矫治未成年被害人向犯罪人转换，应当通过综合联动的控制型措施以及恢复型措施，建立起以未成年人自身为起点，家庭、学校为基础，社区为辅助，立法司法为引导，社会制度为保障的应对此种恶逆变的多元化机制。

第二节　乡村留守地区犯罪及其治理

一　引言

1951年，公安部公布了《城市户口管理暂行条例》，开始在全国进行第一次进行户籍管理。户籍制度作为社会管理制度的重要基础，在我国过去几十年的城市化浪潮中发挥着控制城市人口规模、保障基本福利、维护社会稳定等作用；但与之相对，正如本书第一章第二节所言，城市户籍制度使得城市户籍和乡村户籍之间形成了明显的二元性质，不仅加大了城乡在教育、就业、医疗等方面的差距，还给城乡之间以及不同地区之间的社会融合带来了困难。当前我国的留守群体之所以数量庞大，与城乡间严格的户籍管理制度不无关系。

迄今为止，尤其是改革开放以后，入城务工的乡村居民便被迫在户籍地和工作地之间进行选择，由乡村向城市的人口流动已经成为中国数十年的社会历史现象。到 2010 年第六次人口普查时，全国流动人口规模超过 2 亿，同 2000 年第五次全国人口普查相比，居住地与户口登记地所在的乡镇街道不一致且离开户口登记地半年以上的人口增长率为 81.03%。[①] 为减少入城务工的乡村居民在城市基础服务等方面遭受的差别对待，同时缓解乡村留守群体膨胀带来的各类社会问题，2016 年 1 月 1 日，国务院颁布的《居住证暂行条例》开始施行。该条例分别对以城区人口数为划分标准的小、中等、大、超大和特大城市的落户条件明确限定，旨在推进城市基本公共服务和便利常住人口全覆盖。

然而城乡二元结构及其所造成的社会分离和身份歧视还远未被打破、消除，城市并没有给农民工提供可以实现"举家迁移"的条件，庞大的乡村留守人口固守乡土，由户籍制度所衍生出的一系列政治、文化、经济等城乡断层沟壑愈深，使得乡村留守地区犯罪更具有地域性特征，在犯罪治理方面具有独特的研究价值。重庆市作为直辖市，与一般的地级市相比，面积庞大、人口众多、各地区之间经济发展水平差异较大，是集大城市、大乡村、大库区、大山区及少数民族区于一体的大城市，城乡二元结构对重庆乡村留守地区的犯罪问题影响巨大，具有典型的代表性。因此，本书拟以重庆市为例，分析此种类型城市中乡村留守地区的犯罪与治理问题。

二　乡村留守地区犯罪概况和类型化分析——以重庆市为样本

重庆自统筹城乡发展战略实施以来，并未能根除城乡二元结构的

[①] 国家统计局：《2010 年第六次全国人口普查主要数据公报》，中国政府网，https：//www.gov.cn/guoqing/2012-04/20/content_2582698.htm，2023 年 10 月 24 日。

遗患。大量乡村人员外流，乡村文化衰落、家庭防卫功能缺失、社区监管不力等诸多因素，造成留守村落犯罪问题日益凸显，对于主要留守群体——留守儿童、留守妇女、留守老人的生活安宁产生极大的隐患和侵害。

（一）重庆乡村留守地区犯罪概述

表 3-1　　　　调查所涉地区主要犯罪类型及逐年案件数　　　　单位：件

时间	盗窃罪案件数	故意伤害罪案件数	职务犯罪案件数	盗伐、滥伐林木罪案件数	毒品类犯罪案件数
2014.03—2014.12	4093	948			3945
2015.01—2015.12	4124	913	421	317	3426
2016.01—2016.08	1693	393			959

本次调查范围涉及重庆渝中、大渡口、九龙、北碚、沙坪坝5个主城区，长寿、南川、黔江3个其他区，垫江、丰都、开县、梁平、忠县、武隆、云阳、荣昌8个县，石柱、秀山、彭水、酉阳4个少数民族自治县。时间跨度集中在2014年3月至2016年8月。如表3-1所示，各区县主要犯罪类型为盗窃罪、故意伤害罪、职务犯罪、盗伐（滥伐）林木罪以及毒品类犯罪。其他犯罪类型如性犯罪，新型财产犯罪，侵犯生命、健康、自由的犯罪，生产、销售伪劣产品罪，危害公共卫生罪，扰乱公共秩序罪，违反枪支、弹药管理规定危害公共安全的犯罪，破坏环境资源保护罪，妨害司法罪，以危险方法危害公共安全罪（多为过失）等，因保护当事人隐私需求或者发案率低难以统计具体案件数量，不足以支撑数据的真实性和参考价值，在此不作标示。

（二）类型化分析

在对调查材料进行汇总分类的过程中，本书调研组对各地区各类犯罪的性质、当事人身份、经济条件、政治生活的融合度以及人员流动、交往习惯均作出了统计，总结分析出各类犯罪与犯罪人、犯罪地的联系。本书调研组发现，由于犯罪的社会基础具有差异性，各类犯罪发生率的高低及其在各地区的分布存在不同。是故，本书调研组尝试将调查所涉全部犯罪划分为高发性犯罪、区域性犯罪与其他类型的犯罪，并以此出发挖掘各类犯罪的成因，并针对性提出治理对策。

表 3-2　　　　　　各犯罪类型占调查全部案件的比重

犯罪类型	占调查全部案件的比重
盗窃罪	37%
故意伤害罪	13%
职务犯罪、性犯罪、毒品犯罪、盗伐（滥伐）林木罪	30%
其他类型的犯罪	20%

1. 高发性犯罪及其特征

如表 3-2 所示，在所涉调查地区中，高发性犯罪包括职务犯罪、盗窃罪、故意伤害罪和性犯罪。

（1）职务犯罪

从我国当前的乡村基层实践来看，乡村地区成建制的基层组织大致包括村级自治组织如村民委员会等、村级党团组织如村党支部等、村级集体经济组织如村经济合作社等三类。职务犯罪主体身份的特殊性和犯罪行为的涉农性决定了其案发率高、行为具体类型较为一致，具有类型化、普遍化的特点。例如，在收集到的北碚区案件中，就有多起乡村基层组织人员犯受贿罪、滥用职权罪、贪污罪等职务犯罪案件，涉案人员的具体行为多表现为在征地拆迁、便民工程等土地征用/流转领域、基础设施建设领域、专项款物及补贴管理等领域中利用职务便利收取贿赂为他人牟利、侵吞公共财产。此外，由于此类案件往往直接涉及村民个人利益或村集体公共利益，其很容易诱发村民集体上访等群众性集体事件，对行政管理和社会舆论产生的负面影响和危害性远比一般的刑事案件要大。

（2）盗窃罪

调查收集到的盗窃案件的特点较为鲜明和集中，其发生率在高发性犯罪中属于首位。行为人特征方面，盗窃罪行为人一般并非留守地区本地居民，而系多地流窜作案的"职业小偷"，且结伙作案的情况较为常见；行为手段方面，行为人多采用入室盗窃、扒窃等方式，这些方式属于《刑法》规定的盗窃罪加重处罚情节，相较于盗窃罪的基本犯行为，其侵略性更强，更有可能衍生暴力犯罪；行为对象方案，行为人选择的目标不仅包括一般盗窃罪中常见的首饰、数码产品、交通工具，还包括极具地域特征的农作物及其制品、家禽、价值较高的观赏性林木（罗汉松）、公共设备（电线电缆）、乡镇厂房设备和财物等，此外，还存在少量以现金为目标的盗窃行为，这在电子支付习惯广泛普及的城市地区已经较为少见；行为人的人身危险性方面，本书调研组发现，行为人系累犯的比例较高，这也说明该地区对盗窃罪的治理并未达到理想效果。

（3）故意伤害罪

总的来说，调查收集到的故意伤害犯罪在高发性犯罪中属于发生率相对较低的类型，其整体情节较轻，重伤害、预谋伤害等恶性案件较少。具体而言，犯罪诱因方面，该地区的故意伤害案件多由口角、债务问题、家庭邻里矛盾、土地权属争议等日常生产生活纠纷引起；行为手段方面，行为人往往属于激情犯罪，在情绪的影响下徒手攻击他人，或是利用随身携带、身边随手可得的菜刀、棍棒以及钝性工具攻击被害人；行为人的人身危险性方面，行为人通常在事后可以及时认识到行为的不当，主动悔罪，并配合公安机关调查。此外，正如前文所述，故意伤害罪大多基于日常生产生活纠纷，即熟人犯罪，故此，被害人一般也会愿意与行为人达成刑事和解或赔偿协议，以化解矛盾。

（4）性犯罪

该地区的性犯罪包括强奸罪、强制猥亵罪、猥亵儿童罪等，因其特征与成因具有相似性，本书将之合并探讨。性犯罪在受调查乡村留守地区常呈高发趋势。这一现象的产生主要基于乡村留守地区三方面的特征。其一，乡村留守地区中，性犯罪潜在对象的比例较高。青壮年劳动力，特别是男性劳动力的外流严重影响了乡村留守地区的人口结构,使得乡村留守地区的主要人口成为由青壮年女性、儿童和老人组成的乡村留守群体。而这一群体正是性犯罪的潜在犯罪对象。其二,乡村留守地区抵御犯罪的能力较差。乡村留守群体在身体素质、收入能力等方面比之成年男性较为弱势,又常常因为家人外出务工而单独居住,在面对性犯罪行为人(通常是青壮年男性,也包括少数老年人)时,乡村留守群体自保尚且困难,更不必说保护他人了。此外,乡村留守地区地广人稀、经济水平较差,都决定了村落警力配置的不足。这都削弱了乡村的治安管理能力与犯罪防控水平。其三,乡村留守地区的潜在性犯罪人更有可能受性亚文化影响进而实施犯罪。随着社交媒体的普及和性观念的嬗变,我国传统的性压抑文化和新盛的情欲解放思潮造成了性文化畸形生长。[①]加之青壮年劳动力的迁出使得乡村留守地区的男女比例的人为化失调严重,给了潜在性犯罪人更强的犯罪动力。本书调研组调查收集到的性犯罪案件的特点也与前述特征有所呼应,行为对象方面,此类案件常发于熟人之间,以防卫能力、寻求救济意识较弱的留守女童和有残疾、智障、精神病史的留守女性为主要对象。甚至,在亲属之间,也会发生性越轨行为;行为地点方面,案发地除乡村住宅之外,还包括人员流动较大、缺乏安全保卫人员和措施的农家乐等公共场所。

如上所述,职务犯罪、盗窃罪、故意伤害罪以及性犯罪普遍存续于调查所涉的 20 个城区和县(包括自治县和一般县)乡村留守地区中。综合来看,这四类犯罪案件具有以下共同特征:其一,犯罪主体除职务犯罪以外均为一般主体;其二,犯罪条件具有共通性,即乡村留守地区经济落后,人员大量外流,家庭结构不再完整,村落中社会交往和社会关系退化,社区凝聚力严重削弱;其三,乡村留守群体文化程度不高,在生活中各扫门前雪,缺乏参与公共事务的积极性,更不具备参与乡村政治生活、行使监督权的意识;其四,

---

① 李银河:《李银河说性》,北方文艺出版社 2006 年版,第 10—29 页。

犯罪动机大多产生于一般日常生产生活纠纷，犯罪手段简单，没有技术门槛，犯罪目的多为追求经济利益、泄愤报复和满足自身畸形生理需求。

此外，这些高发性犯罪背后难以消除的社会矛盾"俯拾皆是"，正如意大利刑事古典学派创始人切萨雷·贝卡利亚（Cesare Beccaria）所言："一般说来，盗窃是一种产生于贫困和绝望的犯罪，是不幸者的犯罪，所有权（可怕的、也许是不必需的权利）为他们保留的只是一贫如洗的地位。"① 这些犯罪正因为与乡村留守地区特殊的自然、人文和社会环境因素密切关联，具有广泛的环境基础，所以其能够普遍辐射到重庆全市23个市辖区、11个县、4个自治县中。

2. 区域性犯罪及其特征

表3-3　毒品类犯罪及盗伐（滥伐）林木罪案件数占主要区县全部案件的比重

犯罪类型 \ 地区	少数民族自治县	渝中	大渡口	九龙坡	北碚	沙坪坝	长寿	丰都	南川	黔江	武隆
盗伐（滥伐）林木罪	15%	/	/	/	/	/	/	22%	21%	57%	37%
毒品类犯罪	8%	58%	50%	43%	38%	28%	26%	/	/	/	/

调查搜集到的案件中，毒品类犯罪与盗伐（滥伐）林木罪具有较强的区域性特征。如表3-3所示，由于特殊的市场需求、民族文化和地理环境，毒品类犯罪和盗伐（滥伐）林木罪集中分布在城区和少数民族自治县境内的留守村落中。

---

① ［意］切萨雷·贝卡里亚：《论犯罪与刑罚》，黄风译，北京大学出版社2008年版，第52—53页。

表 3-4　　　　　　　　区域性犯罪的案件具体情况

具体罪名	犯罪对象	犯罪目的	案发地及案件曝光原因	犯罪人特征
非法持有毒品罪 贩卖毒品罪 容留他人吸毒罪	冰毒 麻古 海洛因	牟利	个人住所、宾馆及农家乐； 公安机关抓获 当场抓获	多有毒品及其他犯罪前科 大多数是再犯 小部分是累犯
盗伐（滥伐）林木罪	马尾松 红椿树 杉树 柏树 其他杂木	贩卖获利，修建厂房、羊圈、房屋	群众举报 公安机关抓获 犯罪人自首	普通民众

如表 3-4 所示，毒品类犯罪主要由非法持有毒品罪、贩卖毒品罪和容留他人吸毒罪构成。案件主要发生地包括城区和四个少数民族自治县，案件侦破率高，但屡禁不止，防控效果不足。具言之，一方面，由于城区经济较为发达，毒品市场需求大，毒品来源通道广泛，经济利益极高，处于城区周边的乡村留守人员经常铤而走险贩毒、容留他人（包括未成年人）吸毒。并且在实践中，容留他人吸毒行为人大部分自身同样吸毒，被容留人员常见于未成年人，而犯罪地点则通常在个人住所、宾馆以及农家乐等场所；另一方面，彭水、酉阳、石柱、秀山 4 个少数民族自治县的毒品类犯罪案发率亦较高。这些地区位于重庆东南部，是重庆市唯一集中连片，也是全国为数不多的以土家族和苗族为主的少数民族聚居区。该地区毒品犯罪的产生和发展实质上与该地区独特的经济、历史、文化与社会控制等诸多内外在因素有关，本书将在下文详细分析。

至于盗伐（滥伐）林木罪，则与地区地理环境关联颇深。一方面，此类犯罪大多并非大规模乱砍滥伐，而是乡村留守地区人员出于补贴家用或是修建房屋、厂房等目的少量采伐；另一方面，由于并非大宗商业性质采伐，采伐方式往往较为原始，故而多发在适宜小规模采伐和搬运林木的山林茂盛、地势平坦的地区。因此，盗伐（滥伐）林木案件的发生地主要限于黔江、丰都、南川、武隆以及四个少数民族自治县。

3. 其他类型的犯罪及其特征

表 3-5　　　　　　　　　其他类型的犯罪及其特征

犯罪类型	具体罪名	犯罪主观方面	犯罪主要特征
其他侵财性犯罪	抢夺罪、抢劫罪 诈骗罪、合同诈骗罪 敲诈勒索罪 故意毁坏财物罪等	故意，牟利或者出于泄愤等	（1）收购稻谷时在磅秤上做手脚 （2）假借婚姻介绍等
其他侵犯生命、健康、自由的犯罪	故意杀人罪 过失致人重伤、死亡罪 非法拘禁罪 拐骗儿童罪 拐卖妇女（儿童）罪等	故意或者过失，为收取合法债务或者赌债，牟利	（1）私设电网致人触电 （2）采用物质利益等诱骗妇女以及无人监管时的儿童
生产、销售伪劣商品犯罪	销售假药罪 生产不符合安全标准的食品罪等	故意，以牟利为目的	（1）收购病死猪屠宰销售 （2）在卫生室门前以低价销售其从非正规渠道获取的药品等
扰乱公共秩序类犯罪	招摇撞骗罪 利用邪教组织破坏法律实施罪 寻衅滋事罪、聚众斗殴罪 赌博罪、开设赌场罪 妨害公务罪等	故意，牟利或因财产纠纷、土地纠纷、生活矛盾	（1）冒充政府民政办工作人员以办理低保、残疾证为由骗取老年人财产 （2）冒充国土局工作人员虚构以交钱可获得高额旧房补偿款等为由骗取老年人财产
违反枪支、弹药管理规定危害公共安全的犯罪	非法持有枪支、弹药罪 非法制造、买卖枪支罪 非法制造、储存爆炸物罪等	故意或者过失，出于狩猎以及保护庄稼的动机，牟利	一般为土枪，绝大多数犯罪人无犯罪故意
危害公共安全类犯罪	失火罪、放火罪 过失以危险方法危害公共安全罪等	故意或者过失，私设电网以防治、捕获野猪等野兽，泄愤	无

如表3-5所示，虽然乡村留守地区人力资源、自然资源等方面均不充足，但犯罪仍具备多样化的色彩。但总的来说，乡村留守地区的犯罪类型仍较为常见，以自然犯和传统法定犯为主，且大多涉及财产利益。

三　乡村留守地区各类犯罪的发生原因分析

切萨雷·贝卡利亚（Cesare Beccaria）将犯罪原因描述为人在特定环境下趋利避害的选择，认为人的意志是受物质生活需求支配的，因而人同自然界的一切存在物一样受自然规律的支配，各种政治的、经济的、社会的因素和条件与犯罪之间存在必然联系。[①] 因此，剖析犯罪原因，探寻犯罪与其产生环境之间的内在联系，是制定犯罪防控对策的必由之路。

（一）高发性犯罪的发生原因

1. 经济因素

乡村留守地区大多以传统农业生产为主要经济来源，由于地理环境限制、资金设备不足、缺乏组织管理等原因难以形成现代农业规模，经济条件普遍较差、人均收入较低。统筹城乡发展改革以来，政府积极帮扶乡村地区调整优化结构，大力发展劳务产业。这些政策虽然取得了一定成效，但并未能有效消除城乡二元结构带来的问题。城乡之间经济收入差距仍十分显著，据重庆市统计局公布的数据，2013 年，重庆市城镇居民人均可支配收入达 25216.1 元，而农村居民家庭人均可支配收入则仅有 8331.97 元，相差 16884.13 元，前者是后者的三倍有余；到 2017 年，重庆市城镇居民人均可支配收入增长至 32193 元，农村居民家庭人均可支配收入增长至 12638 元，虽然相差倍数减小，但绝对值却在进一步扩大。[②] 社交媒体的普及不断刺激着人们对金钱的渴望，同时也使人们对贫富差距的感受更加直观、明显。表现在日常生活中，村集体中经济纠纷琐碎且时常发生，一点蝇头小利就能在当事人之间引发轩然大波，导致邻里矛盾积年累月。此外，留守村落

[①]　［意］切萨雷·贝卡里亚：《论犯罪与刑罚》，黄风译，北京大学出版社 2008 年版，第 132—133 页。

[②]　正如本书此前提到的，国家统计局在统计人均可支配收入时，通常将城市、乡镇合并为城镇进行统计并与农村对应，而非如本书般将乡镇、农村合并为乡村进行统计并与城市对应。

居民急于追求财富积累以满足物质欲望的心理也在受到外界刺激时转化为容易不择手段的犯罪行为,触犯侵犯财产类犯罪,甚至诱发伤害类犯罪。

2. 社会因素

公安机关具有资源有限性、行为公开性等特征,这使得其社会管理、防控犯罪活动具有选择性、被动性等固有缺陷。一般而言,公安机关对犯罪的"控"多于"防"。因此,一国犯罪防控体系的构建与运作不仅要依靠公安机关积极履行职责,还需要社会公众广泛参与进来。多年来,"朝阳群众"便是例证,其因向公安机关举报违法犯罪行为屡屡得到社会广泛关注,也为首都的治安管理工作作出了巨大贡献。2015年中共中央办公厅、国务院办公厅印发的《关于加强社会治安防控体系建设的意见》亦指出了市场、社会等多方主体在社会治安防控体系建设中的协同协作、互动互补、相辅相成作用。可见,一个地区的治安状况与该地区中社会主体参与治安防控的积极性、对抗违法犯罪活动的能力息息相关。

然而,在乡村留守地区,城乡之间的户籍壁垒、两种不同的资源配置制度和以户籍制度为基础的城乡壁垒构成了城乡二元结构的主要因素。① 乡村劳动力大量剩余造成的普遍贫困化使"民工潮"难以消退,大量乡村青壮年劳动力外流,乡村留守地区多为妇女、儿童、老人驻守原地,男女比例被人为化失调,村落中多是流动家庭、临时家庭、孤岛家庭、单亲家庭等新型家庭。在这些家庭之中,儿童缺失父母保护和教育,成年人也难以获得来自伴侣的爱护与照顾。在这些家庭之外,是传统乡村大家族的崩塌,虽然许多村落中的人口构成仍以某姓为主体,但人口的大量流动也淡化了乡村居民之间的亲缘关系。这一切都导致联结乡村与乡村成员最基本的纽带——对所在村落的认同感、自豪感和义务感逐渐消弭,乡村社区丧失了原有的社群性和协

---

① 孙立平:《断裂——20世纪90年代以来的中国社会》,社会科学文献出版社2003年版,第92—97页。

同性。这些社会特征虽然在城市中同样存在，但由于城市社区天然具有围墙和安保人员，仍具有相当程度的防卫能力。乡村则反之——家庭与村落防卫意识、防卫设施、防卫人员的缺失，使性犯罪和侵犯财产类犯罪猖獗不止。

3. 社区矫正功能效果不佳

对于财产损失较低的盗窃罪和致人轻伤的故意伤害犯罪，各区县法院常在判处自由刑外同时宣告缓刑，缓刑考验期限跨度大约在3个月到5年之间，依法实行社区矫正。"矫正的功能在于在犯人和社区之间建立或重建牢固的联系，使罪犯归入或重归社会生活中去，恢复家庭关系，获得职业的教育。就广泛的意义而言，即在于为犯罪人在社会正常生活中获得一席之地提供帮助。这不仅要求必须努力改变每一名罪犯——这一点曾经是复归模式的唯一目标，而且这需要发动社会及其各类机构的力量。"[①] 但遗憾的是，由于重庆乡村留守地区人员分布稀疏且缺乏公共治理参与意识和能力，基层社区矫正机构人员配置严重不足，也缺乏对犯罪分子开展科学的矫正教育的能力，诸多因素都使得社区矫正这一社会化行刑措施的积极效用并未得到充分发挥，以至于该地区侵犯财产类犯罪累犯、再犯现象频发。

(二) 区域性犯罪的发生原因

1. 地理环境因素

据调研，盗伐（滥伐）林木罪发生地多为山林资源丰富的区县，犯罪目的多为贩卖获利和修建房屋等。如酉阳县被告人王某某与张某某、徐某某为补贴家用，在未办理采伐许可证的情况下，将王某某家山林中280余株杉树砍伐，共计45.854立方米。再如黔江区某镇被告人吴某某，2011年购买了吴某甲的马尾松。之后，被告人吴某某在只办理一张批准砍伐15株林木的采伐许可证的情况下，将购买的马尾松全部砍伐，用于贩卖和修建烤烟房。经鉴定，活立木蓄积为126.5658

[①] [美] 克莱门斯·巴特勒斯：《矫正导论》，孙晓雳等译，中国人民公安大学出版社1991年版，第22页。

立方米，其中超量砍伐109.9104立方米。可见，盗伐（滥伐）林木罪的发生，一方面是由于当地拥有丰富的林木资源，另一方面则是因为地方村民对法律法规的了解不甚充分，仍秉持着"靠山吃山，靠水吃水"的小农思想。

另外，渝东南"一区四县"——黔江区以及彭水、酉阳、秀山、石柱4个少数民族自治县，地处武陵山系的褶皱地带，境内生态环境恶劣，干旱、洪水等自然灾害频繁，经济发展长期受到制约。地域偏远和交通不便造成该乡村留守地区居民人员与城区长期隔离，难以广泛参与社会分工，从事多样化的生产和经营活动。而地形复杂、道路闭塞的地理特征又令当地拥有了规避公权力的天然屏障。在这样"得天独厚"的条件下，该地区居民放弃一般农业生产活动转而投向风险大利润极高的毒品犯罪也就不足为奇了。

2. 文化因素

文化具有历史性、时代性和地域性，文化是历史地凝结成的稳定的生存方式，表现为特定时代、特定民族、特定地域中占主导地位的生存模式，它通常以自发的文化模式或以自觉的文化精神的方式存在。[1] 而生活在一定地域内的人们总是受某种文化规范的影响作出具有持续性、习惯性的行为。这些文化规范一般外化为习俗、惯例、伦理、道德、宗教、法律等行为规范和价值规范。[2] 同时，行为本身也会作用于文化的构造转变，当某种犯罪从产生到发展成为常化态势时，相对应的犯罪文化也就延续下来并孕育着潜在的、深层的激励、滋生犯罪的社会力量，在价值观念、生活方式、社会制度等方面都存在威胁因素。在社会结构转型过程中，文化冲突也不可避免导致文化规范之间的冲突，影响人们内心的道德崇拜、法律认同从而促进犯罪心理生成、弱化社会控制。[3] 渝东南少数民族地区传统文化与民族风俗习

---

[1] 胡江：《文化视野下的犯罪论体系研究》，博士学位论文，西南政法大学，2012年。

[2] 单勇：《犯罪的文化研究——从文化的规范性出发》，博士学位论文，吉林大学，2007年。

[3] 李锡海：《论犯罪发生的文化原因》，《法学论坛》2007年第2期。

惯以及外来文化的冲击对于犯罪的影响不容忽视,"由于少数民族人口少,出于对外界的压力和民族自身生存的考虑,必然形成一股强势与合力来对应外部的威胁,这就客观上使家族组织的对外功能——武力得到了膨胀"①。

少数民族群众所特有的家族归属感和为人处世的方式,导致基层公安政法机关难以依靠群众的举报来打击毒品犯罪。土家族、苗族独具特色的民族习惯法也极大阻碍了国家法律法规在当地的实施。其中,土家族依靠民主选举产生的寨老,通过土家族地区长期发展所形成的习惯、惯例、禁忌、村寨规约、族规家训处理内外事务,依靠巫师"梯玛"作为人与鬼神之间的传言人;苗族社会则拥有民族内部成立的司法体系——"榔款"组织,在渝东南少数民族的某些村寨,时至今日依然保留着依靠民风旧俗解决纠纷的习惯倾向。② 苗族崇拜祖先,其具有维护社会秩序功能的基层社会组织"鼓社"就是以血缘为纽带凝聚家族力量而成。③ 由于解放前该地区有种植鸦片的习俗与传统,非法种植毒品原植物等犯罪行为便裹挟着这些落后的本土风俗习惯残留下来。而当地群众之所以种植鸦片,一方面是由于地处边远缺少医药,当地群众就将鸦片作为治病的药品;另一方面是由于部分少数民族地区仍有吸食鸦片的习惯。④

(三) 其他类型犯罪的发生原因

在偶发性犯罪中,尤值得让人注目的是新型侵财类案件以及危害

---

① 刘芳:《枧槽高山苗——川滇黔交界处民族散杂区社会文化变迁个案研究》,中央民族大学出版社2006年版,第29页。

② 陈薇:《渝东南少数民族地区毒品犯罪研究》,《广州市公安管理干部学院学报》2012年第3期。

③ "鼓社"一般有鼓藏头、活路头、债老、理老等地方权威维持社会秩序。在鼓社组织中,并没有正式的政治机构对人们的生活进行干预,人们在共同体内主要依靠相同的价值伦理遏制越轨行为。参见曹端波《苗族文化的社会控制》,《中央民族大学学报》(哲学社会科学版)2008年第1期。

④ 陈薇:《渝东南少数民族地区毒品犯罪研究》,《广州市公安管理干部学院学报》2012年第3期。

公众人身安全的案件。

1. 乡村留守群体对新型犯罪的防范能力较弱

随着时代的发展，侵犯财产类案件已不再限于传统的盗窃、抢夺和抢劫等方式。乡村留守群体中，老年人的占比较大，这些老年人或身体羸弱，或不谙世事。在改革开放以来我国社会高速发展的激荡中，社会政策与行政管理方式也以极高的频率发生着变革。老年人的思维速度往往随着年龄的增长逐渐下降，加之其使用智能设备和网络的能力有限，以至于容易成为新型侵犯财产类犯罪的目标。正如上文所载，在本书调研组调查收集到的案件中，出现了如冒充政府民政办工作人员以办理低保、老年生活基金补贴、残疾证等为由骗取老年人本就微薄的财产积蓄，以及冒充国土局工作人员虚构国土局有旧房补偿款，以先交钱后得高额旧房补偿款等事实骗取留守地区普遍贫困人员的财产，收购稻谷人员利用地磅器"做手脚"等招摇撞骗罪、诈骗罪此类新型侵财犯罪。在现代化程度相对较高的郊区，采用技术手段骗领信用卡等实施妨害信用卡管理罪也时有发生。虽然从社会危害性上看，这些发生在乡村留守地区的新型犯罪的犯罪数量和涉案数额均无法与传统犯罪或城市中的同类犯罪相提并论，但由于该类犯罪的目标通常是弱势群体，我们仍应对此给予一定注意。

2. 乡村留守地区物资供应与执法力度有限

由于留守地区食品、药品安全监管的阙如，少数从事食品加工业的农户因为缺乏对食品安全知识和相关行政管理法律法规、政策的了解，同时为最大限度降低成本，以至于生产、销售的食品容易被认定为不符合安全标准的食品，对公众的人身安全造成威胁，触犯生产、销售不符合安全标准的食品罪。此外，较为偏远的村落通常缺乏专业的医疗服务，反而使得奔走在乡间的"赤脚医生"因非法行医罪身陷囹圄。医疗、药资供应机制的不完善也令销售假药等行为也时有发生。

综上所述，一方面，经济负担不断加重而收入却难以维持或者满足生活消费成本的提高，致使群众在社会交往中竞相逐利。原本属于熟人社会的信任基础不断被矛盾侵蚀，乡土文化认同感进一步凋零。

处于社会边缘地带的乡村多出现"空壳"化凋敝，家庭结构不完整，使家庭成员丧失健全的保护教育机制。这皆是乡村留守地区犯罪根源之所在。

另一方面，随着统筹城乡发展改革进程不断加深，政府大力扶持乡镇企业、民营企业的建立，改善公共服务基础设施，建立维护村落秩序，吸引农民工部分"回流"。此种离土不离乡的模式，既能让农民获得较高的收入，也可以重新填补家庭防范和保护的缺位，同时改善留守地区空壳化造成的交往逐利化和退化现状。以重庆市万州区为例，2022 年围绕构建"7+5"现代化农业体系，推进现代山地特色高效农业产业链发展，第一产业增加值 115 亿元、位列全市第 2，同比增长 5.9%。成功创建国家农业绿色发展先行区，国家现代农业产业园中期评估名次位居全国第一。新建高标准农田 10 万亩，恢复耕地 9338 亩，实施撂荒地复耕复种 5.2 万亩、农田宜机化改造 4400 亩，粮食播种面积和产量保持稳定。新建和改建特色水果、中药材等产业基地 2 万亩，出栏生猪 111 万头。① 由此可以预见，乡村留守村落逐渐去空壳化的过程很大程度上将使传统侵财案件，如盗窃案和以老年人群为目标的诈骗案的发案率降低，家庭结构重新趋于完满使得性犯罪案件降低，未成年人监管缺位的困境会有所缓和，社会矛盾有了可诉诸渠道。但经济文化带来的区域进步和市场繁荣也可能会使其他新型技术类侵财案件呈增长趋势，近年来电信诈骗案件逐渐增多即为例证。

须知，工业化和城市化的过程并不仅仅意味着大量的劳动力和人口涌入城市，也意味着农业和农民自身的转变。② 在我国尚未完全实

---

① 万州区政府办公室：《重庆市万州区人民政府工作报告（2023 年）》，重庆市人民政府网，http://www.wz.gov.cn/zwgk_266/zfxxgkml_3393/zfgzbg/qzfgzbg/202303/t20230301_11691153.html，2023 年 10 月 24 日。

② 也就是说，留在乡村的数量越来越少的农民，通过对农业的规模经营实现农业的产业化，并以产业化的农业与整个工业化的经济融为一体。而在目前的中国，农民之所以被甩在工业化和现代化的过程之外，一个基本的原因就是，大量的乡村劳动力和人口导致农业的小规模经营，小规模经营无法实现农业的产业化。参见孙立平《断裂——20 世纪 90 年代以来的中国社会》，社会科学文献出版社 2003 年版，第 4—19 页。

现农村农业生产现代化、规模化的情况下，农业已逐渐失去它原本社会主要生产方式的地位，其只能是为农民提供自我消费、自我维持生存的一种自然经济活动。在外界科技、文化不断更新的冲击之下，乡村留守地区的不法分子采用新型技术实施不法甚至犯罪行为获取丰厚的经济回报已然成为一种趋势。

四　乡村留守地区犯罪防控对策

德国刑法学家、刑事社会学派创始人弗兰茨·李斯特（Franz Liszt）认为，"犯罪是由实施犯罪行为当时行为者的特性，加上周围环境的影响所产生的"。在留守地区这一具有鲜明地域、文化、经济、政治特征的社会底层结构中，犯罪人一般属于特定环境下的弱势群体，因此，更应针对留守村落特殊的犯罪环境提出有效的预防犯罪对策。

（一）促进发展经济

从上述分析中可知，乡村留守地区经济落后是其明显特征，由此衍生出来的一系列犯罪类型绝大部分均涉及财产利益。实际上，在经济增长的同时，乡村留守地区贫富悬殊状况进一步扩大，社会治安情况不断恶化，突出的性犯罪问题使留守妇女深受其害，家庭防卫功能缺失必然加剧此类犯罪的蔓延。这些矛盾无一不警醒政府要注重社会公平和秩序。统筹城乡发展改革刻不容缓，应当努力消除城乡二元化结构带来的资源、就业、收入、社会保障和福利的差异，同时避免改革陷阱加剧城乡二元结构的弊端，使两者重新连接成一个连通的社会整体。[①]

为促进乡村留守地区经济发展，削弱乃至消除乡村留守地区犯罪诱因中的城乡差距因素，一方面，乡村留守地区地方政府应当加大对乡村公共服务基础设施和社会事业的投资和建设力度。在危房改造、扶贫搬迁、村通公路、供水、通信、教育、医疗、卫生、文化、社会

[①] 孙立平：《断裂——20世纪90年代以来的中国社会》，社会科学文献出版社2003年版，第5—7页。

保障、环境保护等方面积极帮助乡村留守地区人员改善民生状况,承载乡村更加稳固而长久的发展进程。

另一方面,地方政府应当与社会资本合作,针对留守地区因地制宜建设乡镇企业、乡村产业,并推进企业投资和工厂建设规模化。只有规模才能形成社会分工,而只有社会分工才能提供更多的就业机会。地方政府应利用中国成为世界工厂的机会,出台综合性政策吸引社会资本进入乡村,吸引外出务工人员"回流"就业。对传统农业进行资源整合,人力聚焦,采用农业机械化、生产技术科学化、生产组织社会化并在保护生态环境的基础上促进农业生产模式向工业化转变,大力发展旅游农业、设施农业、有机农业等农业高端产业,提高农业发展水平和劳动生产率,同时完善农产品购销市场流通机制。

(二) 推进乡村社区重建

1. 重塑乡村文化认同与归属感

现今乡村留守地区的乡土文化已然凋敝无几,人员交往中多发纠纷,信任结构逐步瓦解。传统村落虽相对于城市中紧密集中管理的社区大为分散且小型化,但从本质上看,世代居住在此风俗习惯相通的人们同质性更强。德国著名社会学家费迪南德·滕尼斯最早提出了"社区"一词,他认为社区是指有着相同价值取向、人口同质性较强的社会共同体,其体现的是一种亲密无间、守望相助、服从权威且具有共同信仰和共同风俗习惯的人际关系。而社区的典型代表就是传统的乡村社会。[①] 我国乡村地区过去原本便属于熟人社会,成员之间地理隔离障碍小,日常交往频繁且互相信任程度高,一定区域相同的文化习俗使得成员之间具有较高的认同度,同时对乡村生活充满热爱并较能自发维护道德伦理秩序。而户籍制度生发出城乡二元结构,工业化快速发展的同时,乡村农业被抑制和轻视,大量乡村劳动力无法在乡村获得就业机会,只能形成向城市转移的农工潮。乡村留守地区

---

① 同春芬、党晓虹、王书明编著:《农村社区管理学》,知识产权出版社2010年版,第1—5页。

"应运而生"。这种特殊社会结构的生成带来乡村生活的凋零，逐渐在经济、文化等方面都呈现退化趋势，更使村民之间缺乏正常且可预期的社会交往活动。因此，应推进乡村社区建设，这种社会生活的核心是村民对社区生活的自觉参与和社区组织的自治，重新建立乡村留守人员之间的社会生活的紧密联系纽带和共同的规范，减少冲突，并寻求在共同利益诉求之上的对话和协商，消除相互的猜疑和恐惧。

在政府加强乡村留守地区公共服务基础设施建设之上，社区自治应化约为地方建设而非遥远的国家建设的层面。对于在乡村留守地区生活的村民而言，一个特定的、可覆盖大部分日常生活的物理空间的重要性要远远大过我们今天所熟悉的协会、共同体、关系网、人脉等。当日常生活在一个具体的物理空间展开的时候，这个展开的状态是所有政治生活的起点和归宿点。[①] 因此社区建设的出发点和落脚点都应立足于每个家庭的安宁，再外延到整个乡村生活的安宁。

2. 成立互助防控组织和体系

由于乡村留守地区本就人员稀少，资源稀缺，需要社会力量扶助，其自身不足以建立社区自治功能体系，但至少应在社会治安管理领域搭建社区互助防控体系。本书认为，可以组织村民互助小组以及结合贤长治理的方式，由村委会召集所有村民推选本村威望较高的人员，并以留守地区每相邻6—7户人员进行划分，建立相互可以信靠的关系网络，对除家庭隐私外的公共事务互相了解，在相互信靠过程中，每个人将自己的利益化约为对方可以信靠的利益，由此形成的利益整体就成为社区利益。[②] 同时，每户派出代表设立一套适于本村事务的村规民约，协商达成生产、生活等方面的矛盾协调和纠纷解决方案和程序。在小组中选出能力较高的成员担任组长，对农业生产、日常纠纷、家庭财产保障、妇女儿童保护等事宜定期讨论，反映现实中遇到的困

[①] 刘苏里：《1+12：通向常识的道路》，中国文史出版社2015年版，第36—60页。

[②] 比如某甲的一个行动，他知道其他成员对此作何反应，其他成员也了解某甲何以如此，认可该行动应有的回报，其可预期性构成了人类道德生活的本质。参见刘苏里《1+12：通向常识的道路》，中国文史出版社2015年版，第49页。

境，并对遭受损失的家庭进行扶助。小组成员轮流承担巡视、放哨责任，各互助小组组长同样应定期讨论本组成员在相关事宜中遇到的问题并寻求解决对策并进行公示。对外来人员流动情况应及时向本地派出所报告。在这一过程中，乡镇政府和派出所主要提供资金设备支持和技术支持，并不参与主导和决策。同时，派出所成员和政府有关部门如司法局应定期指派专业人员向所有小组组长宣讲本地区和其他地区发生的新型侵财犯罪手段和方法并提供可行的防范措施进行公示，帮助群众免受犯罪侵害。

（三）发挥各级职能部门的作用

在防控危害公共安全和秩序等社会危害性较为严重的犯罪方面，仅凭社区的能力远远不够的，应当充分发挥各级职能部门作用。乡村社区治安管理的主体，包括国家公安机关、基层政府组织以及群众性自治组织均应在犯罪防控中发挥作用。[①] 其一，针对乡村基层组织人员职务犯罪特点与规律，侦查机关应将专门工作与畅通群众检举、控告、揭发等通道相结合，深入乡村留守地区考察地区公共事务的执行情况，向留守人员询问本地区相关财务公示、村务监督等问题，打通利益表达渠道。其二，基层组织如乡村村委会、妇代会要注重对留守地区妇女、儿童的倾斜保护。并通过联结妇女相互扶助的组织形式提高防范能力，扩大防控范围。其三，针对乡村毒品犯罪的高发态势以及青少年涉毒案件增多的现状，公安机关应加强毒品来源通道的阻击力度，有效控制境外毒品的流入。加强禁吸戒毒管理，遏制吸毒人员增长。加强对娱乐场所的监管，遏制新型毒品的蔓延。提高禁毒技术，增强打击毒品犯罪的能力。地方政府民族事务委员会与统战部门亦应积极深入少数民族聚居区，向当地群众普及毒品的危害，与少数民族"族长"沟通协调，废止违反法律法规的民族习俗。其四，针对盗伐（滥伐）林木罪高发的地区，地方

[①] 国家公安机关范围包括基层公安局、派出所、特警队、交通队、消防队等；基层政府组织，即乡镇党委、政府；群众性自治组织，如村民委员会，农村治安保卫委员会，农村人民调解委员会，农村治安巡防组织等。

政府法治宣传部门须针对性增加法治知识的宣传力度，令乡村留守地区人民群众深刻认识到盗伐（滥伐）林木的性质与危害。林业管理部门亦应出台政策简化群众办理采伐许可证的审批流程，缩短审批时间，使其形成"先报批，再采伐"的习惯。公安机关应在法律允许的范围内提高罚金刑的适用和数额，加强震慑作用。

（四）提高乡村留守地区社区矫正工作的实效

"社会力量的广泛参与，是社区矫正的本质所在。"① 社区矫正是帮助主观恶性、行为的社会危害性和人身危险性等方面均较小的犯罪人再社会化，与监狱矫正相对的刑罚执行方式。社区矫正工作由司法行政机关负责指导管理、组织实施，由司法所承担具体的日常事务，而社会工作者和志愿者、有关部门、村（居民委员会）、社区矫正人员所在单位、就读学校、家庭成员或者监护人、保证人等则可以参与以及协助开展社区矫正。

社区矫正工作主要内容包括教育学习和社区服务，旨在矫正犯罪人的犯罪心理和行为恶习，达到特殊预防的作用。但在实际运作中，乡村留守地区社区矫正工作则存在以下问题：其一，司法所人员配置和组织管理不足，乡村社区建设度低，矫正主体力量薄弱；其二，社区矫正人员面临社会保障制度排斥，重新就业遭遇制度瓶颈；其三，帮扶工作领域社会资源紧张，对于乡村社区矫正人员的社会支持不足等问题都限制了社区矫正工作效果的发挥，使得犯罪人复归社会之路严重受阻。

以盗窃罪为例，本书调研组调查所涉地区的基层法院一般对社会盗窃罪行为人宣告缓刑并依法采取社区矫正，然而讽刺的是，大多数盗窃罪行为人具有犯罪前科，甚至已经成为职业性犯罪人。究其原因，重庆乡村留守地区经济落后，人均收入低，就业机会少，对犯罪前科的容忍度亦不高。一方面，较低的收入使犯罪人往往因生活窘迫急欲追求财产利益，从而实施盗窃行为；另一方面，在社区矫正过程中以及期限届满后，这些犯罪人仍因存在犯罪前科而难找到合适的工作，

---

① 狄小华：《关于社区矫正若干问题的思考》，《犯罪与改造研究》2005年第6期。

无法通过正当渠道赚得生存所需的基本收入。如社区矫正人员张某提到，他曾经隐瞒犯罪记录而获得了一份快递员的工作，后来派出所对快递公司人员进行无犯罪记录登记，结果快递公司知道了他有犯罪记录，并且解雇了他。而矫正社工宋某提到，政审制度造成许多社区矫正人员很难正规就业，许多人都处于打临工的半就业状态，并且工作很不稳定，再次失业的风险很大。

因此，本书认为，提高乡村留守地区社区矫正工作的实效，主要应从社区矫正工作主体和工作方式两方面入手。社区矫正主体方面，如上所述，社区矫正工作内容庞杂，责任主体既要完成对社区矫正人员的日常监管，又要安排推进各类矫正对象帮扶工作，还要完成上级政府布置的各类法治宣传任务。但作为社区矫正工作的主要执行者，基层司法所的人员配置往往较少，甚至在有些地区出现一个司法所只有一名正式员工的情况。人员的紧缺极大限制了社区矫正工作的落实。因此，地方政府在人员配置方面应当向基层派出机构适当倾斜，并在上层架构领域积极将志愿者、社会组织、社会力量引入社区矫正工作，充实社区矫正主体。工作方式方面，地方政府可以考虑将社区矫正人员中的困难群体纳入社会保障制度范围，提供相应期限的就业培训、就业指导等扶助活动，并以工作期间表现为评价标准记录在册，以此在一定程度上抵消犯罪记录给行为人带来的负面影响。

此外，地方司法机关应当避免机械适用法条，须在审判过程中切实考虑到不同犯罪分子之间的人身危险性、主观恶性差异，严格、准确界定适用缓刑的范围。

第三节 乡村留守地区留守儿童被害及其治理

一 引言

近几十年来，我国经济迅速发展，城乡收入差距进一步拉大，中国经历了人口发展史上最大的一次人口变迁,大部分农民向城市迁徙,而将未成年的孩子留在乡村,进而在乡村形成了数量庞大的留守儿童群体。根据2018年民政部发布的通知,2018年8月底,全国共有农村留守儿童697万余人。[①]

农村留守儿童问题作为城乡二元体制下农民进城务工而产生的社会现象,一直受到学界的高度关注。根据国务院2016年发布的《关于加强农村留守儿童关爱保护工作的意见》,留守儿童是指父母双方外出务工或一方外出务工另一方无监护能力、不满十六周岁的未成年人。[②] 近二十年来,农村留守儿童群体已经成为留守群体领域,社会关注、学者研究的重要对象。一方面,农村留守儿童得到了社会广泛的关注;另一方面,因农村留守儿童相对缺乏完善、高质量的家庭和学校教育,围绕着这一群体产生了各种不同类型的社会问题。其中,尤其值得关注的是巨大的农村留守儿童基数下的农村留守儿童被害问题。

经本书调研组初步调查,针对农村留守儿童的狭义的犯罪类型与针对未成年人的犯罪类型大致相同,主要包括强奸罪、猥亵儿童罪、故意伤害罪、故意杀人罪、拐卖儿童罪、拐骗儿童罪等人身犯罪以及抢劫罪、盗窃罪等财产犯罪(而广义的犯罪类型则不胜枚举,本书在此不作罗列)。但农村留守儿童成长的客观环境以及心理特质与农村非留守儿童有所不同,因此农村留守儿童的具体被害情况仍具有特殊性,进而在预防农村留守儿童被害方面,也需要具体问题具体分析。如学术界普遍认为,农村留守儿童受侵害率较农村非留守儿童明显偏高。[③] 在校园欺凌、性侵害、家庭暴力等社会问题中,留守儿童常常都是"受害者"。

---

① 央视网:《民政部:我国农村留守儿童三年下降22.7%》,新华网,http://www.xinhuanet.com/politics/2018-10/31/c_1123639623.htm,2023年10月24日。

② 国务院:《关于加强农村留守儿童关爱保护工作的意见》,中国政府网,https://www.gov.cn/zhengce/content/2016-02/14/content_5041066.htm,2023年10月24日。

③ 李春漫:《怎样预防儿童性侵害》,中国青年出版社2014年版,第15—18页。

为防治农村留守儿童被害现象,本书拟以被害因素论为切入点展开分析。所谓被害因素论,是指将被害性理论、日常生活理论、生活方式暴露理论等融入被害因素中。被害因素中的被害要因主要指被害人的自身因素、社会因素,其中自身因素包括心理特质、人口统计学的因素、生活方式;社会因素包括家庭环境、不良社区环境因素、重复被害的司法方面因素及其他社会因素。[①] 具体而言,本书将从定性与定量两个层面出发,探索农村留守儿童的被害因素及消除该因素的对策。定性层面上,本书立足宏观视角观察农村留守儿童被害现象,通过对农村留守儿童所处的家庭环境、学校教育环境、成长客观环境以及其心理特质进行定性分析探索其被害因素;定量层面上,本书则聚焦于农村留守儿童遭受校园欺凌这一现象,通过发放调查问卷进行定量分析,主要围绕家庭、学校两个领域中若干具体被害因素开展分析,确定哪些微观被害因素会对校园欺凌的发生产生显著影响。

此外,需要说明的是,之所以选择校园欺凌作为农村留守儿童被害定量分析的对象,是因为校园欺凌在农村留守儿童被害现象中具有可恶化性与典型性。一方面,校园欺凌的性质"是违反规范悖逆规则的偏差行为"。[②] 这一偏差行为存在逐步"升格"的趋势,甚至有恶化为校园暴力犯罪的可能。因此,学者们从犯罪预防的角度出发,将农村留守儿童的反社会行为划分为违反规则行为、违法行为和犯罪行为三个类型。[③] 2020年修订的《未成年人保护法》第39条第1款规定:"学校应当建立学生欺凌防控工作制度,对教职员工、学生等开展防治学生欺凌的教育和培训。"可见,学校等主体有义务制止校园欺凌行为,避免校园欺凌行为恶化为校园暴力犯罪。根据被害人学的基本观点,被害预防是犯罪预防的重要方法,被害预防强调通过消除致害因

---

① 孙斌:《被害预防案例分析》,华中科技大学出版社2016年版,第4页。
② 朱焱龙:《校园霸凌的社会生态和协同治理》,《中国青年研究》2018年第12期。
③ Sandeep Mishra, Martin L., Lalumière Robert J. Williams, "Gambling Risk-taking and Antisocial Behavior: A Replication Study Supporting the Generality of Deviance", *Journal of Gambling Studies*, Vol. 33, No. 1, March 2017, pp. 15-36.

素实现预防被害,进而预防犯罪。预防被害包括消除和减少潜在被害人方面招致被害的各种措施。① 因此,提升农村留守儿童校园欺凌被害预防能力,可以有效减少校园欺凌行为,进而避免校园暴力犯罪的发生。另一方面,当前学界主流观点认为,农村留守儿童比农村非留守儿童更容易遭受校园欺凌。② 中国青少年研究中心的一项调查数据显示,有47.6%的农村留守儿童曾经遭遇过校园欺凌,远高于世界卫生组织公布的40国青少年校园欺凌发生率。③ 可见,校园欺凌在农村留守儿童被害类型中有典型性,对农村留守儿童遭受校园欺凌乃至被害的研究具有较丰富的理论基础和实践价值。

二 农村留守儿童被害因素定性分析

(一)家庭教育

日本东京大学教授上野千鹤子最早使用"家庭自我认同意识"理论来描述近代以来由于产业化的发展而导致工作场所与家庭所在地出现分离的现象。她认为,家庭的构成有现实和意识两个方面,前者为家庭的实体形式,后者则是凝聚家庭形式与内容的核心。④ 该理论对于研究中国的农村留守儿童问题具有参考意义。当代乡村中,隔代监护的情况居多,部分农村留守儿童会在很长一段时间内觉得自己真正的"父母"是留在家中照顾自己衣食起居,并为自己提供情感抚慰的祖辈或其他替代监护人,而他们与远在异地务工的父母之间形成的是仅靠物质和金钱联系起来的利益索取关系。由此,家庭的实体层次与家庭自我认同意识之间便出现了割裂。换言之,农村留守儿童有时缺少的并不是父母的爱,而是缺少对爱本质的体会,因此,农村留守儿童与父母之间往往会出现"爱而不亲"的尴尬局面。

---

① 郭建安主编:《犯罪被害人学》,北京大学出版社1997年版,第42—43页。
② 严虎、陈晋东、何玲、封珂欣:《农村留守儿童学校生活满意度、自尊与校园欺凌行为的关系》,《中国儿童保健杂志》2019年第9期。
③ 杨宇琦:《西部地区留守儿童校园欺凌的法律介入》,《教学与管理》2018年第5期。
④ 任苇:《留守儿童心理健康教育》,开明出版社2020年版,第36页。

家庭教育功能缺失是农村留守儿童容易遭受犯罪侵害的最重要因素。一方面，由于农村留守儿童往往有一个或多个兄弟姐妹，担负较大赚钱养家压力的父母，分散在每个孩子身上的教育方式和内容一般仅停留在维持孩子正常生理成长和零散且不成体系的价值观基本层面，而在具体行为习惯培养与犯罪预防教育层面则关注较少。调查显示，96%的农村留守儿童由祖父母或外祖父母照顾；幼儿园在读、小学和初中在读的农村留守儿童分别占18.4%、51.9%、19.5%。[1] 可以看出，隔代抚养和寄宿学校寄养在农村留守儿童的监护方式中占相当大的比例，而这两种监护方式之下的儿童，与父母或监护人的心理距离远远大于一般家庭。此外，"棍棒之下出孝子"的传统教育方式在乡村老一辈中仍较为普遍，这严重阻碍了儿童与监护人之间的良性沟通，长此以往，农村留守儿童会便对监护人产生不满、逆反和恐惧心理。农村留守儿童在受害后基于恐惧心理，往往认为自己对于受到犯罪侵害有过错，害怕监护人责怪而不发声，或耻于向监护人求助，导致监护人不能及时知晓农村留守儿童的受害情况，无法做出有效的应对措施。

另一方面，在乡村，家庭成员的法治理念较为落后，封建迷信思想仍十分浓厚，这种愚昧的错误观念不利于为农村留守儿童树立正确的人生观和价值观，导致农村留守儿童在受到犯罪侵害时不能或不愿寻求科学、合法、合理的保护或救济途径，而依赖"以牙还牙"的传统报复手段进行反击。此外，由于乡村地区经济条件不乐观——特别是留守家庭，此类现象的出现通常是家庭收入较低所致——从而出现大量在农村留守儿童受害后用钱私了的现象。可见，不排除监护人将农村留守儿童受害当作可以用金钱交换的"筹码"之心态的存在，这既不利于保护农村留守儿童当下的合法权益，也形成了畸形的价值观导向，不利于引导农村留守儿童积极运用法律武器提升预防犯罪侵害的能力。

---

[1] 央视网：《民政部：我国农村留守儿童三年下降22.7%》，新华网，http：//www.xinhuanet.com/politics/2018-10/31/c_1123639623.htm，2023年10月24日。

在学校或社会上遇到的挫折和冲突对农村留守儿童造成了心理和生理上的巨大冲击，由于缺少家庭教育和关怀，农村留守儿童重复被害现象亦较为普遍。重复被害现象是家庭对农村留守儿童关注不充分的典型后果。相较农村非留守儿童而言，农村留守儿童自我保护及寻求保护的能力都不够成熟。犯罪分子也恰是抓住了农村留守儿童缺乏家庭"保护伞"、受害后无处倾诉的特征，才会有机会多次实施犯罪行为而不被执法机关或其他监督主体发觉。

(二) 学校教育

学校是儿童教育的第二场所，学校法治教育功能不完善是农村留守儿童遭受犯罪侵害的次要原因。首先，一定程度上可以说，乡村教师队伍建设是所有师资建设中最薄弱的环节，乡村学校工资待遇差、发展机会少，骨干教师流失现象非常严重。一方面，教师的教学任务繁重，满足文化课教学，提高学生应试能力帮助学生通过考试"改变命运"是乡村学校教育的主要目标，以至于其对于法治教育、安全教育等社会化类型的教学不够重视，也没有能力重视；另一方面，学校师资力量不足，导致在对农村留守儿童的关心程度较低的情况下，只能设置大量的教学规定和学生守则以代替人文关爱。规定和守则具有僵化、刻板的特征，只能一味限制农村留守儿童的自由活动时间和空间，而不是将其作为教育对象来传授自我保护的技巧。

其次，乡村学校独立实施的被害预防教育缺少专业化人才，开展的青少年法治教育活动形式单一、内容枯燥，加之乡村地区可利用的社会资源如高校、律师事务所、社会团体等较少，相关教育活动往往不能将实际案例与农村留守儿童的生活密切结合，难以发挥实质性的教育作用。目前多地法院成立了以"送法进校园"活动为载体，并与检察院、公安局、司法局、教育局、团委、妇联等多家单位联合的"法治共建单位"，以期向未成年人普及基础法治知识。但这些单位的法治宣传覆盖面小，且一般以宣传手册、未成年人模拟法庭、法官进校园讲课为主要形式，普法内容又多针对盗窃、抢劫、故意伤害、聚众斗殴、校园欺凌①、毒品犯罪等常见性犯罪，因而即便是在农村留守儿童聚居的地区，对于农村留守儿童这一特殊群体的普法针对性也不强。此外，因法治共建单位及地方律所的校园普法活动尚未普遍吸纳具有专门知识的社会工作者或与之合作，导致一线普法人员不熟悉农村留守儿童心理特质的现场时有发生，便也使得法治共建单位无法为农村留守儿童开展有针对性的普法教育活动。

（三）社会环境

首先，农村留守儿童成长的微观社会环境存在较为严重的安全隐患。其一，乡村地区学校安保工作普遍存在漏洞。乡村地区学校的可支配经费往往有限，部分学校安全保护意识严重不足，甚至未将安保工作纳入收支预算考虑的范围，导致乡村地区学校安保人员缺失的情况较为常见。其二，安保人员抗侵害能力不足，由年长者担任学校保安的现象较为普遍。这些做法的弊端显而易见：一方面，年长者的身体素质不足以对抗突发的犯罪事件，甚至有可能反而在对抗犯罪事件中成为需要帮助的弱势群体；另一方面，学校也较少组织安保工作业务培训，安保人员掌握的法律知识以及协调能力同样不足以有效保护农村留守儿童的合法权益。

其次，留守社区的熟人社会特征给犯罪的实施创造了客观条件。农村留守儿童大量聚集的乡村社区被称为乡村留守社区，有学者认为这是农村留守儿童成长过程中所处的中观环境。②周翔、田坤、叶敬忠认为，此种中观环境不同于家庭环境和学校环境，其对农村留守儿童的影响并不是直接造成的，而是以传统乡村社区乡土文化为基础，在社会转型的

---

① 需要特别指出的是，学界目前普遍将目光停留在留守儿童实施校园欺凌的成因分析及预防措施上，但其实留守儿童这一群体恰恰也是校园欺凌的主要受害群体。在缺失家庭关爱的情况下，留守儿童往往会变得封闭和自卑，并且不合群，懦弱的性格更激发了欺凌者的恶意。据调研，校园欺凌的团体型性质明显，因而往往同时针对多名留守儿童，这反映出留守儿童被害人的自我保护意识差，在多人受害的情况下仍无法做到有效反抗。

② 周翔、田坤、叶敬忠：《留守社区与留守儿童问题初探》，《西安财经学院学报》2009年第1期。

过程中通过潜移默化的方式实现。留守社区人口的组成较为特殊，大多由年老者、年幼者、患病者组成。社会公众和学界通常将这些留守群体视作弱势群体，但此定义乃是相对健康青壮年而言，事实上，由这一群体实施的侵害农村留守儿童的犯罪事件屡见不鲜。调查显示，在以未成年人为犯罪侵害对象的全部犯罪中，犯罪人与被害人之间结识不久的占25%，彼此很熟的占51.67%，互相不认识的只占23.33%。[1] 留守社区的熟人社会特征使得农村留守儿童被侵害后，部分监护人会基于社会舆论、双方关系等因素选择"私了"这一私力救济方式代替国家的公力救济，致使现代乡村法治秩序混乱，正义无法伸张。更为重要的是，监护人法治意识的淡薄还会为农村留守儿童确立错误的法治意识导向，可能引发农村留守儿童从被害人向犯罪人的恶逆变。此外，正如上文所述，以"私了"方式解决还可能会让农村留守儿童产生"被坏人侵害会让父母丢脸"的错误观念而不敢再向监护人反映被害经历，使得犯罪分子变本加厉，自己则陷入重复被害的恶性循环。

（四）心理特质

罗国芬指出，对农村留守儿童问题的描述和高度关注，稍有不慎就有可能变成给农村留守儿童贴标签，乃至于"污名化"，从而给留守儿童造成压力与伤害。[2] 农村留守儿童的心理的确具有动态复杂性，但反"污名化"不代表将留守儿童的社会处境统一化。一般来说，父母外出时儿童容易孤独、敏感，虽然部分农村留守儿童能够调整心态，表现出独立自强、体谅父母的"小大人"形象，但我们应当看到，仍有部分农村留守儿童在父母教育缺失的情况下难以克服自卑、孤独的困境。

根据卡伦·霍妮（Karen Horney）的基本焦虑理论，人格是在人们对于特殊环境要求做出的反复反应中形成的，儿童的基本焦虑来自

---

[1] 肖建国主编：《社区青少年法律研究》，华东理工大学出版社2006年版，第183页。
[2] 罗国芬：《儿童权利视角：农村留守儿童"再问题化"》，《探索与争鸣》2018年第1期。

家庭中父母对待儿童的态度和行为。① 农村留守儿童的心理特质由所处的客观环境决定，对于农村留守儿童而言，家庭环境是其身处的主要社会环境，长期被隔代监护、单亲监护儿童的心理状态相较于农村非留守儿童更不稳定，其心理发展会出现如敏感、任性、内向、孤独、意志力薄弱、自卑、暴躁等问题。② 这一心理发展态势提升了开展农村留守儿童被害预防能力的难度，且可能致其更容易被犯罪侵害。首先，内向孤独的自我封闭式心理使得农村留守儿童在被犯罪侵害后难以打开心门向家人倾诉——也正因为如此，农村留守儿童被害的犯罪黑数往往较大——大量受到犯罪侵害的农村留守儿童仍然需要家庭、学校及社会的特别疏导才能说出受害的经历；其次，自卑、敏感、脆弱的性格特点使得农村留守儿童更不容易向外人敞开心扉，导致当前片面形式化、过场化的法治宣传无法起到实质性的预防作用，而社会调查所采用的问卷与宣讲会相结合的传统模式可能也无法完全契合农村留守儿童的心理状况；最后，父母角色的缺失使得农村留守儿童缺少安全感，进而易陷入沮丧、孤独的情绪之中。如此，潜在犯罪人通过施予零食、零花钱等"关爱"手段就能让农村留守儿童产生被人爱护的假象，进而使农村留守儿童与之形成过分的依恋关系，这显然给潜在犯罪人实施犯罪提供了便捷机会。

三 农村留守儿童遭受校园欺凌现象定量分析

（一）农村留守儿童遭受校园欺凌现象调研的开展

根据民政部的摸排数据，四川、安徽、湖南、河南、江西、湖北和贵州7省的农村留守儿童数量较多，此7省的农村留守儿童总数占全国总数的69.5%。③ 与四川省同属川渝地区的重庆市，乡村人口外

---

① 任苇：《留守儿童心理健康教育》，开明出版社2020年版，第21页。
② 陈智、朱成科：《我国农村留守儿童隔代监护的教育困境及解决路径》，《江苏教育研究》2013年第4期。
③ 央视网：《民政部：我国农村留守儿童三年下降22.7%》，新华网，http://www.xinhuanet.com/politics/2018-10/31/c_1123639623.htm，2023年10月24日。

出务工现象亦十分普遍。重庆市人大的调查数据显示，重庆农村外出务工人员近 700 万，有 200 多万未成年子女，占农村地区未成年人总数的半数以上。① 基于上述统计数据，本书调研组决定采用整群抽样的方法，选取重庆市作为中西部地区农村留守儿童遭受校园欺凌现象的代表区域，以安徽省作为东部地区的代表区域，通过对比研究的方法，以解析农村留守儿童遭受校园欺凌现象。

根据 2020 年修订的《未成年人保护法》第 130 条第（三）项的规定，"学生欺凌，是指发生在学生之间，一方蓄意或者恶意通过肢体、语言及网络等手段实施欺压、侮辱，造成另一方人身伤害、财产损失或者精神损害的行为"。此外，校园欺凌的地点要素通常为"在幼儿园、中小学及其合理辐射区域内"②。学界通说认为，校园欺凌主要包括直接欺凌和间接欺凌两种类型。直接欺凌是指采用公然、明显的方式进行欺凌，包括直接身体欺凌和直接言语欺凌等类型。③ 具体而言，直接身体欺凌包括打、踢、推撞、强行拿走或破坏物品等身体动作行为；直接言语欺凌包括取笑、辱骂、造谣、挖苦等言语行为。间接欺凌是指以较不易被发现的方式欺凌他人，通常借助第三方进行。间接欺凌包括关系欺凌、网络欺凌等类型。④ 具体而言，关系欺凌包括散播谣言、孤立、拒绝合作等行为；网络欺凌包括利用网站及自媒体等途径实施的歧视、诋毁等行为。

本书调研组在结合文献及实际情况的基础上制作了调查问卷，于 2021 年 6—7 月随机抽取了重庆市 3 所乡镇中小学、安徽省 4 所乡镇中小学五至九年级学生为研究样本。共发放问卷 914 份，回收有效问卷

---

① 辛勇等：《探索与求变：西部地区农村留守儿童关爱服务体系构建研究》，四川大学出版社 2020 年版，第 144 页。
② 任海涛：《"校园欺凌"的概念界定及其法律责任》，《华东师范大学学报》（教育科学版）2017 年第 2 期。
③ 刘艳丽、陆桂芝：《校园欺凌行为中受欺凌者的心理适应与问题行为及干预策略》，《教育科学研究》2017 年第 5 期。
④ 刘文利、魏重政：《面对校园欺凌，我们怎么做》，《人民教育》2016 年第 11 期。

882 份。调研对象的年龄为 9—16 岁，其中：男生 453 名，女生 429 名；农村留守儿童 290 名，农村非留守儿童 592 名。

本次调研共选择了 10 种校园欺凌方式为对象，即"被同学取笑""被同学辱骂""被同学散播有关自己的谣言""同学拒绝与你一起做事""玩耍或分享东西""同学强行拿走你的东西""被同学孤立""同学故意推撞你或打你""同学通过公共社交网站传播谣言或取笑你""被同学运用社交软件造谣"。在欺凌程度方面，本书调研组在问卷中设置了 6 个程度选项，其中"从不"记为"0"，"只有一两次"记为"1"，"一个月两三次"记为"2"，"一周一次"记为"3"，"一周多次"记为"4"，"每天都有"记为"5"。

调研结束后，本书调研组运用 SPSS 25.0 软件进行数据分析，分别应用描述性统计、卡方检验、线性回归模型等方法探究农村留守儿童遭受校园欺凌现象的具体情况。应用线性回归模型、二元 Logistic 回归模型探索农村留守儿童遭受校园欺凌现象发生的影响因素。再以 P 值小于 0.05 作为具有显著性的标志。

（二）农村留守儿童遭受校园欺凌现象现状

1. 重庆地区农村留守儿童遭受校园欺凌现象的抽样调研结果

根据本书调研组在重庆市 3 所乡镇中小学的调研，所抽样调研班级人数共 323 人，其中农村留守儿童的人数为 109 人，占比为 33.74%。在调研前的三个月中，共有 91 名农村留守儿童遭受过不同程度的校园欺凌，占 83.49%。其中，"被同学取笑"的有 72 名，占 66.10%，报告为"每天都有"的有 13 名，占 11.9%，本事项平均值为 1.46。"被同学辱骂"的有 54 名，占 49.5%，报告为"每天都有"的有 10 名，占 9.2%，本事项平均值为 1.15。"被同学散播有关自己的谣言"的有 59 名，占 54.1%，报告为"每天都有"的有 7 名，占 6.4%，本事项平均值为 1.03。"同学拒绝与你一起做事、玩耍或分享东西"的有 40 名，占 37.4%，报告为"每天都有"的学生有 4 名，占 3.7%，本事项平均值为 0.71。"同学强行拿走你的东西"的有 42 名，占 38.5%，报告为"每天都有"的学生有 4 名，占 3.7%，本事项平均值为 0.71。"被同学孤立"的有 42 名，占 38.5%，报告为"每天都有"的学生有 6 名，占 5.5%，本事项平均值为 0.76。"同学故意推撞你或打你"的有 43 名，占 39.4%，报告为"每天都有"的学生有 5 名，占 4.6%，本事项平均值为 0.73。"同学通过公共社交网站传播谣言或取笑你"的有 14 名，占 12.8%，报告为"每天都有"的学生有 1 名，占 0.9%，本事项平均值为 0.25。"同学通过私人社交软件传播谣言或取笑你"的有 13 名，占 11.9%，报告为"每天都有"的学生有 1 名，占 0.9%，本事项平均值为 0.17。

从以上数据可见，首先，尽管农村留守儿童校园欺凌报告率较高，但主要集中于"被同学取笑"和"被同学辱骂"两种较为轻微的类型，较为严重的校园欺凌类型的报告率相对较低。其次，校园欺凌行为报告率中男生略高于女生，但是性别差异并未达到具有显著性的程度（X^2 值分别为 3.053、2.635、4.047、3.32、8.201、2.338、4.343、4.547、1.156，P 值均大于 0.05）。此外，就"被同学孤立"这一现象而言，女生报告率略高于男生报告率（女生组的平均值是男生组的 1.37 倍，具体见表 3-6）。

表 3-6　　重庆地区受调研农村留守儿童遭受校园欺凌类型报告率平均值及性别差异

参数		人数	统计值	被取笑	被辱骂	被散播谣言	被拒绝分享	被强拿东西	被孤立	被故意撞打	被公共社交网站造谣	被社交媒体网站造谣
报告平均值				1.46	1.15	1.03	0.71	0.71	0.76	0.73	0.25	0.17
性别	男	50		32 (1.58)	25 (1.16)	25 (1.08)	20 (0.71)	21 (0.8)	18 (0.62)	18 (0.68)	7 (0.26)	7 (0.24)
	女	55		36 (1.24)	26 (1.09)	30 (0.93)	18 (0.67)	19 (0.6)	23 (0.85)	23 (0.73)	7 (0.25)	6 (0.13)
			X^2	3.053	2.635	4.047	3.32	8.201	2.338	4.343	4.547	1.156
			P	0.692	0.756	0.543	0.651	0.145	0.801	0.501	0.474	0.764

注：1. 性别处数据缺失值为 3；

2. 在表格"男""女"两行数据中，括号外数据为不同性别的农村留守儿童遭受校园欺凌类型的被害总数，括号内数据为对应类型的被害率的平均值。

2. 安徽省农村留守儿童校园欺凌被害现象的抽样调研结果

本书调研组在安徽省 3 所乡镇中小学的调研结果显示，被调研对象中，农村留守儿童人数为 181 人，占比为 32.37%。在调研前的三个月中，共有 135 名农村留守儿童遭受过不同程度的校园欺凌，占 74.58%。其中，"被同学取笑"的有 92 名，占 50.3%，报告为"每天都有"的有 12 名，占 6.7%，本事项平均值为 1；"被同学辱骂"的有 72 名，占 38.8%，报告为"每天都有"的有 8 名，占 4.5%，本事项平均值为 0.79；"被同学散播有关自己的谣言"的有 82 名，占 44.4%，报告为"每天都有"的有 5 名，占 2.8%，本事项平均值为 0.79；"同学拒绝与你一起做事、玩耍或分享东西"的有 80 名，占 42.9%，报告为"每天都有"的学生有 7 名，占 4%，本事项平均值为 0.76；"同学强行拿走你的东西"的有 54 名，占 28.7%，报告为"每天都有"的学生有 7 名，占 3.9%，本事项平均值为 0.57；"被同学孤立"的有 51 名，占 27%，报告为"每天都有"的学生有 5 名，占 2.8%，本组平均值为 0.49；"同学故意推撞你或打你"的有 59 名，占 31.5%，报告为"每天都有"的学生有 2 名，占 1.1%，本组平均值为 0.53；"同学通过公共社交网站传播谣言或取笑你"的有 19 名，占 9%，报告为"每天都有"的学生有 1 名，占 0.6%，本组平均值为 0.17；"被同学运用社交软件造谣"的有 20 名，占 11.1%，报告为"每天都有"的学生有 3 名，占 1.7%，本组平均值为 0.22。

从以上数据可见，首先，安徽地区农村留守儿童遭受校园欺凌的报告率与重庆地区相关数据类似，呈现出比例较高的态势，但主要集中于"被同学取笑""被同学辱骂"以及"同学散播有关你的谣言"三种较为轻微的校园欺凌类型上，较为严重的校园欺凌类型的报告率相对较低。其次，与重庆地区相关数据类似，男生遭受校园欺凌的报告率略高于女生，但是性别差异并未达到具有显著性的程度（X^2 值分别为 6.974、4.209、2.612、5.706、3.054、5.708、3.291、4.249、4.654，P 值均大于 0.05）。与重庆地区相关数据不同的是，安徽地区遭受校园欺凌类型的男生组报告率的平均值均高于女生组的数据（见

表 3-7)。

表 3-7　　安徽地区农村留守儿童遭受校园欺凌类型报告率平均值及性别差异

参数		人数	统计值	被取笑	被辱骂	被散播谣言	被拒绝分享	被强拿东西	被孤立	被故意撞打	被通过公共社交网站造谣	被通过社交媒体网站造谣
报告平均值				1	0.79	0.79	0.76	0.57	0.49	0.53	0.17	0.22
性别	男	96		55 (1.19)	41 (0.93)	41 (0.82)	38 (0.8)	31 (0.71)	28 (0.59)	34 (0.63)	12 (0.25)	12 (0.32)
	女	82		35 (0.8)	28 (0.64)	38 (0.77)	37 (0.72)	20 (0.42)	19 (0.37)	22 (0.42)	4 (0.09)	6 (0.12)
			X^2	6.974	4.209	2.612	5.706	3.054	5.708	3.291	4.249	4.654
			P	0.223	0.52	0.76	0.336	0.692	0.336	0.655	0.514	0.46

注：1. 性别处数据缺失值为 3；

2. 在表格"男""女"两行数据中，括号外数据为不同性别的农村留守儿童遭受校园欺凌类型的被害总数，括号内数据为对应类型的被害率的平均值。

（三）对调研情况的总结

从地域上看，安徽地区农村留守儿童遭受校园欺凌的报告率明显低于重庆地区相关数据。通过对比两个地区的报告率平均值，可以发现，在前述 9 种校园欺凌类型中，重庆地区的报告率平均值分别为安徽地区报告率平均值的 1.46 倍、1.46 倍、1.3 倍、0.93 倍、1.24 倍、1.55 倍、1.38 倍、1.47 倍、0.77 倍。据此，可以得出如下结论：一方面，被害调研得出的结论总体上与民政部的农村留守儿童摸底数据相吻合，与潘跃等学者的调查结果相一致，[①] 符合"西部地区由于经济落后，监管落后，农村留守儿童易受到校园欺凌侵害"这一惯常认识；另一方面，网络校园欺凌作为一种新兴的校园欺凌类型，值得受到家庭、学校和社会的广泛关注。重庆地区农村留守儿童遭受网络欺

---

① 潘跃：《全国范围内摸底排查农村留守儿童 902 万》，《人民日报》2016 年 11 月 10 日第 11 版。

凌的概率与安徽地区相关数据相比并无较大差异，可以证实作为西部地区的重庆市的乡村互联网设施得到了较大程度的普及。但是，结合农村留守儿童实施校园欺凌的视角考察，安徽地区农村留守儿童利用互联网实施校园欺凌的报告率依次为重庆地区相关数据的10倍（通过公共社交网站造谣）及3.8倍（通过社交媒体网站造谣），可见作为东部地区的安徽省，农村留守儿童滥用的互联网现象相比西部省份较为严重，从特殊群体的权利保护与犯罪预防的角度而言，值得有关主体加以关注。

从性别上看，重庆地区和安徽地区农村留守男童校园欺凌被害率均高于留守女童校园欺凌被害率，这一现象不仅在"被同学取笑"等较为轻微的校园欺凌类型中较为明显，而且在"同学强行拿走你的东西"等较为严重的校园欺凌类型中也同样有所体现。根据当代社会心理学的研究成果，在社会认同层面，异常焦虑、渴望寻求社会承认的人不大可能采取侵犯行为。而女性的焦虑比男性强，她们为追求社会对自己的评价，较能遵从社会规范。[1] 因此，基于整群抽样调研方法的特性，本书认为，农村留守男童群体不仅仅是实施校园欺凌的"重灾区"，其中较为弱小的个体更是遭受校园欺凌群体分布上的"重灾区"。

从欺凌的类型上看，尽管农村留守儿童校园欺凌被害率总体较高，但大多欺凌事件集中于较为轻微的校园欺凌类型上。根据两地的调研数据，"取笑"和"散播谣言"是最常见的校园欺凌类型，"强行拿走东西""推撞或殴打"等直接身体欺凌类型并不常见。本书认为，近年来，由于我国政府坚持不懈开展扫黑除恶专项行动，震慑了黑恶势力，很大程度上消除了"拳头硬者有理"的暴力风气。作为乡村社会的"缩影"，乡镇中小学内的肢体暴力行为也同样有所减少，针对农村留守儿童的校园欺凌行为也呈现出"关系暴力""言语暴力"及"网络暴力"的发展趋势。

---

[1] 时蓉华：《社会心理学》，浙江教育出版社1998年版，第439页。

四 农村留守儿童遭受校园欺凌现象的原因分析

(一) 父母离家对农村留守儿童遭受校园欺凌的影响分析

1. 对重庆地区调研数据的分析

本书为了确定"父亲离家""母亲离家"两种因素与9种校园欺凌类型之间是否具备统计学意义上的显著性,对重庆地区调研数据进行了卡方检验,得出了如下结论:其一,"父亲离家"因素对于"被同学取笑""同学散播有关你的谣言""同学拒绝与你一起做事、玩耍或分享东西""同学故意推撞你或打你"4种校园欺凌类型的影响具备统计学意义上的显著性(X^2值分别为11.582、11.886、15.393、16.189;P值分别为0.041、0.036、0.009、0.006,均小于0.05)。同时,"父亲离家"因素对于其余5种校园欺凌类型的影响并不具备统计学意义上的显著性(P值均大于0.05)。其二,"母亲离家"因素对于9种校园欺凌类型的影响均不具备统计学意义上的显著性(P值均大于0.05)。

将通过卡方检验($P<0.05$)的校园欺凌类型与"父亲离家"因素进行二元Logistic回归分析,得到"父亲离家"因素对于上述4种校园欺凌类型的影响预测模型,上述4种自变量(即4种校园欺凌类型)与"父亲离家"这一因变量之间均存在显著的相关关系。进一步考察相关数据,我们可以发现,"父亲离家—被同学取笑""父亲离家—同学散播有关你的谣言""父亲离家—同学拒绝与你一起做事、玩耍或分享东西""父亲离家—同学故意推撞你或打你"4种模型的b值分别为0.226、0.217、0.312、0.39,Exp(b)的值分别为1.253、1.242、1.366、1.477,表明农村儿童遭受"被同学取笑""同学散播有关你的谣言""同学拒绝与你一起做事、玩耍或分享东西""同学故意推撞你或打你"4种校园欺凌行为从"从不"到"每天都有"每提高一个等级,被害人为父亲离家的农村留守儿童的概率就会提高1.253倍、1.242倍、1.366

倍以及 1.477 倍。① （见表 3-8）

表 3-8　　重庆地区"父亲离家"模型中关于农村
留守儿童遭受四种校园欺凌行为的统计

类型	B	标准误差	瓦尔德	自由度	显著性	Exp（B）
取笑	0.226	0.079	8.206	1	0.004*	1.253
散播谣言	0.217	0.082	7.087	1	0.008*	1.242
拒绝分享	0.312	0.096	10.492	1	0.001*	1.366
故意撞打	0.390	0.108	13.133	1	0.000*	1.477

注：1. *代表在 P < 0.05 的级别上，具备显著性；

2. 对安徽地区调研数据的分析。

本书为了确定"父亲离家""母亲离家"两种因素与 9 种校园欺凌类型之间是否具备统计学意义上的显著性，对安徽地区调研数据进行了卡方检验，结论如下：其一，"父亲离家"因素对于"同学强行拿走你的东西"的影响具备统计学意义上的显著性（X^2 值为 11.454；P 值为 0.043，小于 0.05）。此外，"父亲离家"因素对于其他 8 种校园欺凌类型的影响均不具备统计学意义上的显著性（P 值均大于 0.05）。其二，"母亲离家"因素对于 9 种校园欺凌类型的影响关系均不具备统计学意义上的显著性（P 值均大于 0.05）。

将通过卡方检验（P<0.05）的校园欺凌类型与"父亲离家"因素进行二元 Logistic 回归分析，得到了"父亲离家"因素对于"同学强行拿走你的东西"的影响预测模型，结果发现两者之间并不存在影响关系［b 值为 0.127；Exp（b）值为 1.135；P 值为 0.156，大于 0.05］。

3. 讨论

从以上调研数据可以发现，父亲监护的"缺位"让重庆地区农村

---

① 本处所提及所称的"等级"，即前文"农村留守儿童校园欺凌被害现状"一节中所述的程度选项，共有 6 个程度选项，依次为"从不""只有一两次""一个月两三次""一周一次""一周多次""每天都有"。

留守儿童更易于成为校园欺凌的被害人。本书认为，亚文化理论及被害因素论可以对这一现象加以阐释。一方面，从加害角度而言，特定亚文化是重庆地区农村留守儿童遭受校园欺凌现象的重要社会因素。根据沃尔夫冈和费拉柯蒂提出的"暴力亚文化"理论，暴力亚文化预期人们将使用暴力应对轻微冲突或琐碎议论的行为"规范"，这些行为受到了社会奖赏和惩罚的支持。那些进行暴力行为的人会受到亚文化成员的赞赏和崇拜；而那些不按照这种规范使用暴力手段解决问题的人，会受到亚文化中其他人的批评或嘲弄。为避免被他人施加暴力，每个人都可能用暴力手段解决问题。[1] 由于地理环境、经济发展水平、社会结构、文化等诸多原因，相比于东部省份，西部省份乡村暴力亚文化氛围较为浓重，地处西部的重庆地区亦不例外。因此，在这一社会文化氛围的驱使下，该地区部分乡村青少年认为实施校园欺凌可以使其"有面子"，爱护同学反而不能获得群体的尊重，甚至有"被欺凌"的风险。故而，部分农村留守儿童选择加入欺凌者的队伍，一同欺凌力量较为弱小的同学（当然包括农村留守儿童），与校园内亚文化秩序的执行者——即校园欺凌犯罪人保持同伴关系，避免遭受欺凌者及校外闲散人员的暴力欺辱。从一定程度而言，在部分社会秩序较为紊乱的乡镇中小学内部，欺凌同学并非"不可理喻之举"，甚至颇有一丝"无奈"。

另一方面，从被害角度而言，父亲监护"缺位"是重庆地区农村留守儿童遭受校园欺凌现象的自身被害因素之一。单纯的暴力亚文化因素仍不能阐释上述调研数据所体现出的现象。本书认为，形成这一现象的原因不仅包含乡村暴力亚文化秩序形成的"推力"，还必然包含"父亲离家"这一因素形成的"拉力"。正是上述两股力量的共同作用，才导致父亲离家的重庆地区受访农村留守儿童更易遭受校园欺凌。根据被害人学中的被害因素论，被害人的自身因素及社会因素均

---

[1] [美]乔治·B. 沃尔德、托马斯·J. 伯纳德、杰弗里·B. 斯奈普斯：《理论犯罪学》（原书第 5 版），方鹏译，中国政法大学出版社 2005 年版，第 208—209 页。

是被害因素的重要组成部分,自身因素包括心理特质、人口统计学上的因素、生活方式等;社会因素包括家庭环境、不良社区环境因素、重复被害的司法方面因素及其他社会因素。① 而在儿童成长中,父亲一般扮演着"保护者和惩戒者"的角色,保护未成年人不受外界欺辱,以约束未成年人远离校内外的不良人员。例如,在本书调研组后续对受调研农村留守儿童进行的抽样访谈中,曾有受访对象指出,正是同伴的父亲使其避免继续遭受校园欺凌。该受访对象先前曾遭受校园欺凌,校内不良学生通过扎破其自行车轮胎,放学后将其围困在自行车场,对其实施取笑、辱骂及威胁等方式,勒索其财物,强迫其购买早餐给不良学生吃。后来,由于同村同伴亦遭受不良学生的校园欺凌,故该同伴父亲决定每日接送其子,并义务带访谈对象回家。此后,同伴父亲每天驾驶农用三轮车接送几个孩子回家,并在车上放置了数把铁锹。由于同伴父亲在本村从事屠宰生意,年轻时还因打架受过刑事处罚,在村庄中"一般人不敢惹"。该受访对象表示,从此以后,不良学生慑于同伴父亲手中的铁锹以及"进过局子""打架不要命"等社会评价,只得远远观望,再未对其实施过欺凌行为。然而,一旦父亲离家,农村留守儿童将很难得到替代性的保护措施,生活方式及家庭因素的异常变化使其更易于成为校园欺凌的目标,最终表现为该群体的校园欺凌被害率有所增加。校内不良学生通过实施较为轻微的校园欺凌行为对农村留守儿童加以"试探"之后,发觉自身并未受到来自被害农村留守儿童父亲的警告,便变本加厉,逐步实施较为严重的校园欺凌行为。同时,由于父亲离家,母亲忙于生计,农村留守儿童欠缺必要的教育引导,往往难以辨识校园欺凌者与真正值得尊敬的权威者,误将校园欺凌者当作"成功人士"加以"崇拜"。根据生活方式暴露理论,(被害人)常与具有加害特性的人接触交往,其暴露于危险情形的机会越多,被害的可能性也就越大。② 因此,部分农村

---

① 孙斌:《被害预防案例分析》,华中科技大学出版社 2016 年版,第 4 页。
② 任克勤:《被害人学基本理论研究》,中国人民公安大学出版社 2018 年版,第 39 页。

留守儿童对校园欺凌者的"崇拜"态度,也是其遭受校园欺凌的重要因素。

(二) 学校及社会因素对农村留守儿童遭受校园欺凌影响的分析

1. 对重庆地区调研数据的分析

为了探究学校及社会因素与农村留守儿童遭受校园欺凌现象的关系,本书在整理重庆地区调研数据的基础上,选取了 10 种相关因素:"独自上学""独自在街上闲逛""独自晚上离家外出""独自到陌生地方""独自在昏暗街道步行""感觉老师很亲切""平时与老师沟通的频率""觉得老师关心学生""遇到问题希望向老师求助""学校里有多少个好朋友"。

本书运用卡方检验探究这 10 种相关因素对于 9 种校园欺凌类型的影响是否具备统计学意义上的显著性。结果显示,在全部 90 种模型中("模型"即特定相关因素与特定校园欺凌类型之间的对应影响关系),共有 10 种模型具备统计学意义上的显著性,符合条件的模型分别为"独自上学—同学拒绝与你一起做事""玩耍或分享东西独立晚上离家外出—被同学取笑""独自到陌生地方—被同学散播有关自己的谣言""独自到陌生地方—同学强行拿走你的东西""独自到陌生地方—同学通过私人社交媒体传播谣言或取笑你""独自在昏暗街道步行—同学拒绝与你一起做事、玩耍或分享东西""觉得老师亲切—被同学散播有关自己的谣言""觉得老师关心学生—同学拒绝与你一起做事、玩耍或分享东西""觉得老师关心学生—被同学孤立""学校里拥有好朋友的数量—被同学辱骂"(X^2 值分别为 25.803、27.105、38.97、25.297、31.754、28.782、27.784、30.393、25.841、45.161;P 值分别为 0.04、0.028、0.001、0.046、0、0.017、0.023、0.011、0.04、0.008,均小于 0.05)。

将通过卡方检验(P<0.05)对上述 10 种模型进行线性回归分析,发现上述模型中共有 3 种存在显著的线性关系:同学散播有关你的谣言 = 2.351 - 0.498 * 觉得老师亲切;同学拒绝与你一起做事、玩耍或分享东西 = 1.803 - 0.344 * 觉得老师关心学生;被同学孤立 = 1.956 -

0.376＊觉得老师关心学生。模型 R 方值分别为 0.117、0.043、0.043，意味着"觉得老师亲切"因素可以解释"同学散播有关你的谣言"11.7%的变化原因、"老师关心学生"因素可以解释"同学拒绝与你一起做事、玩耍或分享东西"4.3%的变化原因、"觉得老师关心学生"因素可以解释"被同学孤立"4.3%的变化原因。上述三模型的回归系数值分别为－0.498、－0.344、－0.376（P 值均小于 0.05），意味着在上述模型中，"觉得教师亲切""教师关爱学生"两种因素与"被散播谣言""被拒绝分享""被孤立"三种校园欺凌类型之间均存在显著的负向线性关系。

2. 对安徽地区调研数据的分析

与重庆地区相关调研类似，本书调研组在整理安徽地区调研数据的基础上，运用卡方检验探究上述 10 种相关因素对 9 种校园欺凌类型的影响是否具备统计学意义上的显著性。统计结果显示，在全部 90 种模型中，共有 18 种模型具备统计学意义上的显著性。符合条件的模型分别为"独自在街上闲逛—同学散播有关你的谣言""独自在街上闲逛—同学拒绝与你一起做事、玩耍或分享东西""独自在街上闲逛—同学强行拿走你的东西""独自在街上闲逛—同学故意推撞你或打你""独自在街上闲逛—同学通过公共社交网站传播谣言或取笑你""独自晚上离家外出—被同学散播有关自己的谣言""独自晚上离家外出—同学通过公共社交网站传播谣言或取笑你""独自晚上离家外出—同学通过私人社交媒体传播谣言或取笑你""独自到陌生地方—同学散播有关你的谣言""独自到陌生地方—同学强行拿走你的东西""独自到陌生地方—同学故意推撞你或打你""独自到陌生地方—同学通过公共社交网站传播谣言或取笑你""独自到陌生地方—同学通过私人社交媒体传播谣言或取笑你""独自在昏暗街道步行—被同学取笑""独自在昏暗街道步行—同学散播有关你的谣言""独自在昏暗街道步行—同学通过公共社交网站传播谣言或取笑你""觉得老师亲切—被同学辱骂""平时经常与老师沟通—同学散播有关你的谣言"（X^2值分别为 23.575、32.388、25.058、25.382、28.671、27.447、48.623、

31.358、30.579、31.119、33.451、26.701、28.051、29.756、29.988、34.32、25.559、26.801；P值分别为：0.002、0.006、0.049、0.045、0.018、0.025、0、0.008、0.01、0.008、0.004、0.031、0.021、0.013、0.012、0.003、0.043、0.03，均小于0.05）。

将通过卡方检验（P<0.05）对上述18种模型进行线性回归分析，发现上述模型中共有10种模型存在显著的线性关系：同学散播有关你的谣言=0.411+0.254*独自到陌生地方；同学通过私人社交媒体传播谣言或取笑你=-0.015+0.164*独自到陌生地方；同学通过公共社交网站传播谣言或取笑你=-0.174+0.239*独自晚上离家外出；同学通过私人社交媒体传播谣言或取笑你=-0.108+0.229*独自晚上离家外出；同学散播有关你的谣言=0.416+0.231*独自在昏暗街道步行；同学通过公共社交网站传播谣言或取笑你=-0.125+0.145*独自在街上闲逛；同学故意推撞你或打你=0.091+0.189*独自在街上闲逛；同学强行拿走你的东西=0.087+0.210*独自在街上闲逛；同学散播有关你的谣言=0.195+0.279*独自在街上闲逛；被同学辱骂=1.651-0.337*觉得老师亲切。模型R方值分别为0.031、0.027、0.092、0.054、0.026、0.055、0.05、0.042、0.063、0.06，意味着上述模型中的相关因素，分别可以解释对应校园欺凌类型被害率3.1%、2.7%、9.2%、5.4%、2.6%、5.5%、5%、4.2%、6.3%、6%的变化原因。上述模型的回归系数值分别为0.254、0.164、0.239、0.229、0.231、0.145、0.189、0.21、0.279、-0.337（P值均小于0.05），意味着在上述模型中，"觉得教师亲切"因素与"被同学辱骂"之间存在显著的负向线性关系，"独自到陌生地方""独自晚上离家外出""独自在昏暗街道步行""独自在街上闲逛"4种因素与"被散播谣言""被网络欺凌""被故意撞打""被强拿东西"4种校园欺凌类型之间存在显著的正向线性关系。

3. 讨论

（1）特定时空条件使农村留守儿童更易于遭受校园欺凌

结合调研情况发现，农村留守儿童独自上学、独自到陌生地方、独自在街上闲逛等独自外出行为,均可显著增加其遭受取笑、辱骂、散播谣言、故意撞打等校园欺凌现象的概率,这一现象在两个地区的调研数据中均有所体现,其中安徽地区的调研结论尤为明显。

本书认为,被害人学中的情境理论可以对这一现象加以阐释。根据情境理论的基本观点,情境研究方法将犯罪事件视为被害人与犯罪人在活动的时间和空间上趋同的结果,以及犯罪事件是对机会和诱因的反映。易被害空间是指被害人容易受到犯罪侵害的空间,包括易被害的地区和易被害的地点。[①] 总体而言,校园欺凌行为并非狭义的犯罪行为,但从校园暴力犯罪预防的角度看,校园欺凌行为同样是对于某些诱因的反应生成物。在教学楼、食堂等师生较多的地方,校园欺凌行为囿于监督力量的强大以及"大庭广众"这一场域的限制,往往难以显现。一旦离开了校方人员集中监控的区域,校园欺凌行为便拥有了实施的便利条件。故而,一方面,校园欺凌行为往往发生于上下学路上、校园内角落区域等地点。这些地区作为"易被害空间",使犯罪人可以"安心"欺凌被害人而不被他人制止。另一方面,由于农村留守儿童通常缺乏监护人的保护,独自出行的次数较农村非留守儿童而言偏多,这一现象作为一种"被害情境",导致农村留守儿童往往势单力薄,难以反抗欺凌行为,较农村非留守儿童易于遭受校园欺凌。[②]

(2)教师的关爱很大程度上可以降低农村留守儿童校园欺凌被害率

上述调研结果显示,感觉老师对自己很亲切、经常愿意和老师沟

[①] 郭建安主编:《犯罪被害人学》,北京大学出版社1997年版,第129、322页。

[②] 相关案例中的时空条件佐证了本书的分析结论。例如,2015年7月4日,贵州毕节纳雍县八年级学生郑某,在回宿舍路上被多名同学强行拉出学校,这一过程被学校保安目睹但未出手制止,后遭围殴后死亡。死者郑某属于留守学生,父母在外务工,平日住宿学校,周末去亲戚家住宿。本案中,欺凌行为参与者共有13人,均为郑某就读中学的学生,年龄在十四五岁左右。在本案中,郑某独自走在"回宿舍路上",作为演化为校园暴力犯罪的严重校园欺凌行为的时空条件,与本书的调研结论可以相互印证。参见澎湃新闻《留守学生遭殴致死不给抄作业引发血案 13 人围殴 1 人》,观察者网,https://www.guancha.cn/broken-news/2015_07_19_327329.shtml,2023年10月24日。

通、觉得老师很关心学生的受访农村留守儿童遭受校园欺凌的概率明显较低，这一调研结论与梁兵等学者的调研结论基本一致。[1] 本书认为，控制理论和社会支持理论可以从加害—被害两个方面阐释这一现象的发生原因。

其一，从加害角度而言，乡镇中小学学生易于实施校园欺凌等犯罪行为，与社会、家庭等方面的"依恋"力量薄弱相关。根据美国社会学家赫拉维斯·赫希（Travis Hirschi）的假设，社会上所有的人在本能上都有偏差，但大部分人并未表现出这种本能，这是因为我们对社会有"强烈的契约意识"。如果社会的契约观念较薄弱，我们就可能出现偏差行为。根据赫希的理论，契约观念有4种，其中之一便是"依附"于常规的人群和机制。青少年可能通过敬爱父母、交朋结友、怀念学校、努力提高工作技能等来表达这种依附感。[2] 然而，由于城乡差异产生的"虹吸效应"，乡村人才逐步进入城市，乡村内部的道德制约机制日趋瓦解。乡镇中小学相对呆板落后的教学模式，往往难以激起农村儿童的"依恋"，更难以因为"依恋"放弃实施"自我放纵"的犯罪行为。

其二，从被害的角度而言，教师关爱对农村留守儿童遭受校园欺凌现象的遏制作用，可以用社会支持理论加以阐释。社会支持是一定社会网络运用一定的物质和精神手段对社会弱者进行无偿帮助的一种选择性社会行为。社会支持的主体是一定的社会网络，社会支持的客体是一定的社会弱者，社会支持的介体是一定的物质支持和精神支持。社会支持的本质特征有社会性、选择性和无偿性。社会支持网络涵盖

---

[1] 梁兵指出，学生学习的积极性和动力以及人格的健康发展都会受到师生关系的影响，教师对学生行为的评价直接影响到学生的自我认知，进而其自尊的发展也会受到影响。参见梁兵《试论教学过程中师生人际关系及其影响》，《新疆大学学报》（哲学社会科学版）1993年第3期。

[2] ［美］亚历克斯·梯尔：《越轨——人为什么干"坏事"？》，王海霞等译，中国人民大学出版社2014年版，第24—25页。

了个体、群体、国家之间。① 农村留守儿童由于父母离家，家庭支持网络相对薄弱。无论采取隔代监护模式还是亲友监护模式，农村留守儿童的实际监护人面对农村留守儿童遭受校园欺凌时，往往陷入"没有能力管"及"管了不讨喜"的尴尬境遇，干预能力十分有限。根据被害因素论，家庭支持网络的薄弱是农村留守儿童遭受校园欺凌的自身被害因素，导致其被害概率增加。同时，教师、学校支持网络作为儿童成长中的重要支持网络，具有弥补农村留守儿童家庭支持网络的重要作用。故而，完善教师、学校支持网络，切实转变教育观念和教育模式，实施"以人为本"的人文主义教育模式，避免"唯分数论"的僵化考评模式，让农村留守儿童切实感受到来自教师、学校的关注与关爱，是消除农村留守儿童自身被害因素，避免其遭受校园欺凌的重要途径。

五 农村留守儿童被害防治对策

上文中，本书从定性研究的角度展开，对农村留守儿童被害现象及其成因进行了分析，整理了导致农村留守儿童被害发生的家庭教育、学校教育、社会环境、心理特质等方面因素，并通过定量研究对此四方面因素中的核心微观因素开展了进一步分析和论证。综合上述分析，本书将从以下五个方面提出农村留守儿童被害防治对策。

（一）优化已有的被害防治手段

1. 充分发挥社会综合教育团队的功能

2018年8月，国务院建立了由民政部负责牵头的农村留守儿童关爱保护和困境儿童保障工作部际联席会议制度。检察院未检部门每年会定期对未成年人开展有关被害预防方面的法治宣讲；民政部门针对每户农村留守儿童家庭进行精准核查、精准建档、精准录入、精准帮扶；而《中小学法治副校长聘任与管理办法》则规定，基层政法部门

---

① 陈成文、潘泽泉：《论社会支持的社会学意义》，《湖南师范大学社会科学学报》2000年第6期。

应选派干警到中小学校任兼职法治副校长，参与中小学的法治宣传教育和校园及周边治安综合治理工作。此外，还大致形成了由医生、心理咨询师、提供相关法律咨询和法律援助的律师及其他法律工作者队伍、提供行政支持及安保的村民（居民）委员会以及有关媒体联系、资源共享的社会团体队伍等组成的社会综合教育团队。但必须指出，社会综合教育团队的组建并未达到理想效果，主要包括三个方面：

其一，政府力量、司法力量以及社会力量目前仍存在脱节现象，且在农村留守儿童保护工作中对社会工作者的重视程度不够。"在政府的政治议程里，决策者们由于过多强调技术和经济目标的优先性，推迟了社会政策的议事日程，同时也限制了社会工作专业化和职业化的进程。"[1] 本书认为，为强化政府力量、司法力量与社会力量的联系，增强社会工作者在农村留守儿童教育领域的影响力，各级政府和司法机关应当树立正确观念，将农村留守儿童这一弱势群体的社会需求放置到社会环境中，通过劳动购买、招募志愿者等方式，配合社会专业力量满足农村留守儿童的社会需求。

其二，虽然司法、民政、财政、教育等部门纷纷出台了有关农村留守儿童被害预防提升的政策，但实际执行机构错乱复杂、有关条款重复混乱，各部门针对各自的政策目标分别开展活动的现象较为突出，统筹协作力度不够，致使相关政策落实后的效果参差不齐。对此，各级政府可以考虑联合诸责任部门建立统一的农村留守儿童被害预防工作组，强化机关内部各项工作之间的对接和协调能力，以构建农村留守儿童被害预防共同体。

其三，学校法治副校长的工作现状不尽如人意。虽然大多学校已依照规定聘请法治副校长，但由于其多为公职人员兼任，工作繁忙。实践中，法治副校长在校开展工作的次数较少，开展工作的内容和形

---

[1] 熊跃根：《论中国社会工作本土化发展过程中的实践逻辑与体制嵌入——中国社会工作专业教育10年的经验反思》，载王思斌主编《社会工作专业化及本土化实践——中国社会工作教育协会2003~2004论文集》，社会科学文献出版社2006年版，第206页。

式也存在不符合农村留守儿童的个体与群体特性的情况。对此，本书认为，学校法治副校长的聘任范围过于狭小是造成目前学校法治副校长工作难以取得实效的主要原因。由此，教育部可以考虑在后续政策调整时扩大学校法治副校长的选任范围，将律师、相关领域专家学者也纳入候补。选任过程中，在符合教学目标的同时应当尽可能地统筹考虑农村留守儿童的身心发展状况以及教学条件、师资力量等多方面因素。即使维持当前学校法治副校长的遴选机制，亦应当考虑必要时引进有专业经验的教育专家进行辅助。

2. 推广借鉴成功工作经验

政府在积极创造条件让农村留守儿童跟随不选择回乡的父母进城的同时，应积极动用优质的公共资源，将各地预防农村留守儿童被害的优秀工作经验在全国范围内进行推广，"应高度重视省级政府的主动担当，由区县政府作为责任主体，指定或组建专门机构开展具体工作"[1]。应该说，长期以来城乡二元分立及由此带来的不平衡的教育供给制度造成了乡村义务教育的发展困境，在"马太效应"的影响下，乡村中小学现在几乎成了办学条件差、师资水平差和教育质量差的同义语。[2] 义务教育方面城乡之间尚且存在较大的差距，更遑论法治教育这类需要更多社会资源投入的教育类型，其在乡村地区更是缺乏发展的空间。本书认为，各地在根据自身不同经济发展情况，探索不同的农村留守儿童被害预防教育机制的同时，应在上级政府的主导下，积极开展工作经验交流，特别是要重点帮助乡村地区根据自身情况建立预防教育系统。例如，可以通过"一对一"或"一对多"帮扶模式，将城市学校的优秀法治教育理念和方式通过互联网，以视频课、云教学的方式推广到乡村学校，进而可以有硬件设备的乡村学校为中心点，向其他还未具备硬件设施的学校做辐射型宣传和二次传播，惠

---

[1] 任运昌：《农村留守儿童政策研究》，中国社会科学出版社2013年版，第401页。

[2] 陈静漪：《从"村落中的国家"到"悬浮型有益品"：农村义务教育供给机制与政策研究》，科学出版社2016年版，第236页。

及更广泛的农村留守儿童聚居地区。

3. 利用现有资源组织教育实施

虽然目前农村留守儿童预防被害教育体系趋于成熟，但农村留守儿童非在校期间由于缺少学校的联结作用，社会工作者将农村留守儿童群体组织起来的成本和难度相对较大，法检系统也通常不会选择在假期对农村留守儿童进行法治教育，致使农村留守儿童在假期的被害预防教育缺失。因此，本书认为，要充分利用现有资源解决这一现实难题。正如徐永光所言，寄宿制是"解决农村留守儿童教育难题的唯一有效的补救措施"，希望以中央财政投入为主，加快农村留守儿童寄宿制学校的建设步伐。[①] 实际上，寄宿制学校不但能够解决平时农村留守儿童居住地分散、路途遥远等方面的困难，而且为农村留守儿童在校期间的人身权益起到了较好的保障作用。因此，在节假日、寒暑假期间完全可以借助寄宿制学校的物质条件开展托管教育，将放假期间学校的闲置资源利用起来，同时利用大学生志愿者、社会爱心人士等人力资源，减轻学校老师的假期观护压力。另外，在此期间可以将通俗易懂的法治教育内容纳入假期观护教育体系。对于没有条件设立寄宿制学校的地区，则可以借助各乡镇建立的乡村社区图书室、文化站等场所开展上述活动。

(二) 着力减少因监护人外出而产生的监护"真空"

1. 通过各种措施鼓励有条件的进城务工人员返乡创业

受城乡二元户籍制度及自身经济条件的限制，现阶段，我国城市地区注定无法吸纳全部的农村留守儿童。调研结果显示，父母离家使农村留守儿童更易于被害，父母的监护力量往往是其他监护力量难以替代的。故而，如需治理农村留守儿童被害乱象，则势必需要将防治农村留守儿童被害问题置于"三农"问题的视野加以认识。地方政府应该加强对乡镇企业的帮扶力度，通过财政扶持、定点帮扶、科技惠

[①] 南方周末编著：《在一起——中国留守儿童报告》（纪念版），中信出版社 2016 版，第 51 页。

农等方式，吸引进城务工人员返乡从事农业相关产业，鼓励务工返乡人员利用自身经验、技术实施创业活动，使其在家乡拥有稳定的事业。通过强化"父母在场"这一被害制约因素，降低农村留守儿童被害的概率。

2. 推动家庭教育与亲职教育

家庭教育欠缺是农村留守儿童被害的主要原因，因此在全国各地实施户籍改革制度、公租房与廉租房工程改革的背景下，应鼓励农民工父母带子女进城生活；对于没有条件将子女接到身边的父母，也应当对其组织相关的亲职教育，将科学的教育内容通过监护人传递给农村留守儿童，以抵御不同犯罪行为的侵害。冯爱迪曾提出为减少因父母照护缺位而导致侵害事件的发生，应该规定"不满8周岁农村留守儿童的父母必须一方在家"的观点。[①] 暂且不谈以8周岁为分界的科学性，其出发点应当被赞同。一方面，此安排能够大大降低农村留守儿童受害的风险；另一方面，在家庭环境中向子女教授预防被害的知识和技能更容易被孩子们接受。此外，亲职教育的普及还能防止家庭成员对儿童施加的犯罪行为，例如虐待等，正如张玲玲所言，亲职教育可以从根本上切断家庭内部侵犯未成年人权益的思想源头。[②] 就此，对于外出打工的父母，可以以社区或工作所在地为单位划分，由政府或社会工作者组织，定期向农村留守儿童父母进行法治宣传，使其形成完整、明确的责任意识，掌握这方面的知识并知晓如何以孩子能接受的方式进行讲解，保证能定期向孩子传授自我保护的知识和技能，及时发现受害情况，避免出现"私了"的现象以及陷入重复被害的恶性循环。

3. 加强替代监护人的监护能力训练

现阶段，乡村劳动力进城是我国城市化进程中不可消除的客观现

[①] 冯爱迪：《我国农村留守儿童监护之现状及法律对策研究》，《沈阳大学学报》（社会科学版）2018年第5期。

[②] 张玲玲：《论我国亲职教育的立法完善——借鉴台湾亲职教育立法经验》，《哈尔滨学院学报》2015年第2期。

象，祖父母、亲友等替代监护人不可避免地承担了农村留守儿童的实际监护职责。然而，从实际效果看，上述主体的监护能力亟须提高。一方面，应由民政部门牵头，由村民委员会、街道办事处等主体配合，加强对替代监护人的监护能力训练。定期组织心理学、教育学、法学等领域的专业人士开展讲座活动，传授例如父母管理训练[1]等教育方法，对隔代抚养者或其他抚养者进行替代性培训，提升替代抚养者的补偿教养能力，从而强化替代监护人对校园欺凌事件的处理能力和处置意愿，降低农村留守儿童被害的概率。[2] 另一方面，民政部门应与乡镇政府等主体配合行动，通过财政扶持、联系公益组织等手段，逐步扩大乡村地区社工服务队伍的规模。同时，相关主体可以鼓励村民积极参与农村留守儿童的照护工作及被害预防处置工作，积极利用"家族""乡贤"等乡村优势资源，对替代监护人进行监督和帮助，确保替代监护人能够依照《民法典》《未成年人保护法》等法律规定，履行监护职能，妥善处理农村留守儿童被害事件。

4. 提升监护人对农村留守儿童被害案件的参与度

对于业已遭受较为严重侵害的农村留守儿童，应确保其监护人依法积极履行监护职能，推动犯罪事件得到妥善认定和处理。以校园欺凌这一农村留守儿童被害现象为例，根据《未成年人保护法》第39条的规定，"学校对学生欺凌行为应当立即制止，通知实施欺凌和被欺凌未成年学生的父母或者其他监护人参与欺凌行为的认定和处理；对相关未成年学生及时给予心理辅导、教育和引导；对相关未成年学生的父母或者其他监护人给予必要的家庭教育指导"。即学校有义务通知校园欺凌者与被害者双方监护人，共同参与欺凌行为的认定与处理，

---

[1] 父母管理训练是一种以家庭为单位，通过教授父母或其他主要照看者有效的家庭管理方式来改善家庭功能、增进亲子沟通、促进儿童的社会性发展，从而预防儿童的严重问题行为特别是反社会行为的干预方案。参见刘文、李志敏、张玄、何亚柳、林琳琳《跨文化父母管理训练模型述评：PMTO模型》，《内蒙古师范大学学报》（教育科学版）2015年第8期。

[2] 刘文、林爽、林丹华、夏凌翔：《留守儿童的反社会行为：基于评估及预防视角的思考》，《北京师范大学学报》（社会科学版）2021年第4期。

并对被害者进行心理疏导教育。然而,由于农村留守儿童的父母处于经常性的离家状态,监护能力较为薄弱。乡镇中小学在履行这一告知义务的过程中,应充分考虑农村留守儿童父母工作的实际情况,做到"最大限度地告知",应尽可能地将校园欺凌事件告知其父母,其父母无法通知或无法处置的,应告知其父母委托的替代监护人,如替代监护人不处置或没有能力处置的,应告知农村留守儿童所在的村民委员会、街道办事处及民政部门,最大限度保证"合适成年人"参与校园欺凌事件的认定和处理。

(三) 多项并举构建校园防范制度体系

1. 提高乡村教师对农村留守儿童身心健康的重视程度

通过落实"双减"政策,避免乡村教师将成绩作为衡量学生的唯一标准,加强对学生的人文主义教育和关爱教育。如上所述,学校教育和教师关爱可以有效减少农村留守儿童被害的概率。这启示我们,一方面,应加强乡村教师队伍建设,增加乡村教师薪资待遇和职业荣誉感,着力遏制乡村教师队伍的人才流失现象,加强乡村教师的师风师德建设。另一方面,应引导乡村教师群体正确看待成绩相对较差的农村留守儿童,对农村留守儿童提供更多的照顾和关心,尤其关注农村留守儿童与同学的相处情况,避免农村留守儿童因教师"排挤"而成为被欺凌对象。另外,乡村教师在农村留守儿童遭受校园欺凌的处理问题上应亲力亲为。本书认为,常进锋、刘烁梅、虎军主张通过选拔各年级学生中的主要学生干部、少先队长作为校园文明监督员,通过"学生管学生"的方式防治校园欺凌的观点值得商榷。[①] 本书调研组在后续对受调研农村留守儿童进行的抽样访谈中发现,部分受访对象所在学校确实实行了"值周生"制度。即由高年级学生轮流协助德育老师管理纪律,在制度实行过程中,高年级学生拥有德育扣分的

[①] 常进锋等人认为,学校可以选拔各年级学生中的主要学生干部、少先队长作为校园文明监督员,监督提高校园欺凌的识别率和报告率。参见常进锋、刘烁梅、虎军《甘肃省某县农村留守儿童校园欺凌行为现状》,《中国学校卫生》2018年第9期。

"初查权"。然而，在实践操作中，赋予学生干部"监督权"反而使校园欺凌现象更加严重，"值周生"往往需要寻找"好欺负"的学生进行扣分以完成"监督指标"。该受访对象甚至亲眼所见低年级学生面对"值周生"的"扣分特权"时下跪求饶。因此，欲减少农村留守儿童遭受校园欺凌的概率，势必需要削弱或消除农村留守儿童被害因素，而不能另行制造被害因素。班干部等主体的纠察活动"事实上"替代了教师及学校的管理活动，反而为班干部等主体制造了欺凌同学的机会，这显然与制度设计的初衷背道而驰。

2. 加强对重点群体的关注

如上所述，调研结果显示，农村留守男童群体不仅是实施校园欺凌的"重灾区"，也更易于成为犯罪行为的被害人。因此，应当强化对农村留守男童群体被害的关注，并制定针对性的被害防控措施。一方面，应完善乡镇中小学的体育文娱设施，开设积极向上的竞技活动项目，根据留守男童的心理特点，引导其树立"竞争不是打架"及"尊重弱者"的正确观念，避免留守男童群体之间的正当竞争行为演化为校园欺凌行为。另一方面，由于留守男童群体是乡村暴力亚文化的主要侵蚀对象，因此，深入推进乡村地区扫黑除恶专项斗争势在必行。尤其对于中西部地区而言，更应以扫黑除恶为契机，着力破除"暴力潜规则"，建构良性乡村生活秩序。同时，学校及公安、教育行政部门等主体应坚决杜绝乡村黑恶势力与留守男童接触，从严打击诱骗、强迫留守男童从事违法犯罪活动的犯罪行为，尽可能消除留守男童的被害因素。[①]

3. 树立和平解决纠纷的法治理念

以农村留守儿童被害案例为基础，开展普法宣传活动，重点在于提升农村留守儿童的法治意识，并运用法律手段消除"暴力亚文化"。农村留守儿童较农村非留守儿童而言，不易通过家长平时教育的方式

[①] 此处论述并不意味着本书认为无须理会乡村黑恶势力与留守女童接触的问题。该表述只是针对留守男童更易被害这一现象提出的专门性建议。

了解法律知识。例如，重庆地区的调研结果显示，农村留守儿童"通过电视、网络等媒体了解刑法与犯罪方面的知识"的平均值为 0.85，"通过老师讲课或学校活动了解刑法与犯罪方面的知识"的平均值为 0.757，"通过家长平时教育了解刑法与犯罪方面的知识"的平均值仅为 0.374。故而，学校普法教育需要弥补家庭教育的缺失。针对现阶段农村留守儿童普法工作存在的问题，乡镇中小学应将越轨行为纳入普法教育的范畴，组织学生（尤其是留守学生）学习《未成年人保护法》《预防未成年人犯罪法》等相关法律法规。同时，学校应改变传统刑事法治教育只讲狭义的刑事案件的做法，选取未成年人"不良行为"及"严重不良行为"典型案件，宣讲不良行为、越轨行为的具体表现形式及应对措施，实现刑事法治教育的"前端化""预防化"。通过法治教育，增强农村留守儿童对越轨行为、犯罪行为的辨识能力和应对能力。

4. 强化农村留守儿童自身抵御犯罪的能力

帮助农村留守儿童"抱团取暖"的前提是完善农村留守儿童心理干预措施，提高其人际交往能力。对当前实践中较为突出的同辈侵害现象，学校应帮助农村留守儿童培养正确的人际沟通方式，在保留孩子个性的同时增加其团体融入的归属感，经与社会工作者的配合，通过个别谈心、集体交流等方式，增加农村留守儿童与农村非留守儿童相互间的有效沟通和良性互动，破除组队歧视现象，最终建立起平等的相处模式。倘若将农村留守儿童作为单独保护的弱势群体进行封闭式的教育和管理，怀有消极情绪的农村留守儿童往往会通过不同的情绪感染机制将自己的负面情绪传递给其他农村留守儿童，个体对个体的情绪扩散会演变成个体对群体的情绪扩散，进而会形成农村留守儿童消极情绪的恶性循环，将自我否定、自我怀疑无限放大，让恃强凌弱的犯罪人有机可乘。此外，对于农村留守儿童开展"自护"教育，如赞美他们的独立自强、艰苦朴素，从而建立起正确的角色认同和平等的社交方式。

5. 完善专门学校惩戒教育相关制度

为了弥补农村留守儿童父母保护力量不足的现状，专门学校提早介入校园欺凌事件，加强专门矫治教育的力度势在必行。专门矫治教育的科学、全面落实是一个长期、系统性的过程。宏观来看，一方面，应在政法、公安院校中开设少年法学相关课程，逐步扩大少年司法队伍和少年警务队伍，在人员分配上向农村留守儿童集中的地区倾斜。另一方面，适当增加专门学校的数量，完善专门学校的相关硬件、软件配套设施，加强乡镇地区专门学校建设，确保《预防未成年人犯罪法》相关规定得到落实。

6. 遏制针对农村留守儿童的网络犯罪

网络具有公众性、匿名性、无限延展性等特点，遏制针对农村留守儿童的网络犯罪宜从被害端出发。因此，须加强乡村儿童互联网使用规范教育，避免其在使用网络等信息媒体的过程中遭受网络犯罪侵害。调研结果显示，农村留守儿童遭受网络犯罪的案发率呈现抬头趋势，这一现象在经济较发达的省份较为明显。因此，乡镇中小学应加强对农村留守儿童互联网使用规范的教育活动，引导学生理性使用社交媒体，不浏览不良网站、不看低俗小视频，正确看待和杜绝互联网上的网络暴力行为。同时，面对农村留守儿童遭受网络犯罪侵害的情况，学校应根据《未成年人保护法》第77条的规定，协助农村留守儿童的父母或替代监护人行使权利，制止利用网络信息媒体实施犯罪行为。[1]

（四）力争消除农村留守儿童被害的社会因素

1. 净化留守儿童经常活动区域的社会环境

公安、行政执法等部门应加强配合，重点整治校门附近相关治安死角，杜绝校外闲散人员在乡镇中小学门口逗留的现象，避免学生与社会闲散人员交往。在一定程度上，防治农村留守儿童被害与

---

[1] 《未成年人保护法》第77条规定："任何组织或者个人不得通过网络以文字、图片、音视频等形式，对未成年人实施侮辱、诽谤、威胁或者恶意损害形象等网络欺凌行为。遭受网络欺凌的未成年人及其父母或者其他监护人有权通知网络服务提供者采取删除、屏蔽、断开链接等措施。网络服务提供者接到通知后，应当及时采取必要的措施制止网络欺凌行为，防止信息扩散。"

治理校门附近街区的社会治安属于一体两面。校外闲散人员是部分不良学生的"保护伞",为其侵害其他同学提供帮助。同时,部分不良学生又在毕业、辍学后成为社会闲散人员,通过帮助不良学生侵害他人等方式在校内招募"马仔",甚至利用校内学生实施其他违法犯罪活动。根据被害情境理论的基本观点,如果减少或消除了产生犯罪的机会和情境性诱因,对犯罪事件就能够加以预防。[1] 故而,公安、行政执法等部门应在乡镇中小学附近增加人员部署数量,在校门、路口等关键部位设置警力,通过执法人员"身体在场"的方式,驱散校外闲散人员,当场制止打架、聚众闹事等行为。同时,地方政府应根据实际,改造乡镇中小学附近的老旧街区,通过增加照明设施、拆迁改建等方法,改造昏暗狭小、视野较差的街巷,取缔"三无"食品摊贩,改善附近区域的环境卫生条件,净化乡镇中小学附近的文化市场,避免农村留守儿童接触渲染暴力、色情等元素的音像制品、书籍等文化产品,通过治理易被害区域,消除农村留守儿童被害因素。

2. 兼顾对留守儿童精神暴力犯罪的预防

适当引导舆论舆情,引导公众理性看待农村留守儿童被害事件。调研结果显示,当下,以身体暴力为主的针对农村留守儿童犯罪行为的治理工作已经得到有效进展,综合治理工作卓有成效。但由于精神暴力不属于传统暴力犯罪重点关注的领域,理论界和实务界的研究不充分,法律法规相关内容亦不健全,使得"软暴力""冷暴力"等以精神暴力为代表的新型暴力犯罪的危害性并未得到社会公众的充分重视,公众依旧将针对农村留守儿童的暴力极端事件"个案化",忽视农村留守儿童同辈间的造谣、排挤等较为轻微的"软暴力""冷暴力"等行为。对此,一方面,理论界和实务界应当将精神暴力纳入留守儿童被害研究之中,立法也应当适当跟进,明确和完善对留守儿童实施精神暴力行为的定义以及相关规制规定;另一方面,新闻媒体在报道

---

[1] 郭建安主编:《犯罪被害人学》,北京大学出版社1997年版,第129页。

涉及农村留守儿童被害事件时，不应仅报道事件的经过及结果，引发社会公众的强烈愤慨，而是应该深入报道事件发生的深层次原因以及被害行为本身的社会危害性，引导公众重视农村留守儿童被害现象，从而科学对待和预防农村留守儿童被害。

（五）建立农村留守儿童被害预防教育基金

农村留守儿童群体被称为犯罪被害人学中的"易被害群体"，即那些自身具有某些人口统计学特征以及与之相关的行为特征而容易受到犯罪侵害的个人构成的群体。[①] 本书认为，对于农村留守儿童群体，应当设立专门的农村留守儿童被害预防教育基金，可以有针对性地设置被害前预防与被害后预防两类教育基金。基金的来源应当多元化，以财政拨款为主，同时可以考虑将犯罪人财产、犯罪非法所得以及社会慈善捐助纳入基金池。农村留守儿童被害预防教育基金资金的主要用途为以下两个方向：

1. 推广和完善寄宿制学校

就被害前预防教育基金而言，本书建议将其与寄宿制学校的资金资助结合起来。虽然即便是寄宿制，对于脱离原生家庭的农村留守儿童而言，仍然会产生家庭身份认同不足问题。家庭身份认同不足往往会使缺乏原生家庭教育的农村留守儿童在与老师、同学、朋友等人的生活交往中产生自卑感，将自己摆在一个较低的位置上，造成面对犯罪逆来顺受的局面。但一定程度上说，以寄宿制学校为基地对农村留守儿童开展相关教育，确是目前农村留守儿童难以随父母入城情况下的最好选择。当下寄宿制学校在乡村地区尚未能完全得到推广，无法全面满足乡村儿童特别是农村留守儿童的教育、住宿问题，主要原因在于经费不足。经费不足不仅导致学校硬件设施难以及时更新，也使得教师得到不理想的收入，难以解决"有能力的教师不愿来，有经验的教师待不住"的困境。因此，政府应当增加对农村留守儿童寄宿制学校的直接经费投入，将寄宿制学校的资金作为农村留守儿童被害前

---

① 郭建安主编：《犯罪被害人学》，北京大学出版社1997年版，第321页。

专项基金的重要部分,并在其他收费方面实行特定优惠政策。

2. 预防重复被害和危害后果扩大化

农村留守儿童被害后预防教育基金设立的主要目的是预防重复被害和危害后果扩大化。此处的被害和危害后果是指农村留守儿童被狭义的犯罪侵害及其产生的危害后果。一般而言,被害人获得国家补偿的条件主要包括因犯罪人下落不明或无力赔偿而无法获得应有的赔偿、被害人遭受严重的暴力性犯罪侵害并丧失或部分丧失行为能力,等等。徐永强将取得国家补偿要求具备的一定条件称为有条件取得补偿原则。[①] 而鉴于农村留守儿童的特殊性,其应受到被害补偿的倾斜保护。针对农村留守儿童的被害后预防教育基金,除了上述国家赔偿之外,有必要设置专项基金,在物质资助的基础上,更加关注被害农村留守儿童心理重建方面的支持。对每一个狭义的犯罪个案中被害农村留守儿童配置专业的医生、心理咨询师和法律从业者团队,根据被害农村留守儿童的个体心理与生理情况进行有针对性的帮扶,既要对离异家庭农村留守儿童、已形成心理疾患的农村留守儿童、父母违法犯罪家庭的农村留守儿童给予更为特殊的教育和司法保护,也要通过集体学习生活的教育方式,防止被害农村留守儿童形成仇恨社会、报复、封闭和孤僻的心理。

第四节　乡村留守地区未成年人被害与加害转换及其治理

一　引言

长期以来,未成年人犯罪和被害都是学界与社会关注的热点问题。过去,理论界在将未成年人作为对象开展研究时,通常会将未成年人犯罪和被害问题分作两个领域进行,进而划分出未成年犯罪人和未成年被

[①] 徐永强:《刑事法治视野中的被害人》,中国检察出版社2003年版,第192页。

害人两个群体。但加害与被害是犯罪这一社会现象的具有相互联系而又利害相反的两个方面。犯罪作为整体的社会性活动过程，由加害与被害两大基本要素构成，犯罪本身就是在一定社会环境中加害与被害互动的产物。正所谓"在所有的犯罪案件中，除所谓无被害人的犯罪，必然存在犯罪人、被害人及其双方的相互作用"[1]。因此，加害与被害的关系并非静止不变，而是会随着犯罪进程的推进而相应地变化，加害人与被害人之间的身份关系也可能发生转换；同理，被害与加害关系的动态变化过程也必然会在一定程度上影响犯罪整体的发生、性质、形态以及发展走向等。这便导致，在实践中，未成年犯罪人与未成年被害人这两个群体的界限往往并不明确，在实施犯罪的未成年人中，由被害人转化而来的占有很大的比例；即使并非因被害而实施犯罪的未成年人，也有可能在特定的情境下成为被害人。换言之，这两个群体在很大程度上是重叠的。由此，在预防未成年人犯罪的研究中，我们不应仅考虑普遍性、抽象化的潜在未成年犯罪人，还应重视那些在受到犯罪侵害后，由被害人转换为犯罪人的情况，寻找"加害性"与"被害性""犯罪预防"与"被害预防"之间的内在联系，一并开展研究。

2018年4月27日发生的米脂三中杀人案引起了社会和学界的广泛关注。经报道，犯罪人交代自己在米脂三中上学时受到同学排挤欺负，难以排解情绪，于是谋划了群体性的恶性杀人事件。[2] 犯罪人所实施的暴行的确令人愤慨，但我们也应当反思，一个已满28周岁的成年人为何依旧被困于中学时代所受过的欺凌与屈辱中？早已呈现端倪的心理问题和创伤为何迟迟未得到合理的宣泄和恢复？当下未成年被害人向犯罪人转换的情况愈发复杂、严峻，但是我国学界对于未成年被害人恶逆变现象的重视程度还不够，只是将这种关系的转换作为犯罪被害人学的一部分理论知识粗略带过。因此，有必要将理论与实践相结合进行研究。通过进一步细化此种转化的理论分类，构建类型化的被

---

[1] 郭建安主编：《犯罪被害人学》，北京大学出版社1997年版，第129页。
[2] 米脂公安微博账号，http://m.weibo.cn/status/4233525038688318，2023年10月24日。

害与加害互动模式,并结合未成年人自身和外界因素的趋向性特征,通过互动模式与留守儿童被害具体情形的联结对应来讨论并揭示被害与加害的相互关系,有针对性地探究未成年被害人向犯罪人转换的多元化因素;同时发挥刑事法律对弱势群体的保护作用,有的放矢地对未成年被害人进行正当干预和矫正,制定综合联动的控制和恢复对策,从而真正保护未成年人的合法权益。

另外,基于本书的研究领域,考虑到农村留守儿童在未成年群体中的特殊性,本书调研组将调研地点选在了重庆市垫江县。垫江县地处重庆东北部,幅员辽阔,人口分布稀疏。其GDP在重庆各区县中排名中等偏下,也并未处于重庆市规划的"1小时经济圈"内,属于典型的重庆乡村,其辖区内普遍存在青壮年劳动力外出务工的现象,适合作为本节的研究对象。具体调研情况,本书将在下文详述。

二 未成年被害人向犯罪人转化的概念与类型分析

(一) 未成年被害人向犯罪人转换的概念

我国有学者曾用"H 结构"来描述犯罪人与被害人之间的关系:H 的一边是犯罪人,另一边是被害人,中间"-"代表犯罪行为,即加害方与被害方是对立的两方,但通过犯罪行为,可以将二者联系起来,且此二者在某些情况下存在转化的可能。[①] 因此,分析未成年人犯罪与被害的关系,应当将二者结合起来探究其真正的联系以及可能存在的转换机制。需要说明的是,对于极度轻微的人身伤害或语言攻击,由于与其之后实施的犯罪行为不存在程度和手段的相当性,因此不属于本书所研究的未成年人被害的范畴。

(二) 未成年被害人向犯罪人转换的分类

1. 按照被害与犯罪的行为方式是否一致划分

其一,相同罪名转换,即未成年人受到侵害的犯罪类型与之后其

[①] 王大伟:《中小学生被害人研究——带犯罪发展论》,中国人民公安大学出版社 2003 年版,第 67、322 页。

实施的犯罪行为的犯罪类型相同。其具体表现为，例如，在未成年人受到性犯罪侵害后，由于心理上受到极大打击，产生"心态不良危险性"，却又得不到及时的引导和矫治，往往想要通过实施性犯罪来报复社会、发泄心中怨恨；在未成年人受到暴力型犯罪侵害后，由于情绪的控制失灵造成了即时的"以暴制暴"行为，或者负面情绪的积累，造成了后期的预谋报复的相同暴力行为。

其二，不同罪名转换，即未成年人受到侵害的犯罪类型与之后实施的犯罪行为的犯罪类型不同。在实践中，未成年人在受到某种侵害后，并不一定只向与其受到侵害类型相同的犯罪行为进行转换。这尤其鉴于未成年女性在受到性犯罪侵害后，其往往通过实施其他犯罪行为纾解心中的压抑与痛苦。

2. 按照被害后转换为犯罪的时间因素划分

其一，瞬时性转换，即由于利益冲突、情感矛盾等原因使被害人产生了诉诸武力的可能性，加之青少年强烈的情绪冲动与理智控制较弱的身心冲突，往往即时造成被害未成年人激情犯罪。这主要体现在针对犯罪行为的防卫之中，被害人往往由于难以在防卫过程中保持理智和克制，以至于构成防卫过当。换言之，防卫是其本能的反应，但超出了必要的限度。由于造成的损害不是防卫人主观追求的结果，所以社会危害性较小，为此，对此种即时性转换的犯罪人所负的刑事责任应当减轻或者免除。

其二，中长期转换，即指被害人没有即时将加害行为作用于犯罪人或者第三人，而是经过了一段时间的潜伏期后，才选择实施犯罪行为。中长期转换在实践中较为常见，时间的沉淀和物质条件的准备为被害人的角色转换提供了一定的基础条件。由于时间较长，被害人的心理状况与法治意识对其今后是否会施行犯罪行为有十分重要的影响。

其三，代际转换，即指在未成年时期受到暴力及其他形式虐待的个体，在成年后也具有暴力倾向的现象。[1] 中国自古有句老话"三岁

---

[1] 李森：《未成年人重新犯罪的深层原因探析》，《知识经济》2015年第1期。

看大，七岁看老"，儿童时期是形成思维意识、心理观念极为重要的时期，不仅父母的言传身教起到镜子一样的作用，外界对其所做的反应很容易被儿童所吸收，如果未成年人在儿童阶段受到犯罪的侵害，由于其心理疏导机制尚未成熟，容易自发地采取防御措施压抑情感的表现，长此以往容易变得自卑冷漠、人际感情疏远；加之未成年人受暗示性较强，对于外界的行为具有较强的模仿倾向，尤其受到父母一言一行的熏陶和影响，若长期受到不正确的家庭教育，则会使得未成年人习惯使用暴力进行行为定向，甚至恶化为犯罪行为。

3. 按照转换为犯罪是否有外界因素的诱发划分

其一，自发性转换，即指以内心情绪和自身因素为主要诱因的转换。例如，在受到犯罪侵害后，被害人自我调整主观心态，接受并认同犯罪观念，并认为犯罪行为有利可图。这经常表现为盗窃、诈骗犯罪中的"利益驱使心理"。

其二，诱导性转换，即指以外界不良因素干扰为主要诱因的转换。传统观念认为，未成年人的生活圈子较为局限，因此影响未成年被害人向犯罪人转换的诱导因素主要是家庭和学校，但是随着大众媒体的普及，未成年人获取信息的渠道更加多样化，致使未成年人社会化进程进一步加快、未成年人早熟现象的产生，社会因素对于未成年人的诱导性作用越来越大。此外，外界不良因素具有多样化的特征，尤其伴随着时代的发展，在他人的教唆、帮助之外存在互联网、新媒体、暴力文化、城市化趋势等多种诱发因素。

4. 按照主观心态的不同划分

其一，报复型转换，即指为了报复当初的犯罪人而实施的有特定目标的犯罪转换。这类犯罪行为通常经过了中长期的预谋，使得被害人心中的不公正感否定了法律的约束，在被害经历的催化下，被害人决定模仿当初的犯罪人实施报复行为，以平息心中怨念。报复性转换的原因主要有：被害人不相信法律，不愿意诉诸法律；犯罪人在司法上没有获得应有的惩罚；被害人基于"报偿理论"的思想，希望使得原犯罪人遭受与自己一样甚至更重的身体痛苦或精神折磨。由此可见，被害人的报复型转换一部分原因与法律的公信力、刑事处罚的力度和方式以及对被害人的补偿有关,另一部分则是源于是被害人自己内心因素的推动。

其二,发泄式转换,即指为了发泄自身消极情绪而实施的非针对犯罪人的犯罪转换。实践中大量存在未成年人在遭受欺负后形成扭曲、不健康的心态,进而向比自己弱小的同学实施暴力型犯罪来发泄积怨、获得自我满足,形成恶性循环。发泄式转换与报复式转换不同之处在于报复行为针对对象不一致,从结果来说,由于发泄式转换主要针对非犯罪人以外的无辜者,其危害性更大。这种发泄的原因主要有:被害人在受害后无法得到救济或者对救济结果不满意而为单纯地表达不满、报复社会;被害人为了宣泄自己被害的情绪,意图使其他人也受到与其相同甚至更严重的伤害,从而令自己获得满足感和成就感来弥补犯罪造成的创伤,达到自己所认为的英雄主义。

三 乡村留守地区未成年被害人转换为犯罪人的原因——以重庆市垫江县的调研数据为样本

重庆市垫江县未成年人中,农村留守儿童占较大比例,为探究留守地区未成年被害人转化为犯罪人的原因,本书调研组面向重庆市垫江县口中学初中二年级学生、C小学四、六年级学生发放了调研问卷。本次调研共发放问卷210份,收回问卷178份,有效问卷123份,其中四年级收回33份、六年级收回39份、初中二年级收回51份。在收回的问卷中,男性未成年人共69份,女性未成年人共54份。调查问卷显示,该地未成年人中,农村留守儿童占比约40%。

通过对调研反馈的信息进行分析,并结合犯罪学、被害人学相关理论。本书认为,未成年被害人转换为犯罪人实施犯罪的行为结构之所以不同于一般未成年人犯罪的行为结构,是因为前者比后者增加的"被害经历"会对未成年被害人的心理状况、行为方式、外部环境产生多方面的系统性影响,这种影响不仅会表现为未成年被害人转换为犯罪人的基础因素,还可能成为未成年被害人转换为犯罪人的催化因素、辅助因素或新型社会化因素。换言之，未成年被害人向犯罪人的转换以被害经历为直接诱因，在其过程中又形成了多重原因机制。下文将基于此次调研数据对前述因素依次进行讨论。

（一）转换的基础因素：被害经历产生需要以及需要满足的受制性

从生成犯罪心理的人性基础进行分析，被害经历首先会使得被害人内部生理、心理上出现了某种缺乏或者不平衡的状态，因而产生了需要。根据美国著名心理学家亚伯拉罕·马斯洛（Abraham Maslow）对人类基本需要的分类，人类基本需要可分为生理需要、安全需要、归属和爱的需要、尊重的需要以及认知、审美和自我实现的需要。[1] 未成年人在遭受不同类型犯罪的侵害后所表现出的需要并不相同，在受到家庭暴力、校园欺凌等暴力型犯罪侵害后，表现出的往往是对安全、尊严、归属和爱的需要；在受到被抢零用钱等财产性侵害后，表现出的一般是对财产性利益、尊严的需要。当然不同的受害经历所产生的需要亦会因个体的不同而可以相互转换和叠加。本书认为，未成年人在受害后产生的需要主要可以分为两类。

1. 维护自身利益的需要

从伦理学的观点出发能很好地解释被害人即时性转换为犯罪人的原因。趋利避害是人的本性，人类在面对现实的不法侵害时，都会选择对自己有利的方式来避免最坏的结果，"任何人都不能在紧急时从容行事"，尤其是当不法侵害所带来的压力和紧迫性达到令被害人无法理智地做出决定时，便会产生此种恶逆变；加之未成年人控制、调节能力较低，情绪兴奋性较高，要求其具有一般成人的理智显然过于乐观也不太现实，因此当其受到现实紧迫的暴力型犯罪时，防卫过当、事后防卫等情况时有发生，也使得本具有被害人地位的他们被迫逆变为犯罪人。一般而言，防卫过当是面临犯罪侵害时的本能反应，是激情状态下的行为，尽管是过失犯罪，但防卫人仍需要为此承担相应的

---

[1] ［美］亚伯拉罕·马斯洛：《动机与人格》（第三版），许金声等译，中国人民大学出版社 2007 年版，第 16—30 页。

法律责任。但对于受害人来说，只有采取防卫的手段来维护自身利益，才能弥补内心对于利益不平衡的空缺，这种利益维护的需要是潜意识中形成的，本身并不存在善恶等价值判断。只有当维护自身安全利益的需要在受到犯罪侵害的情况下不能得到满足时，通过受害人采取防卫手段的才会呈现出是非善恶。

2. 情感宣泄的需要

精神分析学派是犯罪心理学中构建犯罪诱因体系的主要理论流派之一。"挫折攻击理论"是该学派解释犯罪心理和犯罪行为的主要理论之一。该理论代表人索尔·罗森茨韦克（Saul Rosenzweig）、约翰·多拉德（John Dollard）和尼尔·米勒（Neal Miller）等人认为，犯罪是个体受挫折后所产生的一种攻击反应行为。挫折是指个体在从事有目的活动过程中，遭到干扰或障碍，致使其动机不能实现，欲求不能获得满足时的情绪状态。进而，该理论认为，当一个人的动机受到挫折时，为了减轻心理的紧张情绪，使内心保持平衡，必然要通过侵犯攻击行为来宣泄内心的不满，因而侵犯攻击行为就成为最原始而普遍的一种反应。侵犯攻击行为的形式，往往受到欲求的程度、个体的人格特征以及挫折的突然性等因素的影响。一般来说，发生攻击行为之前，必定先有挫折；受挫折的强度越大，其攻击行为的强度相应亦大，反之，受挫折强度越小，攻击行为的强度也就微弱。[1] 而这种攻击既有可能指向社会、团体或他人，也有可能指向自己。虽然该理论在学界受到了一定程度的批评，但不可否认的是，其在治理犯罪领域具有相当程度的当代价值。

在所调研的重庆市垫江县未成年人中，农村留守儿童占较大比例，在针对农村留守儿童的隔代监护中，作为监护人的老人普遍文化程度较低（参见表3-9），其思想观念与未成年人存在较大差异。一方面，年龄和观念的代沟使得未成年人不愿对其打开心扉，通过倾诉宣泄被害经历带来的挫折感和紧张情绪；另一方面，即使部分未成年人在被

---

[1] 梅传强主编：《犯罪心理学》（第三版），法律出版社2017年版，第42页。

害后愿意与老人沟通，其往往也难以帮助未成年人通过平和的手段有效宣泄情绪。再加之农村留守儿童的父母在外地忙于工作，与子女的情感联系不强，采取的教育方式往往较为简单粗暴。部分未成年人在受到侵害后，往往无法接受情感抚慰，甚至可能因为害怕被责备而不敢在第一时间告诉家人。这都使得家庭应起到的情感功能难以发挥理想的效果，未成年人则会因在被害后产生的紧张情绪难以得到纾解而选择通过实施犯罪的方式宣泄情绪。

表 3-9　　　　　　　农村留守儿童监护人的文化程度

农村留守儿童监护人的文化程度	人数
没上过学	11
小学文化	50
初中文化	40
高中及以上	22

（二）转化的催化因素

根据调研结果，本书通过标签理论、学习理论在犯罪被害人学中的应用探究其对未成年被害人心理恶化的加速催化作用。

1. 标签理论

从调研结果可以发现，日常生活中的负面言行对未成年被害人造成了负面影响，标签理论能够合理地解释此种现象。标签理论是以美国社会学家莱默特（Edwin M. lement）和贝克尔（Howard Becker）的理论为基础形成的，其认为越轨行为并非个人本身的品质，而是由外部反映所贴上的一种品质；一个人的主导身份决定着人们对他的反应，不良品质与犯罪的身份相联系，因此被贴上否定性标签的人被限制了相应的生活机会。[①] 标签理论同样可以适用到被害人学中，现实生活中为未成年受害人贴上标签的大多是周围的朋友、亲人甚至是自己的父母，父母扮演着未成年人的精神引导者、心灵守护者，是未成年

[①] 夏玉珍主编：《犯罪社会学》，华中科技大学出版社 2014 年版，第 44 页。

人最信赖的人。然而在受到犯罪侵害后,父母往往基于羞耻心向孩子传输错误的思想观念,给孩子贴上"被害人"的隐形标签。这种基于信任背叛和信念崩溃的紧张感让未成年人怯于表达受害情绪而产生自卑感、愤怒感、背叛感,进而希望通过加害他人的犯罪行为让自己不平衡的心理得到部分消解。

2. 学习理论

美国心理学家阿尔伯特·班杜拉(Albert Bandura)曾提出"学习理论",其认为犯罪行为是后天习得的,犯罪心理的产生有三方面来源:观察学习(包括家庭成员的影响和强化)、凭直接经验学习以及生物学因素。[①] 心智还未发育成熟的未成年人被动地生存于成人所建构的暴力社会中,作为身体强度、经济能力等均处弱势的一方,他人对未成年人的暴行会给其心理发育造成严重负面影响,重则促使其形成暴力型反社会性人格。

以家庭暴力为例,一方面,家庭暴力可能来自家庭结构问题的暴力冲突,往往直接针对未成年人进行打骂、虐待;另一方面,家庭暴力也可能来自婚姻关系的破裂、夫妻之间的矛盾冲突。无论哪一种暴力行为,都对未成年被害人的身心健康造成巨大创伤,并在此基础上获得潜意识的复制,加剧了未成年被害人不良行为的产生抑或报复心理的升级。中国传统观念下"棍棒出孝子"的教育思想深深地植根于部分家长的思想中,时至今日,我国未成年人在家庭中遭受的暴力虐待仍较为严重。但是虐待罪在实务中的适用比例却并不高,一方面,由于虐待罪是亲告罪,只有在被虐待者受强制、威吓等无法起诉的情况下,人民检察院或近亲属才可以起诉或控告,以及致使被害人重伤、死亡情况下,才不适用"告诉才处理"规定;另一方面,家庭成员的行为往往尚未达到虐待罪的定罪量刑标准,或已达标准但出于各方面考量不至于追究其刑事责任,以至于虐待罪的隐蔽性较强,犯罪黑数较大。因此,未成年被害人如果长期受到来自家庭成员的侵害,便会

---

① 梅传强主编:《犯罪心理学》(第三版),法律出版社2017年版,第38—39页。

将"默默忍受"潜移默化为一种习惯而逐渐将内心封闭起来（参见表3-10），拒绝与家庭成员沟通，进而引发更严重的冲突，形成恶性循环。这种恶性循环只会让受到家庭暴力侵害的未成年被害人的身心向着消极的方向发展，为其后期转换为犯罪人埋下一颗定时炸弹。

表 3-10　　留守儿童在家中经常受到家人打骂后的做法

留守儿童的做法	比例
告诉老师	5%
只告诉好朋友	6%
默默忍受，因为他们有权利这样做	64%
告诉警察	26%
找人报仇	4%
离家出走	4%
其他	11%

（三）转化的辅助因素

1. 心理疏导机制不完善

一方面，应试这一教育目的对教学内容的结构性影响使得学校的法治教育和心理教育流于表面，无暇采取针对性对策进行干预和矫治。本书调研组对垫江县调查数据显示，学校进行的法治宣传或相关心理教育大多停留在"偶尔开展"（39%）和"在放假前强调"（37%）的层面。另一方面，在垫江县受访的中小学中，普遍存在教师职业素养的参差不齐，教师监管考核机制不够健全的情况。学校亦尚未建立起与家庭联合追踪的多元矫治机制，无法在第一时间了解学生的受害情况。"米脂三中杀人案"充分地反映出学校心理干预机制的缺失，"问题学生"一旦发生问题，学校多是采取开除或劝退的处理方式将本应由自己承担的教育责任推向社会，而并非采取谈心谈话的方式了解其内心想法，这种极不负责的推脱方式导致受害的未成年人辍学后更易受到社会不良环境的影响。暂且不谈社会普遍化的心理辅导体系，最能够贴近未成年人社会生活的学校教育并没有发挥其应有的积极作用。

2. 社会与未成年受害人的沟通路径不合理

一个人是否实施犯罪,实施何种犯罪与其生活的环境密切相关。学界普遍认为,不能简单地将未成年被害人犯罪的原因归于个人、家庭或是学校,整个社会都应当肩负一定的责任。社会控制理论由美国社会学家特拉维斯·赫希(Travis Hirschi)在《少年犯罪原因》中认为社会联系由四个方面组成:依恋、奉献、卷入、信念。社会控制理论认为,任何人都有犯罪倾向,个人与社会的联系可以阻止个人进行违反社会准则的越轨与犯罪行为,当这种联系薄弱时,个人就会无约束地随意进行犯罪行为,因此犯罪就是个人与社会联系薄弱或者受到削弱的结果。[1]

一方面,不同地区的经济发展水平有所差异,就我国目前的发展现状而言,中西部与东部沿海发展水平差距较大,资源的不平等、利益的不平衡和产生剥夺感的落差增加了经济相对落后地区未成年被害人选择以犯罪的手段得到心理平衡的概率,更有甚者,出于对社会的憎恨,而刻意排斥社会共识性的价值观而反其道行之。由法国社会学家埃米尔·迪尔凯姆(Émile Durkheim)提出的失范理论能够解释这种心理,其认为大多数人最初都有相似的价值观和目标,但是由于他们在社会经济地位方面不同,社会的连带性、结合性削弱,社会整合被破坏,使得他们遵从这些价值观和实现这些目标方面产生差异。[2] 相较于经济发达地区较为成熟的社会控制机制,发展较落后地区未成年人在受害后,往往未能得到应有的经济补偿和矫治不良心理的物质资源,不良心态的冲击使得社会道德对其的规范作用进一步削弱。另一方面,未成年人在受害后往往不愿向外界倾诉,尽管目前媒体对于校园欺凌等未成年受害案件进行了大量报道,但巨大的犯罪黑数仍隐藏在现有调查数据背后;加之一些自媒体为追求点击率而片面、夸大地歪曲事实,使得校园欺凌中的未成年被害人在受到社会各种声

---

[1] 夏玉珍主编:《犯罪社会学》,华中科技大学出版社2014版,第39页。
[2] 夏玉珍主编:《犯罪社会学》,华中科技大学出版社2014版,第32页。

音的尖锐关注和评价后反而更加敏感，这种不合理的沟通路径更不利于社会对未成年受害人的理性关注。

（四）转换的新型社会化因素

1. 互联网的"浅层虚拟性"和价值多元性为被害心理寻找到同感和寄托

互联网的暴风效应衍生出的新型网络文化一经出现便吸引了广大未成年人的眼球，大量"00后"成为网络主力军的新生代力量。通过网络，未成年人可以用匿名的方式进行间接沟通和交往，在虚拟世界中寻求归属感和安全感，但是这种虚拟性是就浅层现象而言的。以网络为载体无疑能够拓宽未成年被害人倾诉的渠道、空间和对象，一定程度上能够帮助其纾解心中痛苦；但网络主体的复杂性、网络信息的多样性同样可能加重未成年被害人遭受的创伤。

每位网络用户在网络世界留下的痕迹都有可能给一个孩子的成长带来深刻影响，成年人所构建的互联网环境也是未成年人成长的公共空间，每位网络用户的言行举止都不是虚拟的。这种多元的价值形态以及不完全健康的网络信息对于农村留守儿童的影响更深。农村留守儿童在受到侵害后必然要经历情感低落的过程。在这个过程中，亲近的父母不在身边，网络中认识的网友又恰好为他们提供了身份认同感。这种身份认同感看似能够起到情绪抚慰的作用，但也可能存在负面影响。一方面，情绪和人格很大程度上决定了行为主体交往的对象。在网络空间中，本就具有较强负面情绪的未成年被害人更加倾向于通过网络结识"志同道合"的朋友，而在与这些朋友交往的过程中，郁结情绪的矛盾交织和放大使得"小团体"样态的共同犯罪、聚众犯罪以及集团犯罪增多；另一方面，虚拟世界与社交模式与现实世界迥乎不同，长期沉浸在虚拟世界会导致未成年人形成心理障碍，削弱其在现实世界中与他人的交往能力，进而不能正常处理现实生活中的压力和变故。如此一来，当未成年被害人面临生活中新的打击，曾经被害后的"心态不良危险性"将会被引燃,成为恶逆变的导火索。

2. 暴力文化的病态传播为未成年被害人提供了情感宣泄的抓手

传媒暴力主要是指大众传媒中的暴力内容和渗透的暴力思想。[①] 暴力文化中,借助"行侠仗义"所宣扬的"以暴制暴"思想,实际上是隐藏在虚拟外表下的恶俗文化。其会使得未成年被害人在情感宣泄的需要得不到满足时产生心理认同感,进而通过模仿、互动行为潜移默化地接受并以之作为行为指导,借助暴力文化这一抓手,不自觉地走上犯罪的道路。

重庆市垫江县的调研数据能够反映出未成年人在遭受犯罪侵害后的暴力倾向。本书调研组总结了该地区未成年人遭受犯罪侵害后的情况,包括被别人辱骂、排挤、长期被说坏话、被抢零用钱、被逼做自己讨厌做的事、被一个人或一群人打等。在遭受犯罪侵害的情况下,约45%的人选择默默忍受、自己难过、哭;约35%的人会在被欺负后告诉老师或者家长;约10%的人会选择在当时哭喊,呼叫别人帮忙;约10%的人会选择当时就反抗。值得关注的是,10%的未成年人选择以"当场反抗"的方式进行反击,此种"以暴制暴"的对抗方式容易造成防卫过当或是激情犯罪。

值得一提的是,近年来,短视频平台开始广泛介入网民的日常生活中,短、平、快的传播方式和"接地气"的内容自然不免伴随着大量低俗、暴力、血腥文化。据本书调研组了解,某短视频平台上大量暴力、恶俗、色情视频的打赏、评论者不乏未成年人,这些短视频平台俨然成了暴力崇拜的聚居地和亚文化的滋生地。更令人担忧的是未成年被害人的教育和安全问题,在这些短视频平台中,校园欺凌的视频大行其道,短、平、快的传播方式使搜索者可以轻易地接触到亚文化。如果受过犯罪侵害的未成年人接受了这些恶俗、媚俗文化,甚至对这些亚文化趋之若鹜,他们或许会将视频中的暴力手段作为反击的武器或宣泄的途径,从而走上犯罪的道路。

---

① 吕刚:《传媒暴力:青少年犯罪的重要诱因》,《中国青年研究》2001年第1期。

3. 城市化趋势的加强与乡村未成年被害人应对措施不足的错位现象

城市化进程对未成年被害人进行恶逆变的影响主要有两方面：一方面，跟随务工父母进城接受教育的乡村未成年人往往在适应新环境的期间被同学排挤、欺负，不满情绪以及不公平的感受容易使他们产生报复心理，基于同态复仇的理念，其采取的报复大多以侵犯财产型、暴力型犯罪等简单粗暴、技术含量较低的行为为主；另一方面，城市化使得原有的城乡平衡被打破，产业转型升级使得大量乡村青少年因无法适应现有产业对劳动力的需求，而寻求不法的出路谋生，在此过程中，其却往往受到来自社会上不良人士的教唆、诱惑和欺骗，进而在被害后走上犯罪的道路。据相关统计，重庆建市以来的未成年人犯罪情况以农村籍（50.29%）、无业闲散未成年人（24.35%）以及学生（18.89%）犯罪较为突出；且犯罪人文化程度总体较低。[1] 以毒品犯罪为例，重庆市垫江县以未成年人为主体的毒品犯罪案件持续增多，2013年1月至2016年6月23日，共受理此类案件14起。据了解，毒品犯罪案件中不乏受到引诱、教唆、欺骗、强迫吸毒后走上毒品犯罪道路的未成年被害人，有的未成年被害人在接触毒品后发现有利可图，便自发作为谋生手段；由于利用未成年人进行走私、贩卖、运输、制造毒品的行为具有较强的隐蔽性和伪装性，狡猾的成年犯罪分子便倾向于利用各种手段教唆、利用意志力和控制力不强的未成年被害人实施毒品犯罪，形成"被害—犯罪"的恶性循环。

四 预防与矫治未成年被害人向犯罪人转换的措施

如上所述，未成年被害人向犯罪人转换的原因具有多样化的特点。综合该特点，预防未成年被害人向犯罪人转换，应当通过能够协调联动的控制型措施和恢复型措施，建立起以未成年人自身为起点，以家庭、学校为基础，以社区为辅助，以立法司法为引导，以社会制度为

---

[1] 杨飞雪主编：《未成年人司法制度探索研究》，法律出版社2014年版，第40—41页。

保障的预防未成年被害人恶逆变以及应对此种恶逆变的多元化治理机制。

(一) 控制型——控制未成年被害人恶逆变

1. 家庭教育层面

第一,平等关爱。未成年人的监护人应在工作、生活之余学习现代、科学的教育方式,在日常生活中积极与未成年人平等交流,尽力抹除年龄代沟,与之建立"亦长亦友"的关系。当察觉到未成年人遭受犯罪侵害后,监护人须选择合适的方式与未成年人对话,避免因观念和年龄上的差别而产生的不信任感;此外,监护人应摒弃传统教育观念中常出现的"受害者有罪论""一个巴掌拍不响"等思想,纠正未成年人在被害后可能产生的"羞耻感"心理,帮助未成年人正视被害事实,缓解被害经历带来的精神压力。同时,在帮助未成年人释放精神压力,解决与被害相关的纠纷时,应当保护并尊重未成年人的隐私,避免纠纷解决过程给未成年人造成二次伤害。

第二,减少恶性互动行为。"父母是孩子最好的老师。"在与未成年人的日常相处以及家庭活动中,监护人应以身作则,减少在未成年人面前表露不理想情绪,利用生活中的契机潜移默化地培养未成年人理性处理纠纷的能力,避免未成年人养成在纠纷面前冲动行事,自陷危险。同时,监护人须帮助未成年人明确正确的道德观,培养法治意识,加强与未成年被害人的沟通,以便及时了解其被害情况,建立起预防未成年被害人恶逆变的第一道防线。

第三,解决农村留守儿童监护异化问题。国家应对单亲监护、隔代监护的家庭进行适当干预。实地调查数据反映出,在乡村性犯罪案件中,犯罪人主要是与被害未成年人共同生活在乡村中的亲戚邻居。因此,外出务工的父母不能简单地将农村留守儿童委托给亲戚朋友监护,以防出现"寄居性侵"的情况。本书认为,在有条件的地区,可以考虑设立公职监护人,为农村留守儿童提供必要的物质帮助、身心关怀以及监护指导,对受到犯罪侵害后的农村留守儿童进行必要的心理疏导。这不仅可以为外出务工的父母扫除后顾之忧,也是在乡村振兴背景下关爱农村留守儿童的应有之义。

2. 学校教育层面

其一,建立及时的学生被害发现机制。一方面,学校可以通过定期开展心理健康评测、心理健康调查的方式及时发现学生的心理异常;另一方面,学校还需重视教师在日常教职活动中识别学生被害情况的能力。这不仅要求学校增强对教师职业综合能力的培训力度,更需要教师自身保持专业客观的职业敏感度,摒弃传统教育理念中对学生通过成绩定义"好坏"的刻板印象,与每一位学生之间保持良好的互动沟通,识别学生在情绪上的异常状态。在发现学生被害经历或对被害学生开展心理疏导的过程中,考虑到被害学生可能羞于与学校教师面对面沟通,同时也出于尊重被害学生人格和保护被害学生的隐私的需要,学校可以以互联网为依托,通过社交媒体搭建匿名咨询渠道。这一新型沟通方式有利于拉近教师与学生之间身份的距离,不仅可以鼓励被害学生勇敢说出被害经历,还能够增强被害学生异常心理疏导工作的效果,又不会产生上文所述互联网的"浅层虚拟性"带来的负面影响,可谓一举三得。

其二,关注未成年被害人的情感释放,完善未成年被害人心理干预措施,进行合理的心理危机干预,及时平复未成年被害人的心理创伤。教育部等十七部门联合印发的《全面加强和改进新时代学生心理健康工作专项行动计划(2023—2025年)》规定,中小学每校至少配备1名专(兼)职心理健康教育教师,鼓励配备具有心理学专业背景的专职心理健康教育教师。可见,当前我国中小学仍普遍缺乏具有专业背景的专职心理健康教育教师。因此,特别是农村留守儿童占学生比重较大的乡村中小学,应当至少尽快配备兼职的心理健康教育教师,对产生心理异常的被害学生进行有效干预,帮助其正确评价被害经历,合法、合理处理并解决纠纷,克制同态复仇的冲动,顺利走出心理阴影。地方政府还可以通过财政拨款的方式扶持乡村中小学设立心理活动室,聘请专门的心理教师,开设心理学普及课程。对于遭受严重犯罪侵害的未成年人，应及时采取心理干预，针对其可能产生的抑郁、恐惧、自我封闭等心理问题，综合采用认知疗法、理性情绪疗法、来访者中心疗法等多种心理治疗方法，正确引导未成年被害人被害后的情感宣泄，平复被害产生的心理创伤。

同时，学校须优化与其他有关部门的协作机制，建立高效、顺畅的信息反馈与沟通渠道，建立多部门联动的未成年人被害处理机制，实现教育部门、卫生健康部门、网信部门、公安司法部门、学校、家庭多主体的相互配合。

其三，转变针对校园欺凌的事后处理方式，正视校园欺凌问题。正如本章第三节所述，学校作为教育机构，不仅要向学生教授文化课知识，还有义务对实施校园欺凌的未成年学生，根据欺凌行为的性质和程度，依法加强管教。因此，对于校内问题学生，学校应当主动承担教育责任，完善校内管理教育相关制度，在校园欺凌发生后，学校不仅要力求在学校内部实现对问题学生的规训和教化，使其回到正确的成长道路上，并给予问题学生应有的惩戒。而不是仅仅通过开除这种一刀切的方式将教化责任推向社会。

当然，学校内部层面的机制完善并不意味着学校可以隐瞒学生的犯罪行为。《未成年人保护法》同样赋予了学校在学生实施严重欺凌行为和违法犯罪活动时，学校应当及时向公安机关、教育部门报告，并配合相关部门依法处理的义务。[1] 目前，大多数学校在校园欺凌被

---

[1] 《未成年人保护法》第39条规定："学校应当建立学生欺凌防控工作制度，对教职员工、学生等开展防治学生欺凌的教育和培训。学校对学生欺凌行为应当立即制止，通知实施欺凌和被欺凌未成年学生的父母或者其他监护人参与欺凌行为的认定和处理；对相关未成年学生及时给予心理辅导、教育和引导；对相关未成年学生的父母或者其他监护人给予必要的家庭教育指导。对实施欺凌的未成年学生，学校应当根据欺凌行为的性质和程度，依法加强管教。对严重的欺凌行为，学校不得隐瞒，应当及时向公安机关、教育行政部门报告，并配合相关部门依法处理。"第40条规定："学校、幼儿园应当建立预防性侵害、性骚扰未成年人工作制度。对性侵害、性骚扰未成年人等违法犯罪行为，学校、幼儿园不得隐瞒，应当及时向公安机关、教育行政部门报告，并配合相关部门依法处理。学校、幼儿园应当对未成年人开展适合其年龄的性教育，提高未成年人防范性侵害、性骚扰的自我保护意识和能力。对遭受性侵害、性骚扰的未成年人，学校、幼儿园应当及时采取相关的保护措施。"

曝光之后，往往倾向于采取力压隐瞒的方式将"大事化小、小事化微、微事化无"，减小舆论对学校形象的影响。但是这种处理方式无疑对受欺凌的被害一方造成了心理上的巨大落差，致使其不满情绪进一步恶化，进而采取报复的手段实现其所欲见到的"公平正义"。是故，学校在惩戒问题学生的同时，还要积极召集犯罪学生与被害学生及其监护人，在尊重双方意愿的基础上进行适度调解，以求化解双方矛盾，平息被害学生心中的不满。

3. 社会层面

其一，完善未成年被害人社会支持体系。一方面，从社会福利制度出发，建立起针对监护缺失被害人的教养机构、与学校紧密挂钩的未成年被害人联合救助机构以及专门针对未成年被害人心理失衡、行为偏差的专业服务机构，从而帮助未成年被害人的监护人、学校推动未成年被害人的健康成长。

另一方面，注重利用社会上已有的公益力量对未成年被害人回归健康生活的重要作用。乡村地方政府可积极与周边建设有心理相关专业的院校以及其他社会公益组织合作，提供资金等物质条件，号召有心理辅导能力的志愿者利用专业的知识和方法，为受害青少年群体提供心理疏导，为"街角青年"提供必要的职业能力培训或就业安置等社会工作服务，从而预防犯罪、稳定社会秩序。应特别注意发挥大学生志愿者的作用，大学生志愿者与留守地区未成年人的年龄差距相对较小，容易与之沟通并取得其信任。学习了相关专业知识的大学生志愿者还可以通过自己的专业技能对未成年人进行全面的社会调查，通过梳理分析未成年被害人的家庭结构、成长环境、性格类型等特征，建立起"一对一"或"多对一"的专业关系，并对未成年被害人向犯罪人转换的风险进行评估。有关组织或部门可以进而根据评估结果联合针对阻碍未成年被害人的异常状况进行一定的干预，帮助他们顺利回归生活正轨。

其二，正如本章第三节所述，可以在国家补偿制度的基础上，设立未成年被害人专项救助基金，针对犯罪给未成年被害人生理和心理造成的创伤进行提前干预和治疗，弥补由于犯罪人的经济困难而不能及时赔付的经济漏洞，使未成年被害人在第一时间受到社会的关爱和帮助，破解其心理上孤军奋战的局面，增强其精神的归属感。

4. 立法、司法、执法层面

第一，在侦、诉、审程序的针对性改革。建立相关的未成年被害人的特殊保护制度，充分发挥未检庭、未综庭的职能，以少年侦查人员、少年检察官、少审法官队伍建设为切入点，建立健全我国刑事诉讼法对于未成年被害人权益保护的相关规定，例如选取熟悉未成年人身心特点的专业人员进行询问；尽量避免恶性暴力事件中未成年被害人与犯罪人的直接交流，将视频网络问询方式普遍推广；加强法官对于未成年被害人庭审时的专业技术培训，防止未成年被害人在受到"二次伤害"后转化为犯罪人。

第二，重视恢复性司法理念。未成年人受到犯罪的侵害后，如果单纯为了惩罚犯罪人而仍进行对抗化、正规化的刑事诉讼程序，便会忽略了对被害人利益的保护。自然法学派主张古典报应主义，此种报应性正义观着眼于过去的犯罪，认为惩罚的目标在于使某个人不得不承受痛苦，强调对犯罪人谴责、惩罚。在此种观点下，对犯罪行为的处理主要表现为由国家的强制执行手段对犯罪人施以惩罚，而社区等社会主体的地位被边缘化；由此，功利主义对自然法学理论的先天缺陷提出了批判，明确要求消除纯粹的报应，提出恢复性正义观，此观念前瞻性地着眼于被害人在遭受犯罪侵害后情感和经济的恢复，认为惩罚的目的不仅在于单纯地使犯罪人承受痛苦，而应是更有效地确保最大多数人的最大幸福。

恢复正义观是当事人和解制度适用的理论基础，当事人和解制度是指因犯罪嫌疑人、被告人真诚悔罪，通过向被害人赔偿损失、赔礼道歉等方式获得被害人谅解，公检法机关依法对案件从宽处理的制度。[1] 刑事和解制度在控制未成年被害人恶逆变的进程中主要起到两个作用：第一，引导未成年被害人客观认识罪错产生原因，消除其报

---

[1] 孙长永主编：《刑事诉讼法学》（第二版），法律出版社2013年版，第398页。

复情感，减轻不安感；第二，未成年被害人受害后，我们需要关注的不仅仅是对犯罪人的惩罚，刑事和解制度中的正规协商和合作性关系能够对未成年被害人的情感进行补偿和安慰，化解严重的心理创伤。在协商解决的过程中，要明确参与人员，深入了解各方意见，尤其是未成年被害人的想法以及犯罪人的回应，并应有其他参与人员的相关意见以及乡村共同体一方的协助。

（二）恢复型——恶逆变后的量刑对策

本部分主要探讨未成年被害人恶逆变后实施狭义的犯罪的应对策略。未成年被害人已经转换为犯罪人并实施了犯罪行为后，首先应当将恶逆变行为一般化，即依据一般犯罪进行犯罪构成要件符合性分析，其次应当将恶逆变行为的特殊性和未成年主体身份纳入量刑阶段，考虑法定量刑情节和特殊的酌定量刑情节。

刑罚的根据有两种：一是报应刑，其处罚根据是法益侵害性和可谴责性，主要包括行为手段、行为次数、行为对象、时间地点、犯罪结果、犯罪目的和动机、责任年龄和责任能力、期待可能性以及被害人过错；二是预防刑，其处罚根据是人身危险性和再犯可能性，例如犯罪前的表现、犯罪后的表现。关于未成年被害人转换为犯罪人所实施的犯罪行为，应当在不同的情形下考虑酌定从宽处罚。在恶逆变的未成年被害人实施的犯罪中，较为常见的便是直接针对原犯罪人的犯罪，具体主要分为在原犯罪人犯罪时为实施防卫造成的犯罪和在原犯罪人犯罪后为实施报复造成的犯罪。下文中，本书将结合报应刑与预防刑讨论对此二种情况的评价原则。

1. 防卫行为评价的思考

我国《刑法》第20条规定了防卫过当的责任承担。[1] 即正当防卫

---

[1] 《刑法》第20条规定："为了使国家、公共利益、本人或者他人的人身、财产和其他权利免受正在进行的不法侵害，而采取的制止不法侵害的行为，对不法侵害人造成损害的，属于正当防卫，不负刑事责任。正当防卫明显超过必要限度造成重大损害的，应当负刑事责任，但是应当减轻或者免除处罚。对正在进行行凶、杀人、抢劫、强奸、绑架以及其他严重危及人身安全的暴力犯罪，采取防卫行为，造成不法侵害人伤亡的，不属于防卫过当，不负刑事责任。"

应当被限制在并未"明显超出必要限度造成严重损害"之内。反之，则认定为防卫过当，应当承担刑事责任。虽然刑法考虑到未成年人的辨认、控制能力不充分，对刑事责任年龄进行了规定，但无论是刑法典还是相关司法解释，均未基于未成年人的辨认、控制能力不充分对未成年人实施正当防卫时防卫限度的判断标准进行特别规定。换言之，就目前刑法规定来看，我们可以认为正当防卫制度中实施防卫行为的主体被拟制为具有完全辨认、控制能力的成年人标准，但是未成年人在受到现实的不法侵害时，判断是否超出防卫限度时仍采用该标准显然有违适用刑法一律平等原则。

因此，一方面，考虑到未成年人的心智尚未成熟，辨认、控制能力较弱，对于防卫限度的拿捏不能以成年人的标准"一刀切"，而应当秉持更加宽松的刑事处遇政策，贯彻未成年人倾斜性保护的司法态度；另一方面，司法机关应当将防卫的限度标准作为定罪的基础，而非一般的量刑情节，改变实务中防卫过当情节的辅助性地位，体现真正意义上的实质正义。

2. 恶逆变犯罪被害人的过错评估

被害人有过错是刑法学理论中典型的酌定量刑情节，在被害人过错的案件中，被害人通常实施了违反法律规定，或者违背社会公序良俗、伦理规范等应当受到社会甚至刑法否定性评价的行为，且其对加害行为进一步发展具有直接的催化或者促进作用，从而导致相应的被害后果。由此，一般而言，被害人过错的案件中，犯罪人的主观恶性与人身危险性均较低，这便会影响到犯罪人报应刑和预防刑的判断。

在针对原犯罪人所实施的恶逆变犯罪中，原犯罪人存在一定的可归责性，因为其之前的犯罪行为对原被害人造成了心理上的危害，无论是认同模仿行为还是以暴制暴的报复行为，其在一定程度上都与原犯罪人的犯罪行为所引起的犯罪冲动有关。换言之，两者之间的互动关系为恶逆变犯罪提供了一定的基础。此种被害人过错也从侧面反映出，针对原犯罪人的恶逆变犯罪所具有的人身危险性较小，犯罪的目的和动机单纯。因此，应当将这些因素综合纳入量刑的考虑范围内。

但是此种被害人过错应当进行必要的限制：一方面，如果未成年被害人所实施的恶逆变行为所针对的对象是无辜的第三人，由于第三人没有理由承担并理解针对自己的犯罪行为所谓的"部分正当性"，在此情况下，前述酌定量刑情节一般不应当予以适用；另一方面，手段的必要性、相当性以及转换为他种犯罪的恶劣程度也应当纳入考虑的范畴，具体而言，可以考虑参考适用正当防卫中的限度条件。

第四章

乡村灰色群体犯罪及其治理

第一节 本章概述

"灰色群体"一词最早是人们在研究中国乡村社会秩序和基层治理过程中用来概括介于乡村良好青年与犯罪者之间的一种乡村混混群体。这一学术研究范式由以贺雪峰为代表的"华中乡土派"发起。随后,介于"白社会"和"黑社会"之间的"灰社会"逐渐被这一学术团体勾勒出来。① 随着灰色地带在社会学研究场域中的拓展,灰色群体已经走出乡村场域,逐渐被用来概括其他场域的社会异质群体。如街角灰色群体、校园灰色群体等。陈柏峰在研究乡村社会灰色化的主导因素时,给乡村混混的定义是那些在普通农民看来不务正业,以暴力或欺骗手段牟取利益,危害农民人身和财产安全,扰乱乡村生活正

---

① 虽然"灰社会"一词最早由谢立中提出(参见谢立中《灰社会理论:一个初步的分析》,《社会学研究》2001年第1期),但是以中国广大乡村为分析场域对乡村秩序及其间活动主体的持续性实证研究却由"华中乡土派"展开。其中,谭同学提出"混混"群体与"乡村社会灰化"之间的关联[参见谭同学《乡村灰化的路径与社会基础——以湘南某县金、银镇为例》,载贺雪峰主编《三农中国》(总第8辑),湖北人民出版社2006年版];陈柏峰在人情取向的乡土逻辑背景下提炼当下中国乡村秩序格局的主宰因素,多次提及乡村混混在乡村秩序格局中的地位及其对乡村社会灰色化的推进力。(参见陈柏峰《乡村江湖:两湖平原"混混"研究》,中国政法大学出版社2011年版);黄海则以典型"混混"为结点,对乡村社会"混混"之生命史与越轨行为进行展示与剖析,以展现乡村社会所经历的重大社会变迁中乡村秩序所发生的种种盛世抑或"乱世"的蜕变,并进而考察乡村社会的道德与话语变迁、秩序和权威变异,尝试理解乡村社会灰色化变迁的某种逻辑(参见黄海《当代乡村的越轨行为与社会秩序——红镇"混混"研究(1981—2006年)》,博士学位论文,华中科技大学,2008年)。

常秩序的人群。①

不过，正如"白""灰""黑"颜色之间的渐进性和融合性致使人们无法准确判定颜色一样，在社会学视域中，人们亦无法对"白社会""灰社会"和"黑社会"进行准确界定。因此，灰色群体的内涵和外延如何界定也成为仁者见仁、智者见智的问题。此外，从犯罪学和刑法学的角度，还需要考虑犯罪群体、潜在犯罪群体与灰色群体之间的划分问题。正如刑法学意义上，黑社会性质组织已经成为一个法律概念，这使得从刑法学视域对犯罪群体的界定已经有了法律依据。但问题是，在犯罪学视域下，潜在犯罪群体和刑法学意义上的犯罪群体以及社会学意义上的灰色群体之间如何划分？所谓潜在犯罪是指具备一定的犯罪条件并具有犯罪即刻发生的倾向但尚未实施的犯罪。与之对应，潜在犯罪人是指已经形成犯罪性但是尚未实施犯罪行为的人。而犯罪性是指个人从事犯罪行为的心理倾向。② 以此而言，灰色群体似乎更接近于犯罪学意义上的潜在犯罪群体。但本章的研究思路并不完全契合上述表达，因为在灰色文化包裹之下的灰色群体外延显然更大，犯罪学意义上的潜在犯罪群体只是其中引人关注的核心部分。

因而，本书认为，乡村灰色群体是指以乡村为主要生活区域，经常通过一些超越道德乃至法律底线的乖张举止不断给其他社会成员制造麻烦，成为影响居民工作、生活秩序的群体。

当代社会中，乡村灰色群体主要依据地域分布被大致分为两种类型。其一，传统乡村灰色群体。在我国古代，由于城市化率较低，除生产方式以外，城市与乡村生活模式差距相对较小，因此，传统乡村灰色群体是指生活在乡村的灰色群体和虽然生活在城市，但仍以乡村社会为社会活动目标的群体；而新中国成立以来，传统乡村灰色群体则其主要指在改革开放和城市化的浪潮下，仍选择生活、居住在距城

---

① 陈柏峰：《乡村混混与农村社会灰色化——两湖平原，1980—2008》，博士学位论文，华中科技大学，2008年。

② 吴宗宪：《论犯罪性》，《福建公安高等专科学校学报》（社会公共安全研究）2000年第1期。

区相对较远的村庄、乡镇或进城务工后由于种种原因返回距城区相对较远的村庄、乡镇的乡村灰色群体；其二，现代乡村灰色群体。指生活、居住在改革开放后城市化进程中广泛出现的距城区相对较近的城乡接合部、城中村中的乡村灰色群体。之所以将后者仍界定为乡村灰色群体，原因有三：第一，虽然相较于传统乡村灰色群体，现代乡村灰色群体生活、居住的区域距离城区的物理距离更短，能够一定程度上享受到城区中的部分基础设施及公共服务，但这与城区的配套还相差甚远；第二，现代乡村灰色群体生活、居住的城乡接合部、城中村在行政区划上往往是属于乡镇，执法、司法等行政管理的力量、效率均无法比拟城区。这使得对其采用的治理模式应以对传统乡村灰色群体采用的治理模式为基础。第三，现代乡村灰色群体中的部分人员之所以进入城乡接合部、城中村生活，是因为他们受到了其赖以生存的传统乡村社会的集体排斥，但这种排斥却无法割断其与乡邻之间的关联，他们亦终会以某种方式影响乡邻。因此，将现代乡村灰色群体纳入讨论范围，也能够使研究者更加全面地看待和研究乡村混混的历史转向问题。

在现代社会，灰色群体无疑会成为影响市民工作、生活秩序的群体。但也正因为其必须在群体中寻求生存空间，作为社会组织中的一员，他们在享受着强者愉悦的同时，也明白强势地位不能用尽的法则，因而他们会选择给予其地盘以适当的"恩泽"。有些灰色群体有时能够成为阻止外来人员侵扰、为民间乃至政府解决一些纠纷的力量。所以，在某些时候，灰色群体的"颜色"有所变化。而这些，给理论上界定灰色群体增添了难度。

有效治理灰色群体犯罪的基础是在理论上对灰色群体进行准确界定，为此，本书在第二、三节中将分别梳理传统与现代两类乡村灰色群体的类型、特征、行为模式与成因，并提出防控乡村灰色群体犯罪的具体对策。

具体而言，在第二节中，本书指出，在历史的纵向格局中，中国传统乡村灰色群体的主流部分为不服管束者①、光棍和乡村混混。三者的历史称谓、生成背景、类型划分以及其对当时乡村秩序的影响存在诸多不同之处，但是其总体形态、行动特征以及对乡村社会秩序的控制亦有相似之处。通过不服管束者、光棍与乡村混混三种灰色群体的历史剪影，从生存背景、行为特征和对乡村社会秩序的整合三个方面进行对比，尽可能地完成三者之间的历史对接，以期助益于当下乡村犯罪样态梳理以及乡村秩序建设。针对目前乡村社会的现状，当务之急不是寻求建立完善村民表达的话语制度，而是在缩小城乡差距的基础上，重塑村落文化，培养新的乡情原则，构建促成村民愿意表达的心理机制，从而推动村民个体参与政治的热情并进而重塑村庄的公共性，并以增强乡村执法力量辅之。

在第三节中，本书利用人类社会学的研究方式，通过到现实社会中采撷具体样本以注释抽象的理论。在调研之前，本书首先考察了灰色文化、灰色地带、灰色群体的概念、内涵以及三者之间的关联度，并对现代乡村灰色群体进行了界定。进而分别从历史渊源、伦理因素和社会根源三个方面分析现代乡村灰色群体存在的深层次原因。至于现代乡村灰色群体犯罪治理工作的执行情况，本书认为，其存在打击有余、防控不足、对象单一、地方主义、法律规范缺位等诸多问题。为进一步增强现代乡村灰色群体犯罪治理工作的效果，应当充分发挥社区功能，从打造城市文明理念、战略制定、健全法制、依法治市、建立多头联动的综合执法体系等几个方面入手，构建现代乡村灰色群体防控机制。

---

① 所谓"不服管束者"，一个更通俗的表述是"刁民"，实际上，"刁民"一词在《大清律例》中就有规定："直省刁民假地方公事强行出头，逼勒平民约会，抗粮聚众、联谋敛钱构讼及借事罢考罢市，或果有冤抑，不于上司控告，擅自聚众至四五十人，尚无哄堂塞署，并未殴官者，照光棍例为首斩立决，为从拟绞监候。"但由于考虑到"刁民"可能会引起部分读者的反感，故将其称为"不服管束者"。

第二节 传统乡村灰色群体犯罪及其治理

一 引言

"水至清则无鱼。"人类社会是一个复杂多样的共生体，在其中，既存在安分守己、善良诚实的人群，亦存在在违法犯罪边缘游走，不时干扰社会既定的生产、生活秩序的灰色群体。但实际上，灰色群体与其他社会群体中的成员之间并非完全割裂开来的；相反，他们之间却因地缘或者亲缘的相似性而从根本上属于社会共同体。但毋庸讳言，乡村灰色群体犹如寄生虫，不断啃食整个共同体的肌体，不断给其他成员制造麻烦。这些灰色群体类似于顾炎武口中的"病民"。不过，与顾公所概括的扁平格局下的乡宦、生员、吏胥三大病民不同，传统乡村社会灰色群体的主流部分可以被纵向划分为不服管束者、棍徒和乡村混混。此三者的历史称谓、生成背景、类型划分以及其对当时乡村秩序的具体影响自然存在诸多不同之处，但是其总体形态、行动特征以及对乡村社会秩序的影响模式亦有相同之处。

作为实实在在生活在自然乡村中的一类人，传统乡村灰色群体具有鲜明的两面性。一方面，基于攫取利益或取得影响力的需要，传统乡村灰色群体往往青睐于通过实施游走在当地习惯、民俗或法律边缘的行为获得超出常人的机会，这些行为不仅会侵害当地普通群众的既得利益，更会形成对当地社会稳定和世俗统治秩序的破坏；另一方面，传统乡村灰色群体中亦存在个别个体，他们并不满足于永远依靠犯罪获得眼前的蝇头小利，而是希望通过犯罪获得的对乡村社会秩序的影响力来维护乡村公共利益，建立起对乡村秩序的整合，并在此基础上实现财富增值的规模化和部分或全部合法化。

如今，我国正处在全面建设社会主义现代化国家时期。推进乡村振兴工作的产业兴旺，即发展农村、农业生产力。而长期稳定的乡村社会环境则是实现生产力进步的关键基础。

在当代，科学技术尤其是通信技术的进步强化了基层统治力量对乡村特别是自然村落的联系和控制。但遗憾的是，受地形地势、文化习俗、政府人力资源等多方因素限制，无论从打击乡村混混还是利用乡村混混的角度看，单纯依靠强化基层统治力量实现对乡村社会秩序的维护仍是不现实的。

因此，通过梳理不服管束者、光棍与乡村混混这三种传统乡村灰色群体的历史剪影和流变，并将三者相互置换成类似的历史语境，以此实现三者之间的历史对接。并通过比对其异同，探寻其产生的内在机理，为当代传统乡村灰色群体问题的解决、乡村犯罪的治理以及乡村社会秩序的建设提供理论根基。

二　几种主要传统乡村灰色群体的历史类型

(一) 不服管束者

贺雪峰归纳，"不服管束者"可以是认死理的人，可以是"刁滑"之人，可以是好惹事的人，可以是善于捕捉获利机会的人，可以是喜欢投机钻营的人。总之，他们是社会秩序的挑战者，甚至破坏者。[1] 其实，在理论上，我们很难对不服管束者做出准确的界定。在守法者眼中，凡是刁奸油滑顽劣者皆算得上不服管束者。如此看来，不服管束者的内涵和外延是开放、动态的，其评价标准会随着社会主流价值观和意识形态的变化而变化。在中国历史上，讼师、驾尸图赖者（即以尸体为手段，达到特定目的的活动）[2]、棍徒、地痞无赖、土匪组织等，现代社会中的无理上访者、缠讼者、钉子户、碰瓷者和乡村混混亦都可以被涵括其中。为了遵循本书的研究脉络，本书舍弃带有明显个体性特征的传统乡村灰色群体，如驾尸图赖者、碰瓷者、缠

---

[1] 贺雪峰：《乡村的去政治化及其后果——关于取消农业税后国家与农民关系的一个初步讨论》，《哈尔滨工业大学学报》（社会科学版）2012年第1期。

[2] 杨扬：《从民习到官法——明代社会视野下的图赖现象》，《交大法学》2019年第3期。

讼者，而选择具有群体性或者组织性等结构张力的传统乡村灰色群体，如讼棍、地痞无赖、乡村混混加以考察。当然，在特定的时代环境下，不排除存在一些原本带有个体性特征的传统乡村灰色群体可能沾染上群体性特征。如城市化进程中，在拆迁工作时经常出现的"钉子户"，他们虽然"单兵作战"的居多，却因为载体的广泛性和联动性而极可能获得一呼百应的群体效果，并呈现出类型化特征。由此，"钉子户"等因在特定时代下具有群体性特征的传统乡村灰色群体亦可纳入研究视野。

1. 讼棍

"贵和""厌讼"是中国传统道德伦理体系中的重要组成部分。受这一传统思想的熏染和规训，人们习惯并尊崇"息讼"的社会风气和行为模式，往往避免将纠纷扩大化、公开化，乃至寻求国家权力机关的裁决。而讼师的出现显然打破了这种"宁静"。现代法制史学界一般认为，宋代讼师产生于教育的普及和个别地方民间好讼之风的盛行。在宋代，好讼之风盛行的江西甚至出现了研究词讼学问的"讼学"和专门教人打官司的民间组织机构"讼学业觜社"。由此，虽然构成讼师的人群身份复杂多样，且相对地位卑微，但可以认为宋代讼师已经形成一种较为固定的职业群体。[①] 但由于我国古代以农业为主的生产方式下，统治者长期奉行重农而抑工商的社会政策，即便是"健讼"之盛行起的明清时期，在社会多数人眼中，讼师仍然属于"不务正业"之人。

中国传统社会长期秉持官本位的理念，这便使得对于平常百姓而言，讼师并非绝对意义上的恶棍。相反，一些带有侠义精神的讼师常常作为民众和官府谈判的代言人，以致其在民间被演绎为羽扇纶巾，机智勇敢，与贪官污吏、奸商恶霸斗智斗勇的传奇人物。但在多数代表大地主、大官僚利益，旨在维护统治秩序稳定的士大夫眼中，讼师便成了简直不可理喻的另类，是社会中的不稳定分子。

[①] 张本顺：《无讼理想下的宋代讼师》，《社会科学战线》2009年第5期。

至于讼棍，则是讼师群体中唯利是图、颠倒黑白的一个群体。其在诉讼中巧言令色、罔顾事实的做法不仅受到民间百姓的排斥，同样被统治阶级视为眼中钉、肉中刺。正如清乾隆年间名吏汪辉祖所云："唆讼者最讼师，害民者最地棍。"

宋代的讼师，尤为乖张，特别是哗鬼讼师，几乎集中了所有讼师棍徒的伎俩和恶习，并有过之而无不及。他们往往为获取利益专事"命盗开花"的唆人诬告。地方政府审理案件时稍有不慎便会落入圈套，对他们防不胜防。为了防止审理有失而致其翻告缠讼，故通常不惜一切努力对讼棍进行打压。元代的讼师棍徒，比之宋代更为恶劣。甚至出现许多妇女包揽词讼，以女色作诱饵，俘虏衙门中人作靠山的情况。颇有力罩一方之势。① 至于明清时期，讼棍们更是存在"藉端挟制，聚众抗官""健讼把持，抗粮多事""以致欠粮无知愚民随声附和"的情况，由此引发群体性事件。② 不难看出，在此种情况下，讼棍的行为的危害已经不仅限于个案的司法公正，而是延伸到了对统治集团统治秩序的破坏，严重削弱了统治集团的动员能力。

如上所述，一方面，虽然存在伪造证据、诬告陷害等非法行为，讼棍们在本质上仍是利用诉讼规则的漏洞攫取利益，并未取得对特定地区超过或与基层统治力量相同的控制力，故即使按照如今的法律规范，也难称之为黑社会性质组织；但另一方面，随着"业务能力"的精进和"业务范围"的扩展，中国古代的讼棍们俨然构建起以自己为中心的地方利益团体，其不仅挑唆并恶化邻里关系，更严重影响乡村社会的秩序稳定，当然属于传统乡村灰色群体的一员。

因其威胁统治秩序，影响民众思想，官方不区分讼师与讼棍，对二者一并进行打击的行动从这个行业诞生之际就开始了，例如作为讼师鼻祖，"不受君命，而私造刑法""以非为是，以是为非"的邓析，

---

① 龚汝富：《明清讼学研究》，博士学位论文，华东政法学院，2005年。
② 吴琦、杜维霞：《讼师与讼棍：明清讼师的社会形象探析》，《学习与探索》2013年第7期。

就死于当时执政的子产之手。其后，几乎历代各朝皆以法律形式明文规定"教唆词讼"的处理规则，而对讼师的缉拿与惩处几乎成为封建国家基层政府的必修课。但这并未能使这个行业完全绝迹，甚至可以说，直至新中国成立，社会中仍有一些类似讼棍的角色存在。1950年12月21日中央人民政府司法部发布的《关于取缔黑律师及讼棍事件的通报》即是例证。①

2. 地痞无赖

《现代汉语词典》云：地痞乃"地方上的恶棍无赖"；无赖则为"放刁撒泼，蛮不讲理，游手好闲，品行不端之人"②。在吴金成眼中，无赖被视作不从事正当职业，组织大小集团，在社会内部以非法的行动（主要是暴力）为谋生手段的一类人。③ 类似于卡尔·马克思（Karl Marx）、弗里德里希·恩格斯（Friedrich Engels）所言的"流氓无产者"。

地痞无赖群体出现已久，最早可以追溯到夏商周时期。不过，封建社会早期的地痞无赖还仅仅作为零星的个体存在，其真正成为一个受统治集团重视的普遍问题，则要待到封建社会中后期。随着宋明以来，资本主义萌芽在中国南方社会的出现，商品经济的发展、城市经济的繁荣以及土地兼并的加剧，使劳动力剩余或失地的农民组成了游民阶层，并选择进入城市而非成为佃农。他们中的部分人往来于城市和乡村之间，逐渐形成了专以打砸抢掠和坑蒙拐骗为生的地痞无赖集团。换言之，城市经济发展带来的虹吸效应使一定区域内成点状分布的地痞无赖们便摆脱了散兵游勇的状态，成为一个独立的社会阶层，并向群体化和集团化发展。

如此看来，地痞无赖似乎脱离了乡村社会。而事实上，他们中的

---

① 史良：《关于取缔黑律师及讼棍事件的通报》，《江西政报》1951年第1期。
② 中国社会科学院语言研究所词典编辑室编：《现代汉语词典》（第6版），商务印书馆2012年版，第284、1374页。
③ 吴金成：《明末清初江南的城市发展和无赖》，载陈怀仁主编《第六届明史国际学术讨论会论文集》，黄山书社1997年版，第633页。

绝大部分来自乡村，同时，鉴于在中国古代，城市与乡村的关键区别在于生产方式而非生活模式，且二者之间存在紧密的地缘关系，地痞无赖集团的触角势必蔓延至广大乡村。恰如卞利所言，"他们不仅拉帮结伙，成立组织，而且还和地方官府相勾结，狼狈为奸，横行城镇和乡村"①。

在社会大动荡、大变革的时代，社会结构必然呈现多元化扩张状态，这为善于投机专营的地痞无赖创造了更多生存空间。是故，在商品经济相对发达的明末江南地区，竟然出现了"赌风日炽"的局面。伴随着豪赌之风的盛行，歙县"亡赖、恶棍串党置立骰筹、马局，诱人子弟，倾荡家产，甚有沦为奸盗，而犯者比比"②。清代福建地区的经济亦因清廷开放海禁而得到高速发展，富商大贾逐渐增加，贫富差距的扩大同样产生了大量流民，其中一部分进而演变为地痞无赖。

历史上的地痞无赖以集团形式或者其行动带有组织性的主要有打行、白拉（白赖）、窝访、牙棍、白捕、脚夫中的无赖之徒、赌博、顶凶、白役、包总等。③他们好勇斗狠、强买强卖、欺行霸市、敲诈勒索，甚至与部分官吏勾结，严重破坏了当地的政治、经济、社会秩序，在当地形成了寡廉鲜耻、性刚喜斗的社会文化氛围。由此可见，地痞无赖虽然不足以对基层政权的稳定性和统治集团的统治秩序产生根本性的冲击，但仍不可谓不是社会安全乃至政权安定的严重隐患。

另外，需要说明的是，学界一些学者在研究古代社会中的地痞无赖时，将讼师或讼棍也纳入了地痞无赖的范畴。但本书认为，正如学界主流观点所认为的，讼师是在基本司法审判制度不健全、不完善的时代中的职业群体。讼师的出现对促进司法审判制度的发展和个案正义的实现有着积极作用。诚然，讼师群体中存在唯利是图、颠倒黑白

---

① 卞利：《明代徽州的地痞无赖与徽州社会》，《安徽大学学报》1996年第5期。
② （明）傅岩：《歙纪》卷五《纪政绩·事迹》，陈春秀校点，黄山书社2007年版，第137页。
③ 卞利：《明代徽州的地痞无赖与徽州社会》，《安徽大学学报》1996年第5期；甘满堂：《清代福建地痞无赖与福建社会》，《福州大学学报》（社会科学版）1999年第3期。

的讼棍，但由于史料记录者的天然立场，他们二者之间的界限难免存在模糊。申言之，讼师也好，讼棍也罢，其作为一种职业，与脱胎于流民，不事生产，以暴力为获取收入的主要手段的地痞无赖有着本质性区别。故此，本书将讼棍与地痞无赖并列，视为不同类型的传统乡村灰色群体。

3. "钉子户"

"钉子户"，顾名思义，是"钉"在某地不愿离开的人。《现代汉语词典》对"钉子户"的解释是，"难以处理的单位或个人，多指由于某种原因在征用的土地上不肯迁走的住户或单位"[①]。从该解释看，钉子户的存在主要是相对于能够制定并实施征地政策的政府而言。在合法的土地拆迁、征收或征用过程中，几乎一切为谋求不正当利益，耍泼放刁，阻碍社会政策顺利实施之人都属于"钉子户"。

与上述集团性或者行动有组织性的不服管束者相较，"钉子户"的产生往往是为了获得高于其他同为相关政策实施对象的单位或个人的利益，因而倾向于单打独斗，带有明显的个体性特征。不过，鉴于其在特定时空条件下所兼具的群体效应，其仍可以被纳入传统乡村灰色群体中加以考察。

"钉子户"群体古已有之。在传统社会，生产力和科技水平落后，中央政府对地方的控制力相对薄弱，无法触及乡村最底层，即所谓"皇权不下县"。在乡村社会接受国家赋税、徭役分摊的过程中，为了维护既得利益或者谋求预期利益，"钉子户"群体便应运而生。在我国古代，基层统治力量一般采取软硬兼施的办法对付"钉子户"，其中，硬办法是用法律、族规家法进行打压，强制执行相关国家政策；软办法则利用血缘认同或笼络或排斥，使"钉子户"为维系社会关系而不得不选择遵照执行。

过去的数十年中，我国城市化建设大步推进，特别是深圳的发展

---

① 中国社会科学院语言研究所词典编辑室编：《现代汉语词典》（第6版），商务印书馆2012年版，第304页。

给当地原始居民带来的不计其数的财富红利使整个社会陷入了对通过拆迁飞黄腾达的狂热之中。在利益翻滚与资源流转的背景下，农民的权利意识后和传统的小农意识结成怪胎，加重了农民的自我中心主义观念，最终促成特殊事件中的"钉子户"层出不穷。钉子户的出现显然表达了一种对财富的过度渴望。如何甄别、协调、应对钉子户，合规合法落实征地政策，成为摆在当下中国乡村基层政府官员面前的一道难题。

(二) 光棍

光棍，乃贫无所依者，沦为地痞流氓，亦曰光蛋、赤棍。①《现代汉语词典》将光棍解释为，"地痞、流氓"②，与英文词"ruffian"相近。

用"棍"来形容和称呼顽劣之徒源自唐代李绅，其文《拜三川守诗序》描写了一群举着棍子打闹于拥挤人群中，寻衅滋事、为祸乡里的恶少形象。遂凡欲以棒为棍，凶恶击人者谓之为"棍"。兹后，人们多假"棍"字来形容作恶之人，如地棍、土棍、痞棍、棍徒、讼棍等。元代，人们始称流氓为光棍，并至明清时流行起来。明朝英宗时期，还专门制定了严惩光棍的条例。

《大清律例》中亦设有"光棍例"，如刑律"恐吓取财"条所附康熙年间"棍徒扰害"例："凡凶恶光棍好斗之徒，生事行凶无故扰害良人者，发往宁古塔、乌喇地方分别当差为奴。"清廷制定此条例旨在惩治尚勇斗狠之辈，以防平民百姓遭到侵扰。司法实践中，依此例适用者比比皆是，如道光三年河抚咨"国服期内职员演戏拒伤官役"案，嘉庆十七年南抚咨"知人获奸放走吓诈本夫自尽"案，嘉庆二十五年南城院移送的"欺凌懦弱黉夜讹诈攫取衣物"案，道光六年陕西

---

① 杨琳：《赤条条、光棍、吊儿郎当、二郎腿、吊膀子考源》，《励耘学刊》（语言卷）2012年第1期。

② 中国社会科学院语言研究所词典编辑室编：《现代汉语词典》（第6版），商务印书馆2012年版，第484页。

司查例"生员健讼屡次滋扰情类棍徒"案等，其案犯皆以"棍徒扰害"例定罪量刑。①

当然，除保护平民百姓的人身、财产安全外，《大清律例》中"光棍例"的设置亦是为防止光棍之徒物以类聚，形成地方势力，对封建统治秩序造成更大冲击，所以其效力几乎延及各类聚众滋事者，且量刑较重。如《大清律例》规定："直省刁民假地方公事强行出头，逼勒平民约会，抗粮聚众，联谋敛钱构讼及借事罢考罢市，或果有冤抑，不于上司控告，擅自聚众至四五十人，尚无哄堂塞署，并未殴官者，照光棍例为首斩立决，为从拟绞监候。"② 司法实践中，亦不乏对待类似事件的适用。如嘉庆二十二年河抚咨"纠众讹诈致伙犯殴毙人命"一案。该案主犯石四系属本案首祸之人，应依棍徒扰害例拟军。③ 再如道光十四年漕督奏称"水手勒索裁减杂费殴伤旗丁"一案。白粮帮水手王士保等各犯均入教拜师，排列字辈已属不法，乃敢互相起意纠同丁幅成等七人向旗丁多次勒索，故皆照棍徒扰害例治罪。④

此外，棍徒也是土匪的主要来源。仅以称呼可知其渊薮。流氓称"光棍"，土匪称"棒党""棒客"。小说《林海雪原》中的匪首即自称"许大马棒"。可见，棍匪本是一家。

（三）乡村混混

20世纪80年代伊始，混混迎合着中国改革的脉动在乡村率先"觉醒"，打乱了舒缓平稳的乡村生活节奏。正如本书第一章第三节所述，经济的潮水漫过每一寸土地，中国乡村社会经历了巨大的变化：城市吞噬着乡村，农民改变了往昔泥腿子的形象，乡村混混经历了由

---

① （清）祝庆祺、鲍书芸、潘文舫、何维楷编：《刑案汇览三编》（一），北京古籍出版社2004年版，第222、663、664、1780页。

② 《大清律例》卷十九，《兵律·军政》"激变良民"条附嘉庆十五年条例。

③ （清）祝庆祺、鲍书芸、潘文舫、何维楷编：《刑案汇览三编》（一），北京古籍出版社2004年版，第666页。

④ （清）祝庆祺、鲍书芸、潘文舫、何维楷编：《刑案汇览三编》（一），北京古籍出版社2004年版，第83—84页。

英雄主义向利益至上的转变,其活动场域亦渐渐从乡村波及城乡接合部乃至城市。如果说,活跃在20世纪80年代和90年代的两代混混还遵循着埃米尔·杜尔凯姆(Émile Durkheim)所谓"集体情感"的乡情原则的话,随着自然意义上的村庄逐步解体,农民对村庄的依赖感逐渐被隆隆的机器碾碎,他们的生活目光开始向外投射,村庄地缘机制日趋疏松,市场经济的理性规则缓缓建立。于此社会变革的基础上,唯利是图的第三代谋利型混混开始上位。

可以说,中国乡村混混的转型速度如风云际变,倏忽二十年,其活动场域、侵犯对象、支撑信念都发生了巨大变化。例如20世纪80年代,流行于中国乡村的露天电影院和戏台既是农民的精神家园,亦成为混混的"乐土"。而到了90年代,人均收入的提高和工业化的进步令电视飞入寻常百姓家,露天电影院和戏台纷纷退出历史舞台,混混们亦失去了这一方"沃土",一时消沉。接着,开启于90年代的农民打工潮兴起,它不仅卷走了混混中的一些生力军,年轻农民工的崛起还使得混混们失去显摆的对象,甚至在与"见过世面"的返乡农民工个体对持中,有时小混混还会落于下风。对混混们的打击还不止于此,法治观念的普及、执法力度的提高使得逞凶斗狠的英雄主义开始没落。"打多少架赔多少钱"往往使落魄混混们沦为笑柄。不过,一种精神支柱被抽取并未肢解乡村江湖,相反,另一种精神支柱很快建立起来。在中国乡村经济飞跃发展的过程中,上层混混迅速完成华丽转身,他们利用手中曾经通过暴力获得的资本原始积累占得先机,乘上了改革开放的东风。不少混混因此成为有钱的体面人,乡村中学的不良少年、村落里的留守少年则成为补充下层混混的"童子军"。他们和上层混混共同支撑起新的乡村江湖格局。

作为一股传统乡村灰色势力,乡村混混不仅在中国乡村的经济、政治和司法秩序构建中发挥着重要影响,也成为传统中国乡村社会性质由熟人社会转向灰色化的染色体。从犯罪学角度看,乡村混混的转型也极大影响甚至是左右着乡村犯罪形态的变化。仅从近年来"犯事"混混的罪名即可窥知一二,一、二代混混多涉及的罪名为流氓罪、聚众斗殴罪、寻衅滋事罪等，主要与人身暴力相关，而与之不同的是，三代混混触犯的往往是非法经营罪、集资诈骗罪、组织卖淫罪、聚众赌博罪等财产类犯罪。

三 灰色群体之间的串联

正如上文所言，不服管束者的组织结构是开放性的，而光棍、乡村混混亦呈现出这一特征，只不过此三者受所处历史阶段的影响，因而具象为不同的历史形态和称谓。作为中国传统乡村灰色群体的主色调，他们之间的关联度显而易见。于是，在生存背景、类型划分、行动特征以及对其所处时代乡村社会秩序的影响力等方面在三者之间进行历史串联具有了可能性，而这种串联对于现代中国乡村秩序的建设无疑具有启发意义。

（一）生存背景

从不服管束者到棍徒，再至乡村混混，中国传统乡村灰色群体有过断裂或突变，但从未湮灭。其根源不在于这个群体是如何刁钻狡诈、左右逢源，而在于其生于斯长于斯的这片土地。中国乡村社会在不同时代所展现出的独特性和历史连贯性以及附于其上的复杂社会关系衍生并且赋予了不同传统乡村灰色群体以生存的机会。就生存背景而言，传统乡村灰色群体之所以能够生生不息，主要可以从"开源"和"截流"两个方面理解。

1. 传统乡村灰色群体的"开源"

孟子曾言："民之为道也，有恒产者有恒心，无恒产者无恒心，苟无恒心，放辟邪侈，无不为已。"[①] 对于农民来说，若有足够的田地房产，能自给自足，岁岁有余，又有多少人愿意脱离正常的生活秩序，不事生产，终日耍奸取巧，甚至成为流民，为社会所鄙夷呢？事实上，如上文所述，无论是不服管束者、光棍还是乡村混混，其的大量产生和兴盛与地区乃至国家经济社会结构的变化有着千丝万缕的联系。当

---

① 《孟子》，万丽华等译注，中华书局2006年版，第104页。

然，本书并不否认在国家相对富足、社会分配相对公平的时代，乡村地区仍然会存在少量不服管束者、光棍抑或混混。但若其人数足以在特定区域形成群体，从而成为一种显著的社会现象，则需要特定的社会经济条件。

在人类有史以来的各种社会形态中，兼并总是不可避免的，它源于人类所固有的贪欲，而非某种制度缺陷所致。中国古代长期存在的顽疾便是土地兼并，它从一个国家建立开始便起到，逐渐拖垮国家的财政和社会秩序，直至国家的覆灭。具言之，当一个国家建立，掌握这个国家的利益集团便开始形成并逐渐趋于稳定。其在中央政府表现为皇帝、功臣、外戚等多方势力；在地方尤其是乡村则表现为门阀、豪族、富商等，他们中产生的乡绅、乡贤、乡老不仅与基层政府一同维系着地方统治秩序的稳定，亦利用自身拥有的权力、财富和影响力不断进行土地兼并，侵夺普通百姓的田地房产，最终致使农民失地，或沦为佃农，或化作流民，即传统乡村灰色群体的雏形。

除土地兼并外，生产方式迭代、城市经济发展、区域经济增长点的集中带来的城乡社会发展差距扩大亦是传统乡村灰色群体出现的关键契机。上文提及，在中国古代，地痞无赖普遍出现很大程度上是受城市商品经济发展带来的虹吸作用的影响。无独有偶，改革开放以后，农业集体化的解体不再将农民固定在土地上，农业生产力的提升又导致乡村出现了大量劳动力剩余，多余的劳动力中，那些不愿背井离乡进入城市务工之人便成为乡村混混的主要"后备军"。尔后，当改革开放引发的经济浪潮终于涌入乡村中后，乡村混混斗争的大浪淘沙下依然屹立不倒的第三代混混便乘上时代东风，成为新一代乡绅、乡贤乃至乡老。

总之，从"开源"方面，我们可以发现，无论是古代还是现代，传统乡村灰色群体能够大规模出现并成为一种普遍的社会现象，基本离不开土地兼并和城乡社会发展差距扩大。故此，如欲从根源上减少传统乡村灰色群体的出现，亦需着眼于此二关键要素。

2. 传统乡村灰色群体的"节流"

传统乡村灰色群体的规模不仅决定于加入者的数量，还决定于改过自新者和被剥夺实施犯罪能力者的数量，后者便是传统乡村灰色群体的"节流"。在中国古代乃至现代，传统乡村灰色群体的"长盛不衰"与正统社会对他们的宽容或者纵容不无关系。在正统社会中，遏制中国传统乡村灰色群体的力量主要有两个方面：一是普通百姓的力量；二是政权组织的力量。

中国农民的坚韧和勤劳自然毋庸讳言，但是"只管自家门前雪"和"能忍则忍"的处世哲学造就了其在传统乡村灰色群体面前一再退让的行为倾向。中国古代较低的受教育率又令普通百姓易受略有学识之人的煽动和蛊惑。虽然传统乡村灰色群体在很大程度上是相对于官方而言，但是同样是相对于普通民众而言，而且在一定程度上，正是普通民众的存在才凸显了传统乡村灰色群体的社会形象。

而作为另外一极防控力量，政权组织在多数情况下亦会对传统乡村灰色群体"睁只眼闭只眼"，甚至是一味地退让。究其个中缘由，自然纷繁复杂，各个历史阶段又有所差异。但总体而言，政府的退让源自于自身力量的不足。一方面，我国古代自秦以降，始终奉行大一统的统治理念。虽然出于政治博弈的需求，在特定的历史阶段，国家会将部分土地、人口进行分封，但这种分封总是建立在郡县制之上。而郡县制作为一种以中央集权为首要目的的行政管理体制，其中央政府对地方政府的控制能力将极大受制于国家疆域、生产力与科技发展水平的此消彼长——郡县制始终存在一个有效统治的极限，在同等或近似生产力与科技发展水平下，国家疆域越大，中央政府对地方的干预能力越弱。另一方面，正如英国著名社会学家安东尼·吉登斯（Anthony Giddens）所言，传统国家本质上是裂变性的，其可以维持的行政权威及体系整合水平非常有限。[1] 而在行政权力的末梢——广大

---

[1] ［英］安东尼·吉登斯：《民族—国家与暴力》，胡宗泽等译，生活·读书·新知三联书店1998年版，第63页。

乡村，尤为如是。费孝通甚至认为国家行政权力在乡下是"悬空了的权力"，是"无为"的。① 以当下中国乡村社会为例，公安机关的执法力量主要集中在人口相对稠密的城市和县治所在镇，各地乡村派出所的警力十分有限，开展常规警务活动和配合上级摊派的各种任务已花费了大量人力物力，使得警方在应对辖区内错综复杂的江湖格局时难免会力不从心。

此外，无论古代还是现代，传统乡村灰色群体与基层政权组织人员的勾连几乎成为每个时代都无法涤清的污垢。这种勾连往往是双向性的——基层政权组织在维护乡村社会秩序时为了利用或者借助传统乡村灰色群体的势力会主动与其"结盟"，要求其协助解决一些基层政权组织不方便直接插手处理的问题。在此过程中，部分基层政权组织工作人员或其他行使公权力的人员便可能会被传统乡村灰色群体收买，成为其"内线"或为其在其他事务上"行方便"。更有甚者，还存在不少乡村混混受政府扶持成为村干部而获得身份上"漂白"的情况。

(二) 类型划分

不同历史时期的传统乡村灰色群体之类型划分亦有相似之处。历史上的传统乡村灰色群体中有嬉戏取闹、寻衅滋事的恶少，有一贯为祸乡里的地痞无赖，还有纠众讹诈致伙犯殴毙人命者，甚至还有结党为匪者。前者虽然行径龌龊，但多为违背伦理纲常之举，即使可能致人受伤或破财，也不至于威胁到普通百姓的生命安全，因而此类人大多仍生活在乡村社会之中，甚至仍被普通百姓视为邻里街坊；而后者则因聚众滋事甚至杀人越货而触犯刑律，这类人往往隐姓埋名远遁他乡，抑或啸聚山林，在生活上脱离乡村社会，仅在打家劫舍时与乡村社会发生少量联系。实际上，无论是殴毙人命者还是结党为匪者，都并非"一日之功"，他们的前身大都是恶少或地痞无赖，一开始，他们的行为恶性并不严重，受到来自社会和政权组织的谴责和打击亦不

---

① 费孝通：《乡土中国 生育制度》，北京大学出版社1998年版，第63页。

强烈，随着犯罪手段的升级，这些恶少和地痞无赖最终无法控制自己的行为演变为政权组织不得不重视和采取强硬手段的对象，殴毙人命者和结党为匪者便由此产生。

当代乡村混混亦有下层混混与上层混混之分。下层混混多为留守青少年和其他学校不良少年，其行为亦多止于聚众嬉闹、向低年级学生索要少量钱财、为上层混混跑腿等。在现代刑事法体系下，社会危害性较小的行为和较低的生理年龄使得他们并不需要承担刑事责任甚至行政责任，这在一定程度上纵容了他们的行为。但随着他们在乡村灰色群体中浸淫日久，他们与上层混混的联系亦会更加紧密，加之身体和心理素质的提高，他们的行为便会逐级上升，从而可能涉入聚众赌博、聚众斗殴、非法经营等上层混混从事的刑事犯罪行为，甚至成为上层混混的一员。可以说，一个乡村混混的成长史就是一部犯罪由轻至重的锻造史。

当然，本书不否认传统乡村灰色群体组织中存在着部分"好人"，而且亦不排除他们中的部分人会最终会"改邪归正"。历史上的土匪组织中并不乏被迫落草为寇、义薄云天、劫富济贫者；当代乡村江湖中也有一些"好混混"。正如本节引言所述，部分传统乡村灰色群体会基于各种目的，通过维护乡村公共利益的方式整合乡村秩序。具言之，他们不仅会相对公平地运行管理乡村中水电等公共品的共计与分配，还有可能在本村内部扮演着纠纷调解人的角色，甚至通过其掌握的一些灰色渠道和手段斡旋本村和其他村之间的矛盾。[①] 另者，作为社会组织中的一员，传统乡村灰色群体在享受着"强者"愉悦，获得灰色收益的同时，也明白强势地位不能用尽的法则。以此而言，几乎任何时期的传统乡村灰色群体都会给予他"地盘"上的普通民众以适当的小恩小惠。

（三）行为特征

在行动特征方面，我们仍可以从不同时期传统乡村灰色群体的行

[①] 陈柏峰：《村庄公共品供给中的"好混混"》，《青年研究》2011年第3期。

为中找到一脉相承之处——无论是古代还是现代，他们获取利益所依靠的手段在本质上并无较大不同，主要包括暴力、骚扰、恶意利用规则漏洞、敲诈以及与基层政权相勾结。

1. 暴力

暴力作为实施门槛最低的获取非法利益的手段，长期得到传统乡村灰色群体的青睐。在古代，暴力行为被地痞无赖、光棍和匪帮所广泛实施，他们往往以此要挟普通百姓向其直接缴纳钱财，或将暴力作为欺行霸市、强买强卖、勒索以及经营赌博等灰色产业的后盾，又或是直接啸聚山林，杀人越货，干"一锤子买卖"。总之，从地痞无赖到光棍再到匪帮，暴力行为的程度亦由轻至重逐渐升级，成为古代传统乡村灰色群体普遍的行动特征之一。地痞无赖、匪帮与乡村混混的行动特征相似之处在于其集团性和组织性上。在新中国成立以后，国家内部已经进入了长久的和平时期，自然不会存有啸聚山林的匪帮，地痞无赖和光棍也经过时空的洗练和国家公权力的大力整治不断演化与分解。但乡村混混身上那股匪气、痞气依然非常显著，他们不事生产，终日在乡村社会中厮混，一言不合便殴打他人，甚至将他人打死。

2. 敲诈

不同于简单粗暴、依靠蛮力的暴力，敲诈作为传统乡村灰色群体的另一主要行为特征。敲诈更多出现在"单兵作战"的不服管束者身上，在古代，有发迹于宋元，勃兴于明清时期的驾尸图赖者。他们往往借由亲属之死为契机，胁迫他人给予其一定利益。更有甚者，自己主动杀死亲属或流亡乞丐，诬告、嫁祸他人，以达到骚扰和敲诈的效果。① 敲诈这一行动特征亦古今相通，在当代，不仅驾尸图赖者并未绝迹——医闹便是典型例证，在医院接受治疗后受重伤或死亡之人的家属纠集众人在医院门口起哄闹事，制造舆情事件，依靠互联网这一信息高速传播渠道，借由不明真相群众的善心，向医院施

---

① 杨扬：《从民习到官法——明代社会视野下的图赖现象》，《交大法学》2019 年第 3 期。

压，达到获得高额"赔付"的目的。除此之外，试图利用政府公共政策安排攫取超额利益，将公共利益弃之于不顾，以自虐、自绝相逼的"钉子户"；有意碰撞过往车辆或行人，借车辆、行人急于赶路之机索要钱财的碰瓷者，总能在恍惚间穿越时空完成他们与"前辈"之间的历史勾连。

3. 骚扰

相对以图财为主要目的的暴力、敲诈相比，骚扰虽然也可能会帮助传统乡村灰色群体获取钱财，但其重心却在于精神方面的享受。需要说明的是，这里的骚扰并非社会中普遍意义上一对一的性骚扰、电话骚扰或垃圾短信，而是发生在特定环境条件、时空背景下的骚扰行为。其中较为典型的便是在乡间夜戏中实施骚扰行为。

搭台唱戏是我国许多地方的传统民俗，在农闲、节日庆典或庙会期间，乡村便会请戏班到村中唱戏，丰富百姓的精神生活。为兼顾生产生活，这些表演活动往往在夜晚进行，故又被称为"夜戏"。在中国古代，不同于城市中管理严格、照明条件较好的娱乐场所，夜戏演出因其人多眼杂、环境昏暗、供应酒食而地痞无赖实施骚扰行为的绝佳时机。不少地痞无赖会借演戏、观戏之机，大耍淫威，扰乱社会秩序。明末歙县知县傅岩列举了地痞无赖借夜戏之机大行敲诈勒索、坑蒙拐骗之举的种种劣行："徽俗最喜搭台观戏，此皆轻薄游闲子弟，假神会为名，科敛自肥，及窥看妇女、骗索酒食。因而打行、赌贼乘机生事，甚可怜者，或奸或盗。"[1] 新中国成立初期，乡村经济相对落后，在很长的一段时间，请戏班到村中唱大戏的传统仍然持续，甚至还增加了风靡一时的夜间露天电影院这种极具早期工业化和集体化特征的娱乐方式。此二者自然成了第一代乡村混混创建和巩固乡村江湖的"根据地"，他们借此契机呼朋引伴、骚扰妇女、拉帮结派的行为与数百年前歙县的地痞无赖们何其相似。这种情况直至改革开放后，

---

[1] （明）傅岩：《歙纪》卷八《纪条示·禁夜戏》，陈春秀校点，黄山书社2007年版，第107—108页。

农民娱乐开始转向电视这类封闭式家庭娱乐的20世纪90年代才逐渐消弭。但这种行为在乡村的消失并不意味着其在社会上的绝迹,实际上,时至今日城市中的酒吧、迪厅等人员密集、光线昏暗、声色犬马之地仍骚扰频发。鉴于这种行为较少发生在乡村,本书便不再进一步讨论。

4. 与基层政权组织合作

传统乡村灰色群体毕竟是一个犯罪群体,虽然在其势力和影响力较小,或基层政权组织正在面临更为严重的困境时,基层政权组织通常不会对其采取强硬态度,但其势力和影响力不断增强的过程同样也是其对基层政权组织稳定性威胁日益严重的过程。当这种威胁到达一定程度时,基层政权组织便会出于维护其稳定性和合法性的目的对传统乡村灰色群体实施重点打击。为避免这种情况,传统乡村灰色群体便只能选择寻求与基层政权组织相互合作,这不仅可以为其披上合法性的外衣,巩固其在乡村的地位,还可以避免遭到基层政权组织的打击。

在古代,与基层政权组织合作较多的传统乡村灰色群体当属地痞无赖。基层政权组织出于维护其正统性和合法性的考虑,在执行上级政府政策与法令时通常无法直接使用暴力等强制手段,而地痞无赖虽然缺乏合法性,但却恰好是通过暴力建立起对普通百姓压制和影响力的群体。由此,二者便吊诡地成为一种互补角色。基层政权组织给予地痞无赖一定的合法使用暴力的身份(这通常是基层政权组织内的各类小吏,甚至有的职位连小吏都算不上,用现代的话讲,充其量只能算政府劳动购买人员),地痞无赖则在利用这些身份将暴力合法化的同时帮助基层政权组织推动个别政策的实施。这种传统乡村灰色群体与基层政权组织暗通款曲,各得其利的行为特征在新中国成立以后依然存在。前文所言的"好混混"在实质上也是传统乡村灰色群体与基层政权组织合作的一种体现。可见,传统乡村灰色群体之所以能与基层政权组织合作,与后者工作人员的懒政、怠政不无关系。

（四）对乡村社会秩序的整合

正如本节引言所述，传统乡村灰色群体具有两面性，整合乡村秩序，建立起自身更加长久、稳定甚至合法化的利益获取渠道是部分乡村灰色群体的不懈追求。在古代，传统乡村灰色群体为实现对乡村社会秩序的整合各显其能：地痞无赖们大多先通过暴力建立起对普通百姓的压制和影响力，再伺机谋得基层政权组织内各类小吏的职位，并以公权力为靠山强化其对普通百姓的压制和影响力，最终在一定程度上实现对乡村社会秩序的整合；讼棍则是通过在与基层政权组织的对抗中获得普通百姓的信赖，进而煽动舆论和群体事件，通过正向干预普通百姓行为的方式整合乡村社会秩序；而并未长期生活在乡村社会中的匪帮通常会选择在乡村中扶持代理人，以武力作为其后盾整合乡村社会秩序。在现代乡村社会，致力于整合乡村社会秩序的是第三代混混，其目的除了维护自身利益外，还可能是维护乡村集体利益，甚至在乡村内部济弱扶倾。

无论古今，在对乡村社会秩序的整合方面，传统乡村灰色群体可谓是殊途同归，不过普通百姓和基层政权组织在对待这些乡村社会异己力量的态度则迥然有异。以对待匪患和地痞无赖、乡村混混比较为例。对待杀人越货的匪帮，正如本书第一章第三节提到的王村圩的例子，普通百姓多持敌意，甚至自发筑圩挖沟与之抗衡；基层政权甚至管辖更大区域的地方政权亦是动辄干戈相向，主动采取军事手段镇压。与之相反，他们对待地痞无赖和乡村混混的态度则多少有些暧昧。如上文所述，在对待地痞无赖时，普通百姓普遍秉持着"能忍则忍"的处事原则，即使与之发生暴力冲突，这种暴力冲突亦只会停留在个体层面上，鲜有上升至群体事件的情况。而就对待乡村混混而言，进入21世纪以后，现代乡村建设的急速推进没有给人们预留足够的思索空间，社会思想以及理念结构的开放程度远未跟上经济结构的开放程度，这就难免使得许多人在资源重组和利益分配的迷局面前乱了方寸。在此期间，乡村混混不仅趁乱占得先机赢得经济霸权，还在破解乡村社会格局重构的迷乱中攫取了话语霸权。凭此,他们几乎成为主导乡村社会格局的结构性力量,而获取和维护这种力量的主要手段显然携带着威胁、暴力等因素。因此,在面对乡村灰色群体时,一方面,普通群众更加倾向于采取暴力手段解决问题——当他们觉察到形势不对时,普通群众会舍弃已经无用的"弱者的武器"转而采用以暴制暴的方式力求尽可能地争取利益。由此,混乱再次升级。另一方面,为了确保乡村社会秩序的相对稳定,基层政权组织有时不得不向乡村混混妥协,甚至部分乡村混混趁着基层群众自治制度拨乱反正、改革落实的东风,摇身一变直接化为基层政权组织的控制者之一,执法与违法相互粘连的局面便不可避免地出现了。正如陈磊指出的那样,在实行村民自治制度的乡村,权力不仅与金钱勾兑,更呈现出与暴力苟合的倾向,村官们借助暴力巩固权力、维持秩序、攫取利益。[①] 姑且不论这种局面会维持多久以及其对基层社会治理究竟带来多大的负面效益,仅以乡村混混在基层社会治理和乡村秩序整合中扮演的角色而言,与历史上的传统乡村灰色群体"前辈"们相较,他们似乎取得了"革命性成果"。

四 传统乡村灰色群体犯罪的应对之策

乡村振兴是中国式现代化的重要抓手,乡村社会发展状况终究是决定中国社会发展总体水平之"木桶"的那块短板,是故,中国社会转型的完成与否终将以乡村社会的转型为衡量标准。而美好乡村的建设不仅仅是乡村经济水平得以发展、农民居住的生活条件得以提升,至为重要的是,农民思想与理念得到整饬与提升。否则,经济发展与物质生活水平的快速提高只会制造出乡村观念的混乱。可以说,思想的混乱将会成为未来乡村治理所面临的最大难题。

上述论断或许可以从以下问题中窥知一二。为何很多外出农民失去了故土情结,不再将故乡视为安放其心灵的最佳场所?为何诸多年

[①] 陈磊:《中国农村政权组织涉黑化倾向及其遏制》,《政法论坛》2014 年第 2 期。

轻农民在处理事情时不再如父辈们顾及乡情，只想着利益？为何农民工临时夫妻成为引人关注的社会现象，乡村离婚率也节节攀升？为何传统的乡村礼仪消失殆尽，取而代之的是长幼失序？为何"读书无用论"会再次兴起，以致乡村的学校一再减少，辍学的乡村儿童逐年递增？如此等等，这些问题的形成固然原因复杂，但贯穿其中清晰可见的一条思想主线是很多农民失去村庄认同感。

与之相较，乡村江湖尽管经历了解散、重建的历史风波，然而今天仍兀立在乡村的烟波里；乡村混混的事业虽然屡遭挫折，但是他们已经在时代的潮头完成了"华丽转身"，仍然以"弄潮儿的风姿"觊觎这里的一切。

当内生型的村民变得外向，不再关心乡村发展，任由乡村中的"外人"或者"熟悉的陌生人"把持村庄政务的时候，就意味着乡村文化已经日薄西山，乡村的自然意义亦终将为日益消沉的心理机制所消融，乡村的公共性也将随农民个体政治性的流逝而消亡。

那么，如何才能找回失落的乡村，如何才能让农民重拾尊严？是不是如有学者所言，重塑新的乡村社区就能使农民重拾村庄的公共性，从而令其在村庄政治中找回主人翁的感觉？但新的问题是，美好乡村理念下的新农村建设会不会打破乡民们仅存的一丝地缘情，底层农民对乡村的向心力究竟是因为新村舍凝聚还是疏散了，而此过程所制造的盈利机会会不会再次搅动乡村江湖格局，乡村混混的地盘之争会不会带来新的次生危机，如何才能消除至少是削减传统乡村灰色群体犯罪问题。这些问题的答案尚需摸索，但本书认为，结合上文所述传统乡村灰色群体的串联，应对当下乡村灰色群体犯罪问题，至少要从以下五个方面做起。

（一）缩小城乡差距

应对传统乡村灰色群体犯罪问题，首要工作在于减少传统乡村灰色群体的增量。已有的传统乡村灰色群体或自身幡然悔悟，或经由刑罚改过自新，数量必然呈长期下降趋势，只要传统乡村灰色群体不再或少有新的血液进入,其总量便会长期处于低位。上文论及,无论古今,传统乡村灰色群体产生并扩张的根本社会原因乃是乡村土地兼并和社会发展的不平衡带来的城乡差距扩大。新中国成立后,社会主义公有制和乡村土地限制买卖的推行使乡村难再出现大规模土地兼并的情况,但经济高速发展与工业化进程一方面加快推动了农业机械化、规模化的步伐,在提高农民劳动生产率的同时也造成了乡村劳动力的大量剩余;另一方面也使得城乡社会发展之间的鸿沟进一步扩大,乡村社会发展呈现出不平衡、不充分、不健全的情况,使之成为滋养传统乡村灰色群体的新温床。

因此,为减少传统乡村灰色群体的增量,缩小城乡社会发展差距势在必行。一方面,应当全面践行乡村振兴战略,提高乡村社会发展水平。其中,不仅要通过各种手段推动乡村经济发展(本书其他章节已有涉及,此处不再展开论述),还要着力于完善乡村各种社会制度,加强乡村软实力建设,现代化乡村居民的文化素养和思想观念,使乡村不再与"土味"绑定起来。另一方面,对于经济发达的大型或特大型城市,应当进一步强化城乡之间的交通便利程度,降低交通的时间与金钱成本。缩小城乡差距,不是一味地在城市中高筑壁垒,通过高房价和严格的户籍制度阻止进城务工人员定居,而应是通过高效、便捷、廉价的公共交通系统帮助进城务工人员实现工作在城市,生活在乡村,以此创造更加紧实的城乡纽带,动态同步城乡社会发展进程。对于经济发展相对落后的中小型城市,应当首先努力吸引外来投资,推动本城市产业发展,为城市周边乡村居民创造更加优质的工作岗位,再在此基础上通过降低交通成本,动态同步城乡社会发展进程。

(二)重塑村落文化

正如上文提及,改革开放后,传统乡村社会中的诸多陋习并没有随生活水平的相对提升而改变,反而在经济切割和乡村混混暴力文化的冲击下丢失了以往的传统熟人社会赖以存在的温情与和睦。积淀多年的中国乡村传统社交礼仪几乎消失殆尽,其对乡村伦理的维护和社会秩序的维持功能几乎分崩离析。在此背景下，反正统、反教化、好逸恶劳、崇尚暴力的理念在乡村混混身上涌现便也不足为奇了。

可见，应对传统乡村灰色群体犯罪，不能忽视文化的力量。拯救和重塑村落文化，并非简单地建新房、刷标语，而是要在乡村培植新型文化娱乐方式，取代一些低俗文化娱乐方式。本书调研组在皖北乡村的调研中听闻，在那里，打麻将几乎成为乡村居民的生活常态，还被美其名曰"麻将文化"。而经走访后，本书调研组发现，沉迷麻将促使一些乡村居民终日得过且过，不愿挣钱养家，对管教孩子亦失去耐心，乃至在蝇头小利之争中乱了长幼辈分、伤了情面。更有甚者，人员错杂的麻将桌有时还成为滋生婚外情的场所，这无异不为乡村犯罪的发生埋下了隐患。其实，打麻将并非这些村庄的传统，很多村民也都是近期才学会。据一些年长者回忆，以前农闲时为排遣寂寞，村民会自发组织在一起拉拉胡琴、唱唱地方戏，再不济聊聊大天，生活也过得有滋有味。本书调研组在走访中发现，淮河沿岸的一些乡村流行在农闲时"玩花鼓灯"就令人眼前一亮。因此，重塑村落文化不仅可以从取缔低俗文化入手，还可以推动优秀传统文化的复兴，并趁近年来旅游经济发展的东风，将乡村优秀传统文化与乡村旅游产业相结合，实现经济发展与文化重塑齐头并进。

（三）培养新的乡情原则

自然意义上的乡村是以地缘为中心构建而成的，在此基础上，勾勒心理意义上的乡村符号，而圈囿和巩固乡村熟人社会的核心要素和心理机制就是乡情。乡情主要包括乡村居民对土地的热爱，出走乡村者对故土的眷恋，以及他们个人与村庄维系一体的荣辱感。在另一层面上，乡情指的是邻里之间和睦相处，互惠互让，讲人情，顾面子。后税费时代，新生代农民的土地依赖感被逐步剥离，市场经济的外向性催生了农民新的心理机制，传统乡村灰色群体的暴力文化亦对传统的乡情原则造成了致命伤害。但是乡村的道德秩序不应该彻底失位，相反，需要呼唤、确立乡情的新内涵并构建新的乡村伦理体系。在本书看来，构建乡村诚信体系是其中的核心命题，也是培养新的乡情原则的首要任务。

构建乡村诚信体系，不仅要通过地方政府和媒体宣传诚信文化、教育机构开展诚信教育等方式加强思想倡导，还要通过开展乡村集体活动，如举办村庄传统节日庆典、开办乡村集体所有制企业、传承和保护乡村的传统文化等方式提高乡村居民的对乡村的集体荣誉感。使乡村居民乐意相互信任、相互帮助，共同为维护乡村社会稳定，促进乡村社会发展贡献自己的一份力量，并进而从乡村社会切实的发展中获得成就感，深化对乡村的情感联系。

（四）提升农民的政治参与感以重塑乡村社区的公共性

国家需要在乡村社会构建一个群众权利的表达机制，实现国家权力与群众权利的有效对接。[①] 在不少地方，村民自治制度流于形式，地方政府干涉村民自治、乡村混混把持村务的现象屡屡发生，而其最大的后果就是使乡村群众已经失去于这一制度建立之初时积极参与政治的热情。本书调研组在调研中发现，乡村居民普遍体现出对政治生活的冷感，每遇村中选举，需要多方游说才会有人去走个过场。

村民的政治参与性与村庄的公共性之间唇齿相依，对乡村政治的冷感必然导致村庄公共性的失却，直至村庄不村。所以当前的任务不是搭建一个让村民顺畅表达的话语机制，而是找到一个促进村民愿意表达的心理机制，只有大多数村民在心理上认同自身的乡村社会主人翁地位，并拥有现代政治生活中公民的使命感，才可能主动参与到乡村政治生活中，从而扶正乡村发展的轨道，完成对传统乡村灰色群体犯罪的治理。

（五）强化乡村执法力量

在人口老龄化和人口负增长的当今社会，乡村地区的人口数量和

[①] 赵晓峰：《找回村庄——〈乡村江湖：两湖平原"混混"研究〉读后》，《学术界》2012年第6期。

人口结构早就处于异常状态。青壮年男性匮乏、地广人稀的现状决定了通过增加编制和配备以强化乡村执法力量的做法并不具有现实性和可行性。因此，如欲提高基层政权组织对乡村地区的控制能力，关键在于提高执法主体的执法能力。一方面，地方政府应当全面加强对乡村执法人员的执法能力培训，使乡村执法人员掌握更加完善的案件处理规范，提高乡村执法人员的执法效率。此外，还需注重对乡村执法人员教育规训犯罪分子能力的建设，实现乡村执法与传统乡村灰色群体教化的一体化。另一方面，还要使用高新科技辅助执法，不仅要完善乡村执法数字化信息系统，协助执法人员进行案件管理、信息共享和数据分析，提高执法工作效率和情报收集能力；还可以考虑将目前已经接近成熟的无人机技术引入乡村执法中，利用乡村地区建筑物相对低矮和稀疏的优势，通过无人机定期、定点巡逻和监控，扩大乡村执法工作覆盖的范围，缩短乡村执法力量对传统乡村灰色群体犯罪的反应时间。

第三节　现代乡村灰色群体犯罪及其治理

一　引言

人口流动给城市带来各种社会异质者，其中一部分构成社会中的灰色群体。与选择生活、居住在距城区相对较远的村庄、乡镇或进城务工后由于种种原因返回距城区相对较远村庄、乡镇的乡村灰色群体相比，城乡接合部、城中村或鱼龙混杂的公共场所则成为这些现代乡村灰色群体的主要活动场域。他们选择在特定的场所（灰色地带）和特定的时段（灰色时间），用超乎寻常的举止（灰色行为）给人类文明制造不和谐音符（灰色文化）。

不同于具有相对稳定性的传统乡村灰色群体，现代乡村灰色群体是近几十年改革开放后经济腾飞与高速城市化的产物，这就决定了现代乡村灰色群体具有与传统乡村灰色群体不同的特征，以及在其人员组成、基本特征、行为模式等具有较快的嬗变速度。为更加准确地界定现代乡村灰色群体，本书利用人类社会学的研究方式，到现实社会中去采撷具体样本以注释抽象的理论。在样本使用上，按照社会科学的匿名规则，本书调研组在归纳调研结果时对于所涉及的街道、社区地名和具体人员姓名进行了匿名处理。

二 调研重点关注的几类样本

（一）样本的界定

本书关注的是现代乡村灰色群体，而样本选取面临采集地点、采集对象和采集方式的选定问题。在此之前，还需要界定灰色文化与灰色地带，并结合本章第一节中对于现代乡村灰色群体的概念考察三者之间的关联度。

1. 灰色文化

在董士昙看来，所谓灰色文化是指那些既不同于占主导地位的主文化或精英文化，也不同于与社会完全对立的反文化，而是在价值倾向上介于主文化与反文化之间的一种具有"中介"性质的文化。[1] 本书认为，城市[2]中的灰色文化是与城市文明格格不入的亚文化现象，它是作为一种非社会主导价值体系而存在的。灰色文化中含有诸如拜金主义、个人英雄主义、享乐主义等粗俗乃至庸俗的价值偏好。近年来，城市快速发展给灰色文化滋生制造了更大的空间，其影响力越来越大，尤其对于青少年的侵袭最为严重。"街角青年"这一灰色群体的产生在很大程度上便是受灰色文化影响。而反过来，正如张士军的研究所指出的那样，以青年民工为载体的都市街角文化加剧了城市文

---

[1] 董士昙：《"灰色文化"与青少年犯罪》，《公安大学学报》2000年第4期。
[2] 此处的"城市"是一个广义的概念，其不仅包括行政区划意义上的城区，还包括与城区接壤的城中村和城乡接合部。之所以在此处采取广义的概念，是因为文化作为一种无形的精神力量，其影响范围是无法被严格划定的，在城区中产生、发展的文化必然顺着城市内的短途人口流动（如通勤、流动经商）蔓延至与城市接壤的城中村与城乡接合部。

化失范的步伐。① 由此，城乡接合部、城中村等地区作为人员集中、人口性质复杂的聚集地，寄居于此的灰色文化亦形态万千，不一而足。可以说，但凡是灰色群体活跃的地方就是灰色文化滋生的地方，也可以说，灰色群体就是灰色文化的载体，灰色文化可以随着灰色群体的流动而蔓延至整个城市。在调研中，本书调研组将采集一些相对典型的样本，采用列表的方式对灰色文化进行集中研讨。

2. 灰色地带

灰色地带往往被用来形容一些被忽视或者不被重视的地方，例如运行机制或者管理体制中的漏洞，法律规范的盲点等。而本书所言的灰色地带则具有特定的含义，简言之，其是指灰色文化滋生、灰色群体活跃的空间地理位置。当然，灰色地带形成的原因很多。基于城市空间学说，从城市内部社会分化角度，一方面，城市是社会精英高度集聚之地；另一方面，城市中又存在着大量低技术、低工资的劳动力和流民。这就使得城市出现"碎片化""原子化"和"双城化"等态势。② 外来的务工人员和刚刚辍学的灰色学生群体往往作为生力军来打造属于自己的灰色地带。

本书的研究视域主要集中在案例城市的郊区，即城乡接合部、城中村等灰色群体聚集的地方。显然，在鱼龙混杂、灰色群体聚集的地带，更容易撷取典型区域和特定时段的分析样本，从而使得研究对象更具文本上的张力。当然，在具体对象样本采集上，本书调研组亦非大面积撒网，而是选择具有典型意义的群体组织作为考察对象。因为正如社会学家朱晓阳在研究乡村秩序时的经验，即"选择一个自然村落作为分析单位适合这项研究，单一自然村是进行延伸个案分析的适合单位"③。

基于此，本书调研组主要选择以下两类地区作为灰色地带的样本：

---

① 张士军：《"民工潮"与都市街角文化的变迁》，《中国青年研究》1994年第2期。
② Saskia Sassen, *The Global City* NJ, Princeton University Press, 1991, p. 87.
③ 朱晓阳：《小村故事——罪过与惩罚（1931—1997）》（修订版），法律出版社2011年版，第28页。

其一，城乡接合部。城乡接合部通常指是指兼具城市和乡村的土地利用性质的城市与乡村地区的过渡地带，尤其是指接近城市并具有某些城市化特征的乡村地带。[①] 城乡接合部属于地理学意义上的城市偏远地带，是城市交通管制、行政干预以及社区自治力量的薄弱地带，是管制政策处于摇摆、暧昧和纠结的中间地带。在城乡接合部，国家控制力会因为基层政权之间的分化乃至冲突有所耗弱，这种情形反而使其成为人类社会学乃至犯罪学研究上的典型素材。

其二，城中村。城中村是我国城市化和工业化过程中出现的独特现象，指位于城区或规划城区范围内、依然部分或全部保留行政村建制，且实行集体所有的土地制度、内部居民不享受城市居民的社会福利待遇和就业政策的农村社区。[②] 城中村虽然在地缘上已经被城市覆盖，但是村民的生活习惯和节奏一时间还难以与城市化进程合拍，容易成为城市灰色文化滋生和灰色群体活动的场域。

本书将城中村划分为两类，即典型城中村与非典型城中村：

一方面，虽然各个学科对城中村实际类型的划分有所区别，但毫无疑问，各学科均认为处于市区较为中心的繁华地区，虽然属于农村建制，但不拥有耕地、不再从事农业生产的农村是典型的城中村。此类城中村的居民往往不事生产，通过在宅基地上改建自己的房子，并将之租给外来务工人员获取租金作为收入。他们在通过收取租金积累大量财富后，也不会再居住在城中村，而是选择购买城市中更加高档、基础设施和管理更加完善的城市商品房。这就使得典型城中村中居住的尽是来自五湖四海的外来务工人员，也被称为城市里的"陌生人"。总体而言，他们文化和法律素质偏低，往往成为容易吸引和接纳城市中的不安分因素的载体。事实上，本书调研组发现，这些典型城中村往往成为传销组织的温床，也成为街角青年的喜欢光顾的地方。

---

① 参见中国大百科全书官方网站"城乡接合部"词条，https：//www.zgbk.com/ecph/words？SiteID=1&ID=496829&Type=bkzyb&SubID=219624，2023年10月24日。

② 参见中国大百科全书官方网站"城中村"词条，https：//www.zgbk.com/ecph/words？SiteID=1&ID=395433&Type=bkzyb&SubID=95637，2023年10月24日。

另一方面，考虑到本书研究领域与研究对象的特殊性，结合研究目的，本书调研组在调研时，将典型城中村被拆迁后，开发商或其他建设单位集中建设、安置典型城中村内的原村民的特定社区纳入城中村的范围，将之称为非典型城中村。虽然非典型城中村中的村民已经生活在符合城市规划和建设习惯的居民小区中，但是其仍然保持着很多在乡村居住时形成的传统和习惯，因而同样具有与乡村相似的特质。

(二) 样本抽选与分析

在样本的抽选上，本书调研组在调研中亦注重对泛灰色文化现象也就是一般灰色行为进行调研，因为在看似不起眼甚至无伤大雅的泛灰色文化现象下往往藏匿着不健康的价值观，这也成为滋生现代乡村灰色群体的源头。当然，本书调研重点对象还是几种典型的现代乡村灰色群体，主要集中在灰色中学生群体、街头混混、传销组织、社区矫正对象、广告宣传和公共场所周边的灰色身影等。在调研的推进中，本书调研组还从不少调研对象处收集到一些关于"黑社会"的情况。虽然其与灰色群体有诸多关联，但考虑其已经超越了现代乡村灰色群体所能涵括的范畴，向黑色群体无限靠近，不再是街道社区政府所能全面控制的。故而关于黑社会性质组织及黑色群体的调研不作为本研究重点，只是在调研"街角青年"混混团体和中学生灰色群体时会涉及一些。不过，正如上文所述，黑社会性质组织中不仅仅有黑色群体，也活动着诸多灰色群体，而在其他灰色群体之中也能窥见黑色群体的身影。比如，在本书调研组对某一社区矫正人员的调研中，就发现其中有人曾经就是黑社会性质组织中的一员，并且在缓刑期间仍然和这些人有诸多交集。

调研采用的方法主要有观察法、问卷法、访谈法。问卷调查乃定量研究，调查结果运用数据分析等方式。访谈既有随机访谈，也有深度访谈。随机访谈由本书调研组选在典型区域之街边、路口随处进行；深度访谈则采用半结构式的访谈。在做访谈和问卷时，本书调研组承诺对收集到的受访人信息保密，在调研数据的使用上亦进行了匿名处理。

以下为本书调研组抽取的具体样态，以列表、简要说明和叙述等方式予以展现。

1. 一般灰色行为

表 4-1　　　　　　　　　一般灰色行为一览

现象	调研方法	简要说明
公交问题	观察	存在投游戏币，少投、不投币，公交抢占座位等现象
小广告	观察、问卷	除常见广告印发外，还呈现出种类、发放、张贴位置变化等情况
闯红灯	观察	行人、电动车、自行车为主
车辆乱停放	观察	私家车占道停放，出租车随处停放等
车窗抛物	观察	行车期间随手将纸张等废弃物从窗子丢出
着装不文明	观察	夏天公共场合男性赤裸上身
语言不文明	观察、访谈	有人不分场合随口污言秽语
举止不雅	观察	年轻情侣在公共场合行为过于亲密
公共区的毁损	观察、访谈	旅游景点涂画，损坏公共场所草木、娱乐设备等
公共泳池卫生	观察、测量	有人在泳池小便
公共厕所卫生	观察	火车站、驾校、体育馆、学校等地不少公厕卫生状况堪忧
餐桌现象	观察	食物浪费、大声喧哗，以年轻人为主
宠物问题	观察	宠物随处大小便，带到公交车上，在餐馆里将宠物摆餐桌上等
社区中的报复	观察、访谈	为报复私家车乱停放而用刀具刮车，为阻止广场舞泼污水等
高空掷物	访谈	高层丢垃圾，倒脏水等
乱丢垃圾	观察、访谈	发生在居民生活区、菜市场、旅游景点等地
制造噪声	观察、访谈	主要有车辆按车喇叭、装修、燃放爆竹、沿街叫卖、歌厅等
围观、哄抢	观察、访谈	对街头事件围观起哄、哄抢事故现场财物等
不良手机文化	访谈	手机中的成人图片、不雅视频、黄色小说开始出现
驾校索取财物	访谈	集中表现为教练向学员索取烟酒、购物卡乃至现金

通过调查结果可以看出，一般灰色行为多为不道德行为，如着装

不文明、语言不文明、对宠物的管理不规范、围观起哄行为等，但也存在一般违法行为甚至犯罪行为。一般违法行为如毁损公共场所财物、举止不雅、车窗抛物、乱丢垃圾、公共场所泼污水、闯红灯、乱贴小广告、坐公交不投币、刻划他人车辆、传播不良手机文化、驾校教练索取财物等。一般违法行为极可能构成民法上的侵权，如车窗抛物、毁损财物等，其中情节严重者可能会升级为犯罪，如上述一些行为可能构成故意毁坏财物罪、传播淫秽物品罪、危险驾驶罪、非国家工作人员受贿罪等罪名。虽然这里所列的一般灰色行为属于违反道德、一般违法乃至犯罪行为，给当地居民的生活和工作带来了侵扰，而且有些行为已经成为普遍现象，但是，其主体一般为个体，即便围观起哄、广场舞制造噪声等灰色行为主体众多，但也很难称得上灰色群体，因而这些灰色行为不宜列入灰色群体研究的范围。在此，本书只是将其作为一种样本，用以为下列典型现代乡村灰色群体样本提供比较对象。

2. 从灰色中学生群体到街角混混团体

青少年犯罪率居高不下一直是困扰理论界和实务界的法律难题和社会事件，而近年来，随着农村留守儿童数量的增多，"读书无用论""学习无用论"等观念再次萌现，中学生犯罪现象成为日益突出的社会问题。校园事件频发，很大程度上源自中学校园的学习风气和中学生灰色群体的广泛存在。据了解，甚至在有些地方，小学的高年级学生中甚至都存在灰色群体，不过鉴于其年龄过小，也难成气候，与本书所言的现代乡村灰色群体存在本质差别，所以本书调研组并未将之作为考察对象。

中学生灰色群体广泛存在于城市和乡村的各级、各类学校，而城市与乡村人员相互交流密切、各类文化混杂的城乡接合部往往成为重灾区。因而，本书调研组决定将以此灰色地带作为调研中心。为此，本书调研组采用调查问卷和深度访谈相结合的方式，分别对位于安徽省合肥市某地区的 LY 中学和位于江苏省徐州市某地区的 MC 中学展开调研。LY 中学是一家私立寄宿中学，初中部、高中部都有，素以管理严格著称。MC 中学是公立学校，只有初中部，学校由中心小学演变而来。在相关人士的配合下，本书调研组在 LY 中学选择向高一年级的 5 个班发放调查问卷 320 份，向教师发放调查问卷 20 份，向周边铺面经营者、当地居民发放调查问卷 38 份；在 MC 中学选择初三年级 3 个班发放调查问卷 170 份，向教师发放调查问卷 12 份，向周边铺面经营者、当地居民发放调查问卷 35 份。因为此次调研的重点并非中学生灰色群体的成因、概念、特征、结构等深入细致的问题，而只是希望通过调研从宏观层面了解这一群体是否存在及其危害性如何，因而调查问卷的设计相对简单，问题亦较为明了，其核心即为"学校中有没有混混团体存在""对此你怎么看待"等。具体调研结果总结如下：

表 4-2　　　　LY、MC 两校中学生灰色群体调研情况

调研对象	有效问卷数（LY）	有效问卷数（MC）	有效深度访谈数（LY）	有效深度访谈数（MC）	地点（学校）
学生	320	170	12	9	LY 中学，MC 中学
教师	20	12	5	3	
周边居民、经营者	38	35	8	6	

就"学校有没有混混团体存在"问题的回答状况来看，MC 中学初中生回答"存在"的人数为 71 人，占总数的 41.8%，回答"不存在"的学生数为 42 人，占总数的 24.7%，剩余的则是回答"不知道"；LY 中学高中生回答"存在"的人数为 158 人，占总数的 49.4%，回答"不存在"的人数为 101 人，占总数的 31.6%，剩余的则是回答"不知道"。从上述调研结果可见，两个学校回答身边存在混混团体的学生比例数都大于回答不存在的学生比例数。灰色群体的存在感并未因私立学校 LY 中学严格的管理措施而遭到削弱，这可能与 LY 中学属于其初中、高中合办，而且学生的学习素养普遍偏低有关。

但就这一问题，教师们的回答则相对保守，调研结果显示，LY 中学的教师中仅有 2 人回答"存在"，占总数的 10%；MC 中学的教师中仅有 1 人回答"存在"，占总数的 8.3%。与之相对，周边居民肯定学校存在灰色群体的人数的比例则与教师明显相左。MC 中学周边居民肯定学校存在灰色群体的比例为 42.6%；LY 中学周边居民肯定学校存在灰色群体的比例则更是高达 60%。同是作为成年人的评价结果，教师和周边居民对此问题的回答差距为何如此之大？这个异常情况引起了本书调研组的关注。

随后开展的深度访谈似乎部分解答了这个问题。由于本书调研组采用的是半结构与单个对象访谈相结合的方式，为了消除教师的顾虑，本书调研组对教师的访谈主要采取单独访谈的方式。这一方式弥补了此前调研方式的不足，也显著影响了访谈的结果：LY 中学接受访谈的 5 位教师中，有 4 位教师明确表示，学校中的确有混混存在，并且他们对学校中的学生帮派也有所耳闻，另 1 位老师则含糊其词，认为学校可能存在学生混混团体；MC 中学接受访谈的 3 位教师都认为学校中存在混混群体。

在深度访谈中，本书调研组还了解到，在学校中，每个年级都有"混社会"的人，与传统观念不尽一致的是，在混混群体中，女孩亦不占少数。LY、MC 两个学校的混混团体都有响亮的名号。除了 MC 中学的"十三太保"取人数而定帮派名号，和 HX 分社这一来源于当地街区黑恶势力团体 HX 社之外，其他混混团体的名号多源自影视剧中黑社会帮派的称呼，如"斧头帮"等。有些帮派的形成往往起因偶然，比如初三年级的"XD 帮"就是该年级学生因常受到高中年级学生欺负，而自发组建起来的。后来，为了应对日益壮大的低年级帮派的挑战，高年级学生又纷纷成立"BW 团""LM 会"等组织。

上述几个灰色群体的初期活动场域仅限于学校，行径也限于欺负其他同学（让其他同学帮助洗衣、买饭等）和索要少量财物。但是随着组织逐渐发展壮大，中学生灰色群体的活动场域不再仅限于校园，而是扩大至校外。其扩张方式主要表现为两类，一方面，初成气候的中学生灰色群体往往会寻找校外街角混混作为靠山以稳固并扩大势力，使得二者最终沆瀣一气，例如上述 HX 分社。另一方面，一些学校的混混和外校的混混虽然井水不犯河水，但是为打出名声或者结成友邦，也会互相频繁联系。由此，中学生灰色群体便逐渐走到校外和街角混混沾染在一起，或者有的就干脆把混社会当成"主业"，到教室上课反倒成为"副业"。调研还发现，两个学校的中学生灰色群体中的绝大多数人随时面临着辍学危机，有的甚至直接辍学成为街角灰色群体的"生力军"。

此外，街角青年灰色群体虽然会广泛吸收大量城乡接合部中的乡村青年和不务正业的城市青年作为"马仔"，而这些年轻的混混有的刚刚从中学生灰色群体中脱离出来，有时还游离于"散兵作战"和"集体生活"之间。但鉴于街角青年混混群体已经开始向有组织、有预谋、有经济基础、有"保护伞"的黑社会性质组织靠近，其颜色的深度已经不适宜再列入灰色群体的考察重点，本书便不再对街角青年灰色群体开展详细论述。

3. 社区中的矫正对象

按照我国《刑法》和《刑事诉讼法》的规定，社区矫正机构是暂予监外执行、缓刑、假释、管制等刑罚或刑罚执行措施对象的监管机构。社区矫正对象属于狭义犯罪的犯罪分子，乃标准的黑色群体。不过在社会学和犯罪学意义上，这一群体的特别之处在于，其虽然已经"染黑"，但大多罪行不重，而且正在"漂白"。相较于犯下重罪、被要求在监狱、看守所里执行刑罚的其他犯罪分子，社区矫正对象被置于社会上服刑。从外在形式上看，社区矫正对象与常人无异，具有一定的行动自由，可以依法参加工作，享受同工同酬，但社区矫正对象中的一些人仍然是社区的不稳定因素，因为，除了其本身可能继续犯罪以外，社区矫正对象还可能会与其他有前科者、潜在犯罪者或者当地黑社会性质组织有牵连。为此，本书调研组亦将其作为调研对象，共调查了安徽、江苏两个省份中四个社区的矫正情况。四个社区所监管的矫正对象人数不一，分别是20、11、17、13人，涉及罪名虽然不同，但多数都是常见罪名。不过，由于安徽省合肥市XY社区地处矿区，相关社区矫正对象会涉及贪污、渎职、重大劳动安全事故等罪名（具体见表4-3）。

表 4-3　　　　　　　安徽省合肥市 XY 社区矫正对象一览

姓名	性别	年龄	罪名	矫正理由
王×	女	35	盗窃罪	有期徒刑、暂予监外执行
顾××	男	39	盗窃罪	有期徒刑、假释
孟×	男	38	故意伤害罪	有期徒刑、假释
孟××	男	45	贪污罪	有期徒刑、假释
崔××	男	30	窝藏、转移、收购、销售赃物罪	管制
周××	女	52	妨害清算罪	有期徒刑、假释
卢×	男	41	交通肇事罪	有期徒刑、缓刑
张××	女	46	容留卖淫罪	有期徒刑、缓刑
轩××	男	53	渎职罪	有期徒刑、缓刑
李××	男	36	非法经营罪	拘役、缓刑
孙××	男	49	重大劳动安全事故罪	有期徒刑、缓刑
王××	男	42	诈骗罪（两次）	有期徒刑、缓刑
钟××	男	58	诈骗罪	有期徒刑、缓刑

资料来源：XY 社区提供。

从 XY 社区的社区矫正执行情况来看，该社区中，受矫正人数为 13 人，所涉及罪名既有盗窃、诈骗等常见犯罪，亦有重大劳动安全事故罪等不常见犯罪。正如上文所述，这是由于当地处矿区，存在卖淫罪、非法经营罪、贪污罪等"地利性"犯罪。而就刑罚及其执行类型而言，则以有期徒刑宣告缓刑的居多，占受矫正人数的一半以上。另外，被判处有期徒刑后假释的也有 4 人。

虽然社区矫正对象的总人数不多，但被判处管制、拘役的较少，而相较于管制和拘役，这些被判处有期徒刑的犯罪分子罪行相对较重，涉及罪名较为复杂，且盗窃、诈骗等犯罪又具有复发性，这些都无疑增加了矫正工作的难度。此外，XY 社区负责社区矫正对象监管工作的只有 1 人，其在工作中需要监管社区矫正对象的动向，负责社区矫正对象报告登记，并和街道司法所联系，定期报告本社区矫正工作相关情况。繁忙多样的工作也使得社区对社区矫正对象的监管力度并不大，平时要求社区矫正对象开展的社区服务等犯罪人改造工作几乎停滞。其他四个社区在监管工作开展方面与 XY 社区的困境大致相似。显然，在一定程度上，监管流于形式将成为社区稳定的一个隐患——本书调研组在随后的访谈中了解到，一些社区矫正对象至今仍然和社区中的混混团体有关联，甚至为了增加收入，为其跑腿，提供线索，转移赃物等。

4. 小区中的传销组织

传销组织不仅在遭受打击后很容易恢复，而且蔓延速度极快，其活动场域已从最初的沿海等地纵深至内陆省份，甚至欠发达城市也成为其活动"据点"。而且，为逃避打击和迷惑受骗者，其传销形式亦在不断翻新变种。

虽然传销组织有着严格的内部约束机制，通常不会主动与组织以外的无关民众产生冲突，而且其租住房屋、购买生活消费品等行为能够在一定程度上促进当地经济，但是，数量众多的年轻人聚集在一个狭小区域，激情、迷惘、困惑和经济上的困顿都如影随形，便使得有些传销组织的成员就像一颗定时炸弹，随时可能引爆。是故，称为城市社会中的不稳定因素乃至灰色群体亦不为过。根据我国《刑法》规定，从事传销活动构成犯罪的只是其领导者、组织者等少数人，而数量众多的"下线"不仅不构成犯罪，还很大可能是犯罪事件中的受害人。

本书调研组通过对两位曾经涉足传销的人员姜××和吴开展深度访谈，获得了传销组织及其活动的一些细节。姜××和吴×都是某职业技术学院的学生，姜××已经毕业，吴×还在三年级，两人属恋人关系。

在对姜××的访谈中，本书调研组了解到，其从职业学院一毕业就被高中同学骗至安徽省合肥市 XC 社区的一处传销组织，从一开始的抗拒到经过讲师授课、分析前景、传播励志故事等方法逐步"洗脑"后，姜××决定加入这一组织，不菲的"入门费"是其"上线"授意其从父母那里骗的。姜××之后的工作就是用游说等欺骗手段招揽亲友作为"下线"，其中就包括其女友吴×。而姜××最终之所以决心脱离这一群体，也是因为其女友吴×不惜以卧轨方式自杀的方式抗拒。事实上，即便没有吴×的自杀之举，姜××也到了山穷水尽的地步。在传销组织中，哪怕每天只需交 5 元的餐费，姜××身上的钱也所剩无几，连平时和亲友"联络"的通信费都难以为继。更要命的是，姜××多次发展"下线"均以失败告终，前景一片混沌，根本没有传销组织描绘的那番愿景。

在和姜××的谈话中，本书调研组得知，他们这一伙人来自天南海北，聚居在 XC 社区自由村的一片民房里，房屋是回迁房，也很少有正经装修。一般一条"线"上 10 个人租住一套套房，男女同住，只是房间分开。房子中没有床，人们便席地而睡，冬天也只是从批发市场购买最廉价的棉被。客厅相对"奢华"一些，有像样的桌椅板凳和茶具，主要用于会客。因为不同"线"甚至不同"分公司"的传销人员经常会相互走动，分享成功经验，特别当有人萎靡不振、打退堂鼓而本"线"人员又无能为力时，便会有讲师或者其他部门有经验、高学历等"光鲜"人物出面约谈，以解开心结，促其振奋。为了节省开支，尽可能增加"联络费"，传销人员的饭食很简单，堪比苦行僧，他们每顿以干饭或者白水煮面充饥，偶尔会派专人去附近市场挑些小毛毛鱼或者边角料猪肉打牙祭。传销人员多以年轻人为主，也有来寻找孩子但最终加入这一组织的年长者，而且每条"线"上基本都是沾亲带故的熟人，这条"线"发展至 10 人，最初发起者就成了"主任"，以此类推，30 人成"经理"，90 人成"总经理"等。

在这里，学历和以前的辉煌只能作为讲师们的教材，要真正成为"主任"和"经理"还需要靠自己发展足够数量的下线。组织传销的产品多是劣质衣服或者化妆品，但据讲师鼓吹，"公司"经销的是精神，物质暂时不重要。绝大多数传销人员经历着从最初入行的激情、憧憬到最终的迷惘、失落和抑郁，只有少数一些意志坚决者还在做最后的挣扎。

实际上，几乎没有人能熬到最后。这些传销人员没有经济来源，还要面临警察、工商人员随时排查的风险。于是，相互之间难免猜忌、争吵、打架，有些长期没有"业绩"的老人开始"不务正业"，终日到处游荡。这些行为早已突破"公司"自身定下的"规章制度"。姜×本人也曾被临时突击的警察带到当地派出所，关了1天后，又被其"上线"带回。之后，他获悉，同一城市的其他传销组织那里还发生了故意杀人事件。最终，他决定借女友以死相逼之机跳出了苦海，这次他的"上线"没有阻拦。

当本书调研组问及是否会以暴力形式阻挠或者威胁刚刚被骗来的人员时，姜×迟疑了一下说，基本不会，这毕竟是法治社会。但是他们会用跟随以及没收手机、财物等方式困住新来的人员，并借此时间，让他多听讲座和"励志"故事，以便在心理上征服他们。将要结束访谈时，姜×说，虽然这段经历是他心底的伤疤，但是他是一个直率的人，而且他愿意以自己为戒，告诫其他人不要踏入这个美丽的陷阱。于是，他尽其所知，为我们的访谈增添了宝贵的内容。

结束对姜×、吴×二人的访谈后，本书调研组决定到他谈到的合肥市XC社区自由村走一遭，进行实地调研。在实地观察时，仍能发现小区不时有年轻人三三两两出入，他们所进入的楼前的空地上晒着不少白菜帮子。据在小区居住的一位房东反映，这些白菜帮子都是住在这栋楼房里的年轻人们晾晒的，平时他们就吃这些东西。当本书调研组询问这些年轻人的来历时，房东却欲言又止，只是说，他们都是外地人，其他便不愿意多说了。

本书调研组通过一位毕业之后在此工作的学生，得以在当地公安机关查询到XC社区自由村传销组织治理事宜。一份档案材料记述："2014年4月15日，×社区民警李×在对XC社区自由村入户走访的过程中，发现了一处传销窝点……×派出所联合XX工商所对该窝点进行了打击和清剿……刑事拘留了负责人董×、高×二人，遣散其他传销人员78人，并成功解救3人。……"从记录来看，这次打击工作开展得较为顺利。但是其后，我们观察到的那些三三两两的身影是否又是传销人员再次聚集呢？答案不得而知。实际上，面对数量庞大、成分复杂、人员集中的群体，执法机关在执法过程中极可能会面临一定风险。全国各地不断有传销人员袭警和聚集闹事的报道。其中较为引人注目的有合肥临滨苑小区数百名传销人员聚集并围堵和殴打相关执法人员，致12名政府工作人员及民警受伤事件；[①] 仅合肥一地发生传销人员围攻执法者事件就不止一起，近日又有类似事件见诸报端。[②]

5. 小广告中的玄机

小广告张贴与散发是城市中常见的一般灰色行为，上文第一部分已经述及。不过，本书更关心小广告背后的玄机，也就是运作小广告所载内容的庞大群体。倘若小广告中这些一般违法乃至犯罪行为真的有幕后黑手在实践运作，这无疑将是影响城市社会治安的重大不稳定因素。基于此，本书调研组特别针对小广告现象制作了问卷，发放对象为定点和随机两类。调查问卷共设计了18道问答题，限于篇幅，本书只摘取部分问卷内容呈现：

1. 您是否经常接触到小广告？

A. 是　B. 否

2. 您日常接触的小广告类型通常是？

A. 餐饮等商业服务　B. 性病治理　C. 私家侦探　D. 替考等枪手行为　E. 开锁等生活服务　F. 性交易信息　G. 枪支、迷药、千术等违法、犯罪信息　H. 其他

3. 您通常接触小广告的地点是？

A. 小区、楼道　B. 商业中心　C. 学校、车站等公共场所　D. 其他

4. 您是否反感小广告？

A. 是　B. 否

[①] 杨玉华：《合肥传销人员非法聚集致12名公务人员被打34人因寻衅滋事被刑拘》，中国法院网，https://www.chinacourt.org/article/detail/2013/05/id/955318.shtml，2023年10月24日。

[②] 2015年7月2日，在安徽合肥市新站区扶疏路阳光汇景小区内，发生一起妨害公务案。正在打击传销的执法人员，遭到多名传销者暴力围攻。警方随后成功处置此事，13人涉嫌妨害公务被刑拘，目前其中11人已被检察院批准逮捕。参见人民网《合肥多名传销人员围攻执法者11人涉嫌妨害公务被批捕》，央视新闻网，http://news.cntv.cn/2015/08/18/ARTI143986574302-4491.shtml，2023年10月24日。

5. 您更反感的是张贴小广告行为还是内容？

A. 内容　B. 行为

6. 您是否注意到小广告透露的违法、犯罪信息？

A. 是　B. 否

……

回收的有效问卷集中反映：对于发放小广告这件事，当地居民都清楚，但是当地居民大都选择拒绝接受或者随手丢掉，多数人对于小广告涉及的内容不太关心。尤其是其中涉及的一般违法、犯罪信息，几乎很少有人注意到。

调研小广告内容尤其是其所透露的一般违法、犯罪信息是本书关注的重心。为此，本书调研组选择KY大学所在的东山路和火车站所在的淮海东路两个路段，主要采用观察和统计等方法。在江苏省徐州市某地区，本书调研组对小广告进行了密集搜寻，主要目标点为广告张贴栏、地面、公共厕所内外及隔间墙面、广告柱等，调查统计结果如表4-4：

表4-4　　　江苏省徐州市某地区部分路段小广告统计

广告内容	数量［KY大学（周边小区少）］	数量［火车站（周边小区集中）］
包小姐、学生妹、一夜情	87	39
办证	20	62
发票	18	2
代发论文	8	75
替考	0	89
重金求子	13	11
开锁	108	43
小额贷款	8	1
迷药	36	0
枪支	33	2
手术	29	1
招女公关	3	15

续表

广告内容	数量[KY大学（周边小区少）]	数量[火车站（周边小区集中）]
医疗（性病、人流、美容）	24	21
药品（售药、收药）	5	4
回收礼品	3	0
私家侦探	4	0
信用卡预借取现服务	6	8

当然，小广告的内容五花八门，形式亦多种多样，有印刷、喷涂、盖印、手写等多种形式。在调研中，本书调研组重点关注和采选的是透露一般违法、犯罪信息的样本。就两个路段收集的小广告样本来看，其所涉及一般违法、犯罪类型丰富，其中既有传统、常见类型，如淫秽服务，也有紧跟时代步伐的新类型，如信用卡套现业务等。相较而言，火车站附近的迷药、千术、假发票、小姐服务、枪支销售等小广告明显多于 KY 大学附近，而火车站附近有商业区和大量居民区，所以开锁、重金求子、小额贷款、回收礼品等广告也较多；在 KY 大学附近，替考、代发论文等小广告明显多于火车站附近。

如上表所列，本书调研组收集到的小广告大都赤裸裸地透露一般违法、犯罪信息，这些信息对于本书研究的开展极具价值，也为后续的防控策略的制定提供了基础。实践中，这些线索也能够为公安机关侦破案件提供突破口。案件侦破既有针对张贴小广告本身的，如据报道，2015 年 3 月 26 日，酒泉市公安局肃州分局、瓜州县公安局联合破获 2 起张贴"包小姐""学生妹""一夜情"等色情信息小广告的案件，抓获嫌疑人 3 名，缴获非法小广告印刷品 11000 余份。[1] 也有通过小广告透露的信息顺藤摸瓜打击背后的犯罪团体的，如商丘市公安局技网侦支队对"小广告"上的手机号码进行了技术侦查，破获一起诈

---

[1] 窦文杰、赵红杰：《酒泉瓜州县公安局破获两起张贴小广告案件 抓获嫌疑人三名》，《西部商报》2015 年 3 月 28 日第 5 版。

骗案。① 如今，公安司法机关以小广告为中心开展治安整顿工作几乎成为每座城市的工作常态。例如，北京市和宣城市都曾发布专项行动文件以维护市场经营秩序，打击违法犯罪。②

三 现代乡村灰色群体存在的深层原因

现代乡村灰色群体的存在对于正常社会秩序和群众日常生活、工作的影响甚至超过黑色群体。因为黑色群体的行径外化为犯罪事件后，一般侵犯的是特定的对象，且犯罪分子时刻面临着来自公安司法机关的打击，并且要为此承受刑事责任。而现代乡村灰色群体虽然也一直受到执法机关的关注与警惕，但是毕竟受制于执法资源的有限性，公安司法机关分散在灰色群体身上的注意力要少得多，以至于上述所言的诸多现代乡村灰色群体可以自由的姿态活跃于社会各个角落。

各种具体的灰色现象和灰色群体存在的直接原因各有不同，譬如张贴小广告，主要源于公民意识的缺失、利益驱动、监管失范、法规不健全、缺少发布信息的渠道等。对于这些直接原因，本书在上文样本抽选和分析时多已作出简单描述，兹不一一赘述。从另一些层面挖掘，我们会发现，现代乡村灰色群体并非一个在现代社会突然出现的群体，其不像某些特定犯罪，会因为社会变迁、刑事法律修订而合法化，也不会因权力的打击而轻易消亡。申言之，现代乡村灰色群体是社会的衍生物，其出现和发展是极其复杂的社会现象，有着深刻的历史渊源和现实社会基础。

（一）现代乡村灰色群体的历史渊源

正如本章第二节所言，乡村灰色群体在我国由来已久。从我国古代至现代，传统乡村灰色群体存在着不服管束者、光棍、乡村混混等多种形式。在新中国成立，尤其是改革开放以后，乡村混混也

---

① 刁志远：《商丘破获一起"小广告"诈骗案》，《商丘日报》2015年1月26日第3版。
② 参见《北京市人民政府办公厅关于印发〈非法小广告专项治理行动工作方案〉的通知》《关于印发〈2021年宣城市区"牛皮癣"小广告专项治理行动方案〉的通知》。

经历了三代越迁。乡村混混的发展不仅表现在其混社会方式的进化，还表现在其活动的场所慢慢由距城市较远的乡村转移至距城区较近的乡村，如城乡接合部、城中村等。乡村混混的发展不仅使传统乡村灰色群体进入了城市圈，还将其承载的灰色文化也携带了进去。人类文化的传承是整体性的，总体而言，其呈现去粗存精趋势，但随历史浪潮携裹前行，难免泥沙俱下。灰色文化作为传统文化的一部分，虽是糟粕，但遗风尚存，其延绵至今，对当下的社会民风仍然会产生重大影响。

具体而言，这些灰色文化在城市圈中不断蔓延，不仅会影响当地生产、生活秩序，还会被当地的一些居民吸收，使其逐渐成为乡村灰色群体中的一员，是为现代乡村灰色群体。本书调研组在上文述及的之地展开实地调研，仍然可以发现隐藏在棋牌室里的赌局，仍然随处可见黑车司机，仍然随处可见透露各种灰色信息的小广告……甚至，传统乡村灰色群体中的不服管束者、光棍、混混亦可在这里觅得踪迹，与其说这是时代的产物，不如说是历史的巧合。抛开一时一地，从传统乡村灰色群体到现代乡村灰色群体，这些乡村灰色群体总体特征呈现出一定程度的吻合，即其组织结构是开放性的，而在生存背景、类型划分、行动特征以及对其所处时代社会秩序的影响力等方面，不同时期乡村灰色群体之间又具有一定的历史连贯性和串联性。

（二）现代乡村灰色群体现象的伦理因素

1. 从个人英雄主义到个人自由主义

人类在追求美的历程中，曾经钟情于一种狞厉的美。如李泽厚所言，中国古代青铜器上各式各样的饕餮纹样旨在营造一种无限深邃的原始力量，突出在这种神秘威吓面前的畏惧、残酷和凶狠。[1] 这种精神或者文化气质一直根植在社会中并且延续至今，成为以个人英雄主义为纽带的某些灰色群体（主要表现为灰色中学生群体和街角青年）滋生的精神根源。直到今天，深藏于人们心底的个人英雄主义情

---

[1] 李泽厚：《美的历程》，广西师范大学出版社2000年版，第41页。

结仍然为现代乡村灰色群体组织者察觉并利用,他们不遗余力打造着属于某个领域(江湖)中的个体英雄或者明星,以此吸引一批热衷于"江湖道义"的青少年参与进来,并为之卖命。不过,科学技术的日新月异在某种程度上摧毁了个人英雄主义情结,多元价值观并存的现代社会也已经不再是一个纯粹崇尚英雄的时代。在这个经济高速发展,物质享受日益丰富的时代,个人自由主义冲击着以英雄主义为伦理基础构建起来的"江湖"。所以,现代社会中,无论是以黑社会性质组织为代表的黑色群体,还是以街角青年为代表的现代乡村灰色群体,都呈现出碎片化乃至零星化态势。这当然与治安环境等因素有直接关系,但不能忽视个人自由主义在其中的推动作用。个人自由主义的泛滥必然带来道德虚无主义,并会由此引起一系列的道德恐慌,这在青少年身上体现得尤为明显,也是现代乡村灰色群体中的部分人走向犯罪的伦理征兆。

2. 身体整体论到现代集体主义的延伸

身体整体论是构建在外在环境限制下的,正如上文在调研中学生灰色群体时所发现的,低年级学生会为了应对高年级学生的欺凌而组建社团,因为靠单打独斗无法与环境抗衡,只有寻求抱团。身体整体主义视野下,关注的重点并不是群体内的个人表现,而是这一群体与其他社会主体互动过程中形成的整体的荣誉。但随着灰色地带的扩展、外来异质因素的进入、内部结构的分化等因素不断碾压、切割,身体整体论影响下形成的整体主义伦理观亦不断分化乃至肢解,其中一脉演绎为现代集体主义。

从宏观角度而言,集体主义可以演变成有利于国家和民族发展的国家主义,从微观角度而言,其也可能演绎为地方保护主义乃至重返个人主义。当社会生产力不断发展,人类独立生活能力与日俱增,在身体上脱离群体有了相对的可能,从而使得集体主义可以不再纯粹。这也为本书调研组的调研结果所印证,即不少现代乡村灰色群体并非想象中组织严密、结构完整的典型性群体,其中也不乏诸多单兵作战的"散兵游勇",只是基于相同的特征而被人为地划入某一现代乡村灰色群体。

3. 不劳而获和拜金主义伦理观导致投机性灰色群体兴起

人类社会经济组织结构大致经历着劳动经济、消遣经济、消费经济三种形态。在劳动经济时代,劳动光荣成为每个人追寻的劳动伦理观,好逸恶劳为人们所不齿;而在消遣经济时代,闲暇和不劳而获则成为身份和地位的象征。当然,这些经济形态是相互交织的,无法决然分割。

在消遣经济形态成为主导的社会中,闲暇成为一种生活时尚,而投机性盈利行为受到追捧。值得警惕的是,当劳动、财富伦理观与道德秩序同时失守时,蛰伏在人性深处的饥渴会无限放大,投机性灰色群体应运而生。兴起于改革开放之初的一些传统乡村灰色群体(如乡村混混)或许并非为了追求经济上的享受。在道德虚无主义的支配下,传统乡村灰色群体的下层人员多为了寻求精神刺激,而上层成员则为了获得崇拜和满足自身的权力欲望。但是随着经济浪潮席卷而来,为攫取既得经济利益的现代乡村灰色群体应运而生。

在消遣经济向消费经济过度的时代,劳动还未真正成为一种时尚和需要,但物质和财富却充满魅惑,不劳而获和拜金主义两种畸形的财富观与伦理观一拍即合,结成社会怪胎。受商业异化的冲击,加之拜金主义的蛊惑,人类社会的亚文化领域被添加了投机色调,这也决定了现代乡村灰色群体几乎总是与金钱挂钩,灰色地带的投机性群体样态层出不穷。经济力量的锻压使得灰色群体不断蔓延、拉长,并且产生对利益的适应性和开放性,而此使得现代乡村灰色群体向结构更为严密、权威更为集中、基础更为牢固的黑色群体演变。

(三) 现代乡村灰色群体的社会基础

犯罪从来都不是个人的事情,它是极其复杂的社会现象,既有犯罪者个体的原因,更有社会原因,就根本而言,它是社会的衍生物。正如埃米尔·迪尔凯姆(Émile Durkheim)所言,犯罪不但存在于某些社会,而且存在于一切社会中,没有一个社会可以例外。[①] 迪氏言

---

① [法]埃米尔·迪尔凯姆:《社会学方法的规则》,胡伟译,华夏出版社1999年版,第53页。

指犯罪行为成为人类社会的"通病",无法根除,只能防控,可见,犯罪现象的存在有其社会根源。

1. 文化因素

中国传统社会是以血缘为本位构建起来的,因而作为社会基本单位的家庭所产生和培养出来的人伦具有绝对的指向意义。家国一体的价值理念和等级森严的宗法制度在一定程度上促成家庭伦理上升为日常伦理。可以说,人情伦理是当时整个社会的行为判断机制和价值标准。在此基础上,"贵和"成为中国传统道德的精髓。受儒家这一思想的熏染和调教,人们习惯并尊崇"天理""国法""人情"合一的社会运行模式。儒家和谐论的主旨是人和,是通过家族中人伦关系的和谐进而达到社会秩序的稳定。[①] 不过,正如上文所述,考察中国传统文化的足迹,我们也会发现,人们在对美的追求历程中曾经刻意凸显狞厉和暴力之美。人情伦理和儒家思想中的仁义极有可能在暴力美学的浸染下走向另外一种极端,从而构建与传统社会相异的另一个"江湖"。正如现代企业可以追求或者塑造企业文化,许多黑社会性质组织也有其独特的文化理念。通过对当下诸多灰色群体的考察,我们可以发现,这种文化的影响或者文化的影子也随处可见。许多灰色行为正是利用人们文化情结,甚至打着文化的旗帜而产生。

2. 自然以及社会生态因素

影响或者促成某一类人从事犯罪行为的自然因素既包括自然环境、个体生物特征,也包括社会生态(或称人文生态)。虽然我们早已摒弃自然决定论的诸多观点,也不刻意以有色眼光评价某一地域的人,但是自然因素在某类犯罪中的促成作用不容忽视。

荷兰遗传学家汉斯·布鲁纳(Hans Bruner)则证实了个体生物特征对犯罪的发生具有实质性影响,他的报告显示,一个具有特殊历史的荷兰家族男性成员都具有一种奇怪的攻击性,通常是暴力行为,如裸露、纵火和强奸。他们对很小的挫折和压力的反应都很疯狂,如叫

---

① 孙光妍:《和谐:中国传统法的价值追求》,中国法制出版社2007年版,第23页。

喊、咒骂，甚至殴打激怒他们的人。经过多年的研究，布鲁纳声称，他在这些深受折磨的男性身上发现一小段基因缺陷，它产生了一种酶，会阻断大脑中用于传递信息的化学物质。因此，那些具有这种基因缺陷的人便积累了过量的有巨大能量的神经递质，从而导致了攻击性的暴发。①

上述研究可以在一定程度上解释，为何处在不同地理位置的现代乡村灰色群体样态不甚一致。当然，随着现代人类对自然依附的逐步摆脱，自然因素不再被认为是催生某一群体或者某一类行为的天然力量，但倘若将社会环境作为泛自然环境来考虑的话，环境决定论仍然在发挥其潜移默化的力量。于是，就容易解释为何在成长环境复杂的家庭容易出失足少年，为何在周遭社会秩序相对混乱的学校和街道会滋生中学生灰色群体和街角青年混混团体了。正如被称为20世纪最著名、最具影响力的社会学实证主义研究学派即芝加哥社会学学派调查的数据显示，在美国的大城市中，犯罪者往往集中居住在城市中那些房租低廉、生活设施较差的地区。这些地区通常被称为"过渡区"，还存在人口流动量大的特点。② 这些区域容易成为灰色群体滋生和活动的典型地域，这也是我们为何选择城中村、城乡接合部等区域作为样本的原因。

3. 效仿、复制与传播

效仿是人类的本性，而复制则是人类在社会生活中习得的，但此二者都是人类生存技能、生活方式的传播手段。现代社会的开放性不仅仅体现在因经济独立而呈现出的个体自由度，还体现在价值的多元化和传播多元理念的载体的丰富性上。多种介质载体所携带的讯息中包含诸多层次的文化产品，这些产品并未经过严格筛选，因而良莠不齐。网络等媒体的开放度为不良品行的流传制造了足够

---

① [美]威廉·赖特：《基因的力量——人是天生的还是造就的》，郭本禹等译，江苏人民出版社2001年版，第152页。

② [英]戈登·休斯：《解读犯罪预防——社会控制、风险与后现代》，刘晓梅、刘志松译，中国人民公安大学出版社2009年版，第55页。

的空间；影视剧中虚拟的暴力团伙在现实中赋予了人们灵感；现实中真实事件也可能经过媒体、网络围观者的传播而异化为一种是非难辨的灰色信息，并成为争相效仿的对象。一个城市或者城市中的某一区域很快就会成为传销组织的乐园，或许有些地区并非这种"经营模式"的最佳场域，但是这里有经验模式可循，便仍会被传销组织相中；在一些并不起眼的学校里，可能会如雨后春笋般冒出多个学生灰色群体，这也是复制的力量；看到一个乞丐有收获，就会有成群结队的乞丐赶来；一个黑车司机受益，就会有大批同行蜂拥而至。毫无疑问，现代乡村灰色群体的地域性、相似性和衍生性的背后有其深刻的社会基础。

四 现代乡村灰色群体犯罪防控策略

（一）现代乡村灰色群体犯罪防控现状述评

针对现代乡村灰色群体的活动，各级政府和相关企事业单位、社会组织都在积极应对，并制定相应的防控策略。例如上文所列举的各地公安机关利用灰色广告透露的信息顺藤摸瓜打击背后的灰色群体，各地对盘踞在城市阴暗角落里的传销组织的打击等。

显然，各级政府、企事业单位、社会组织在治理和打击现代乡村灰色群体的工作中，取得不少引人注目的成绩，为城市的和谐发展和秩序建设作出了极大贡献。不过总体而言，现代乡村灰色群体犯罪防控工作仍然存在以下值得斟酌的地方。

1. 治理打击有余但防控不足

针对现代乡村灰色群体，各地治理方式不一，但是大致存在一种通病，就是打击有余，防控不足。在这种治理模式下，治理工作往往是运动式的，而治理活动的开展往往也带有一定的形式主义色彩。或者是为了迎合上级检查，或者是受制于全国统一要求。例如，各地对于传销组织的打击明显带有"头痛医头脚痛医脚"的症状。群众举报，或者传销人员聚集引起群众关注，又或者单个民警走访偶然发现，如此成为当地工商、公安采取联合打击传销组织行动的动因，多少给人以仓促之感。因此，此种治理模式看似主动出击，实则被动敷衍。缺乏长效防控机制的突击式打击模式带来的后果势必是"风头"一过，现代乡村灰色群体又开始聚拢，并因为具有了"抗击打免疫力"而更加活跃。

2. 治理对象单一以至于治标不治本

在突击式的打击模式里，对现代乡村灰色群体的治理往往是专项斗争，也就是打击对象固定、单一。比如，在合肥市 XC 社区的一次治理小广告专项活动，就是动员社区工作人员和附近高校的学生志愿者一起起早贪黑地清理贴在各处的"城市牛皮癣"，当然也辅之以高音喇叭宣传，但很少有人关注并知悉其宣传内容，而更少有人去关注小广告背后的玄机。即便有人注意到小广告透露出的灰色信息，也受此次治理目标限制以及没有和其他单位联动而不了了之。这种治标不治本的治理方式必然导致有关主管机关失去了进一步挖掘小广告背后灰色群体的机会。实际上，这样的专项治理活动虽然在形式上收获颇丰，但是其成果很快就会被重新覆盖，看似积极主动，实则给人以懈怠之感。

3. 地方保护主义色彩明显

现代乡村灰色群体治理的地方主义主要体现在责任机关之于相邻辖区的冲突问题上。实践中，有的地方在创建全国文明城市的过程中往往会制定《城市容貌标准》，其中明确规定"广场、车站、港口、码头、人行天桥、体育场馆、剧场、公园、旅游景点等公共场所无人员乞讨、露宿"等"城市容貌"标准。依照这个指标，乞丐在公共场所出没将被禁止。[①] 还有的城市为了应付检查，集中将流浪汉和行乞者驱赶出"自己的领地"。这些做法显然难言文明。一个城市不是本着人道主义情怀救助收容这些无家可归者，而是采取"一驱了之"的

---

① 佚名：《驱逐乞丐求文明城市难言文明》，搜狐网，http：//roll.sohu.com/20120830/n351858583.shtml，2023 年 10 月 24 日。

地方保护主义做法。

4. 各责任机关难以相互协调

实践中，部分城市在治理小广告的政府规章中规定了治理责任主体的多元化问题，对于治理现代乡村灰色群体起到了积极的示范作用。但实际上，城市中的各个部门、各级单位往往单兵作战，有时顾此失彼，机动有余，协作不足，导致现代乡村灰色群体灭而不绝。之所以出现这一情况，可以从空间政治学和经济学角度一窥究竟。

城市管理是一项宏大的民生工程，同时也是各级政治实体权力分割、利益纠结的复杂工程。对于同一现代乡村灰色群体的治理，各级部门的利益诉求存在差别。例如，本书调研组在合肥市调研时发现，对于无证占道、乱设摊点等经营现象，为了维持平时的市容市貌，特别是在创建全国文明城市期间，市级政府对于这一灰色群体治理决心极强、执法力度极大。区级政府诉求同市级政府一致，但是执行力度趋于弱化。街道虽然作为上级单位诉求的落实单位，但是其执行力度相较于区级政府则进一步弱化。到了社区一级，作为执行政令的最末端，其一方面有责任落实上级指令，另一方面又要应对熟人网络中的居民，态度就显得犹豫不决起来。

另外，由于法律规范的缺位和执法人员人手有限，现实中往往存在一些群众看得见，执法部门看不见的现代乡村灰色群体治理盲区。例如，本书调研组在调研过程中发现，对于中学生灰色群体，学生、教师和周围民众很多人知晓，但当地派出所工作人员对此却毫不知情。

（二）现代乡村灰色群体犯罪防控机制构建

1. 打造城市文明理念

现阶段，城市化进程迅疾发展，不可避免地为城市原住民和城市管理者带来各种难以应对的新问题。但是在另一个层面，城市化进程节奏加快表明城市区域在不断拓展、实力在不断增强，竞争力亦在不断加强。因此，作为原住民的城市居民应该抱持辩证的眼光和包容的心境接纳这些"外乡人"，从而打破社会学家布迪厄提出的城市空间是具有若干权力关系的论断，即它向任何试图进入这一空间的行动者强行征收入场费。实际上，诸多后来者抑或外来者为城市发展贡献良多。城市管理者和原住民更应该以包容的姿态欢迎新成员的加入，破除城市本位主义思想，树立包容性城市空间意识。

城市居民作为城市建设和生活中的每一分子，要在构筑中国梦的基础上，打造属于自己的城市梦和人生梦。城市管理者要着力培养每一个市民以市为荣的荣誉感和责任感。具体措施包括：

其一，塑造城市文化。本书调研组在合肥市调研时发现，该市正在传唱市歌《合肥是我家，我是合肥人》，上至耄耋老人，下至小学生，几乎人人会唱。城市之花、城市之树、城市之歌，它既是城市的品牌，也能够成为城市凝聚力的表征。借此机会，打造属于这个城市的文明，宣扬"文明靠大家，文明属于大家"的城市主人理念。

其二，开展社会活动，注重养成教育。开展不同年龄层次和不同阶层的文化、体育、文明礼仪等社会活动可以增进人们之间的交流、消除市民之间的隔阂，尤其是消除外来者对于城市的陌生感。在一定程度上，陌生会招致敌意，而敌意则是滋生灰色文化和灰色群体的重要心理支撑。

其三，树立典型，切身教育。城市管理者要积极宣传文明公民的典型事迹，充分发挥他们的示范作用。当然，典型是双面的，既宣传正面典型，也要确立反面教材，以此形成鲜明对比，让普通市民能时刻警醒自身，指正他人，弘扬城市正能量。

2. 制定深层次的道德教化策略

现代乡村灰色群体犯罪防控体系的构建不是权宜之计，而要树立标本兼治的理念。于此，不仅要建立以法律、制度为核心框架的治理体系，还要制定深层次的道德教化策略。至于前者，下文将说明。而后者能够起到瓦解现代乡村灰色群体精神支撑的作用。上文在剖析现代乡村灰色群体存在的深层次原因中，本书曾述及，现代乡村灰色群体的产生和发展有其深刻的伦理因素。因此，构建深层次的破解之道，亦需要借助于道德的力量。在应对现代乡村灰色群体时，应做到道德的归道德，法律的归法律。正所谓"伦理学的基本问题是道德与利益的关系问题"①，城市中一部分人之所以出现扭曲和异化的伦理观，很大程度上就是人们的道德操守在与利益的纠葛中发生了偏离。当然，道德看似虚无，尤其在当下，其还存在多元化趋势，但是社会中总是存在为人们信奉的主流道德，而且诚信、正义等正能量道德元素的灌输终将有利于牵引偏差的道德观。

事实上，现代乡村灰色群体中蔓延着的道德虚无或者道德恐慌很大程度上是源于功利心、虚荣心。道德对功利心规诫的重要手段就是运用人性中的节制力。亚里士多德（Aristotle）曾说："一个人回避肉体的快乐，并以避开肉体快乐为快乐，就是节制。"② 文明社会，任何人都应当被假设为理性人，而作为理性人，节制就是理性对欲望的克制。当然，道德教化之功短期之内不可能收立竿见影之效，纯粹的道德节制或许对某些人亦收效甚微，但是通过道德教化百姓应当成为塑造健康伦理观的永恒手段。

道德教化的另外一个切实的功效就是，其能够实现对灰色群体精神力量的瓦解。正如在一些地方，对于群众而言，社区中的某些混混反而成了他们心目中的好混混甚至"保护神"，这显然成为现代乡村灰色群体犯罪防控工程应当注意并加以利用的地方。在调研中，本书调研组的确发现有不少曾经的现代乡村灰色群体成员如今洗心革面，成为城市秩序的维护者。如有人做了保安，甚至有人还做了"城管"。这些人员有时因为具有认识、熟悉现代乡村灰色群体的活动场域和轨迹等"先天的优势"，反而成为应对棘手问题的"奇兵"。

3. 建立多机关联动的综合执法体系

当然，仅靠文明引领和精神召唤显然不足以涤荡所有的现代乡村灰色群体，因而还要借助于执法工作。在中国特色社会主义法治

---

① 唐凯麟编著：《伦理学》，高等教育出版社2001年版，第6页。
② ［古希腊］亚里士多德：《尼各马科伦理学》，苗力田译，中国社会科学出版社1990年版，第28页。

体系建设的目标下，依法治市成为法治建设的新要求。规范性文件是城市管理工作的依据，但要让执法机关和人员有法可依，并且可以以此制定更为明确细致的执行标准，政府还需要构建有机关联的法律体系。就城市规范性文件的现状而言，虽然全国层面具有相关的法律和行政法规（行政规章），但很多城市却只出台了行政规章性质的规范文件，尚缺少位阶更高的法律性质的规范。由于各地城市水平不一、大小不同、现代乡村灰色群体存在样态也有差异，所以全国性的相关法律或者行政法规有时显得过于原则而缺乏个性。2013年第十二届全国人大通过了修改《立法法》的决定，正式赋予设区市地方立法权，这意味着全国282个设区市都拥有地方立法权。本书认为，在设区市立法权限内，应当转由市人大制定现代乡村灰色群体治理的专门性的法律规范，以提高规范性文件的层级和执行效力。另外，应该对城市灰色现象、灰色行为和灰色群体做足调研，能够类型化的都应该制定相应的法律规范。

为了克服应对现代乡村灰色群体工作中不同单位、不同层级政府、干部和群众之间联系弱化的问题，应该在地方法律中明确上下级政府联动、不同部门联动、干部和群众联动的综合执法体系，主要明确各级政府和各部门在这一工作中的职责。在具体工作落实中，可建立由相应部门组成的城市综合执法机构，以避免出现因分工不明、配合不畅而导致的资源浪费现象。并推行极差管理模式，即按照现代乡村灰色群体的危害程度、活动场域划分出不同层级的灰色地带，以一般控制和严格控制分类处理，从而达到节省管理成本、提高管理效能的目的。

4. 充分发挥社区功能

社区是现代乡村灰色群体的最直接活动场域，相较于其他层级的工作人员，社区工作人员最有可能是现代乡村灰色群体活动轨迹的知情者，其与现代乡村灰色群体中的一些人员甚至是熟人关系，因而社区作为现代乡村灰色群体犯罪防控体系的末端具有先天的优势，理应成为应对现代乡村灰色群体犯罪防控的"桥头堡"。故此，应当赋予社区工作人员更多的权力,并且允许社区结合现代乡村灰色群体的具体样态和实际情形采取灵活机动的方式行使权力。一方面,通过配置及培训来实现社区工作专业化、人员职业化、管理规范化,另一方面,城市综合执法机构的末梢应当能够触及社区,最好是其末端单位能设置在社区,以方便社区开展应对现代乡村灰色群体犯罪工作的机动性和联动性。

社区防控具体工作分为常规和非常规两种类型。一方面,在常规时期,应注重发挥社区的文化整合功能,以消解多元文化特别是灰色文化所带来的冲击,发挥社区融入功能,以弱化或者利用现代乡村灰色群体的力量。正如上文所言,道德教化和文化宣传应当以社区为主阵地。另一方面,在非常规时期,为了应对现代乡村灰色群体对社会秩序所造成的冲击,社区需要建立并启动紧急的防控机制。在社区层面,既要发挥驻点城市综合执法人员的指导作用,又要发挥社区工作人员和社区群众对现代乡村灰色群体的围追堵截作用。尽管现代乡村灰色群体及行为复杂多变,但其在社区之中必然会显露端倪,因而社区工作人员及社区群众的参与便于制定"围追堵截"和"各个击破"之多管齐下的应对策略。所谓"围",指针对显在现代乡村灰色群体,如散发小广告群体,进行必要的外围清场,肃清其周边的有效活动环境。对于暗处活动的现代乡村灰色群体和城市治理中的盲区,如隐藏在社区中的卖淫、赌博和传销活动,则可发挥社区工作人员对工作环境熟悉的优势,并发动群众配合,群策群力。为便于群众举报,应在社区设立 24 小时举报平台,由专人负责。"追"即指及时追查灰色行为线索。"堵"是指堵住灰色活动渠道,堵住现代乡村灰色群体有机可乘的缺口,加大对现代乡村灰色群体犯罪的防控力度,延伸防控范围。而"截"之功效在于截取灰色信息,从而及时掌控现代乡村灰色群体的动态。

为了提升社区在现代乡村灰色群体犯罪防控机制中的战略地位和其工作能力,要为社区工作人员创建"快""准""全"的工作条件,为其配置必要的高新技术、创建信息平台(内部联网和互联网)、纳入"天网"体系。不过,针对现代乡村灰色群体的不同形态、品种以及技术的更新,仍需要采取"各个击破"的应对策略。

总之,在治理现代乡村灰色群体的过程中,既不能幻想毕其功于一役,亦不能幻想以不变应万变,而应该灵活多变,以变应变。

第五章

余论：乡村犯罪的城市化

改革开放以来，我国城市化率不断升高，部分乡村与城市之间地域的界限已逐渐模糊，乃至发生一定的交融。随之而来的，便是乡村犯罪向城市的蔓延，即乡村犯罪的城市化。鉴于城市化了的乡村犯罪在本质上并不属于本书所研究的乡村犯罪，只是具有与乡村犯罪类似的部分特征和发生背景。因此，本书将之作为余论附上以飨读者。

相较于其他发生在城市[①]中的犯罪，城市化的乡村犯罪不仅拥有和传统乡村犯罪相似的经济、文化与社会背景，还往往具有为社会所熟知，但却疏于应对的特点。为了应对此类犯罪，本书提出显在犯罪的概念，认为其是指一些在特定场域正在发生，或者已经显露端倪，只需顺藤摸瓜即可破获，却因为司法机关的疏忽或者没有采取应对措施而被忽略的犯罪类型。并通过总结显在犯罪的特征，将之与显性犯罪、潜在犯罪和隐性犯罪的特征相比较，希望对显在犯罪进行概念化和类型化处理，以提升其理论和实践地位，从而引起学界的充分注意。最后，本书提出，应对显在犯罪，需要从普及法治理念、制定宏观战略、建立切实可行的实施机制等方面构建犯罪防控体系。

一 引言

综合本书前四章的论述，我们可以发现，随着我国城市化进程的推进，一部分乡村犯罪亦呈现出城市化的特点。之所以称为"呈现出

[①] 此处的城市为广义概念，而非狭义的行政区划意义上的城市。

城市化的特点",是因为这些乡村犯罪虽然发生在城市之中,但此处的"城市"并非经济相对发达、秩序相对稳定、人口流动相对规律的城市中心,而是存在于一座城市中经济欠发达、社会秩序相对混乱、人口流动量大且规律性弱之地,且这些乡村犯罪的犯罪人往往也并非正常参与城市生产、生活的人群,本书第四章第三节中所提到的现代乡村灰色群体便是例证。无论是犯罪发生地点还是犯罪人,其具备的若干特征都使得这些乡村犯罪具有了与乡村犯罪相似的经济、文化与社会背景。此外,本书在前述研究的调研中亦发现,这些"城市化的乡村犯罪"还具有易被观测但鲜有被尽数打击的特点,使之成为现代城市管理中的"房间中的大象"。

由此,为了实现对城市化的乡村犯罪的有效治理,本书总结了城市化的乡村犯罪的主要类型,并提出"显在犯罪"的概念,希望在构建上述概念体系的基础上举一反三,提出针对显在犯罪的治理建议。

二 城市化的乡村犯罪的类型与特点

(一) 城市化的乡村犯罪的类型

火车站、汽车站等存在于城市边缘的交通枢纽是人口流动较大的公共场所,其周边地区的人员构成也较为复杂。这一人员迭替、鱼龙混杂的特征也使得这些地区成为便利犯罪和在犯罪后容易脱身的地方。实践中,城市化的乡村犯罪的犯罪分子总是倾向于选择这类场所伺机作案。本书调研组通过实地调研,并综合前人研究和新闻报道发现,发生在城市化的乡村犯罪主要有以下类型:

其一,伪造、倒卖各种票证类犯罪。这类犯罪其中以伪造、倒卖火车票或发票为甚。如今,实名制购票和网络购票系统已经逐渐完善,"黄牛党"们也开始跟随时代潮流,从倒卖车船票"转战"至倒卖明星艺人演唱会门票。

其二,厕所文化里的猫腻。厕所文化是一个宽泛概念,从广义上看,厕所文化包含有关厕所建设、开发、利用、维护和文明用厕的宣传教育公益广告，诸如"来也匆匆、去也冲冲""节约每一滴水，关爱生命之源"等。狭义的厕所文化则是指低俗、恶搞等在厕所中的不文明创作。低俗的厕所文化使得公共场所，尤其是火车站、汽车站等地中那些建设较早、配套设施简陋、人流量大、维护不及时的厕所不再仅仅是公众如厕之地，进一步探视，便会发现，这些低俗的厕所文化中还包含一些隐藏着犯罪信息的灰色文化。打开任意一扇厕所，门背后、墙拐角，凡目之所视，都可能涂写一些贩卖迷药、倒卖枪支、传授千术、制作假证、提供性服务等广告。它们不仅破坏了公共场所的整洁、卫生，还折射出整个社会中潜藏着的不稳定因素——不仅是贩卖者，还包括意图购买者。此外，据本书调研组观察，低俗的厕所文化还呈现出向广度和深度两个方面蔓延的态势，前者主要包括公共场所周边的电线杆和主干道上，后者则延伸至火车厕所、汽车座位靠背上等。

其三，小广告中的玄机。在火车站、汽车站，乃至住户多以租户为主的城乡接合部、城中村的小区附近，非法发放小广告的现象亦极为严重。其内容相较于厕所服务更加多样化，还可能包括开锁、小额贷款、回收礼品，甚至重金求子等诈骗内容。调研显示，虽然受访者都清楚非法发放小广告现象，但鲜有人注意其中的内容，就更不用提向有关部门举报并配合其排查、治理这一现象了。总之，随着近年来各地全国文明城市的创建，老旧火车站、汽车站改造工作的推进以及高铁站、飞机场等新型交通枢纽的建设和普及，火车站、汽车站中低俗厕所文化的生存空间业已受到严重挤压，但流动性更强、发放次数更为频繁的小广告仍难以得到良好治理。

其四，车站周边的"黑店"。车站周边有不少布满陷阱的小店铺，人们统称为"黑店"，它们往往通过各种方式诈取顾客钱财，但往往数量不大，另有部分顾客则可能本就心术不正。无论如何，这些情况都使得顾客们即使"中招"也只能自认倒霉，不会选择报警。这便成为这些"黑店"长久生存而未受到打击的重要原因。"黑店"犯罪的手法纷繁多样，主要有以下几种：第一，一家超市，除了商品标价过高之外，收银人员还会通过娴熟的手法少找零钱，这对仍习惯使用现金，计算和判断能力下降的老年人群体更为"危险"；第二，一家小吃铺，店员以假钞调包顾客真币或向顾客找零；第三，一家饰物店门前，店员将一卡片送至一旅客手中并将其引入店铺，诬赖其碰坏店中手表，必须赔偿，并且拳脚相加。第四，车站广场，一中年妇女窃声邀请一位候车旅客去一处所嫖娼，等待他的极可能是敲诈勒索，最后乖乖交出钱财。

其五，流浪行乞成患。汽车站、火车站等公共场所是流浪者盘踞之地。在域外一些国家和地区，流浪本身就是一种犯罪。在我国，只对以暴力、胁迫等手段组织残疾人、儿童乞讨做了入罪处理，以应对日益为患的存有幕后操守的规模化乞讨。而没有像我国香港等地设置非法行乞罪，将流浪或乞讨行为本身犯罪化。但实际上，流浪者或乞讨人员不从事长期、稳定的生产活动，亦难以受到户籍、医疗等社会管理制度的约束，具有流动性强、不受监管、生物信息不被国家有关部门掌握等特点，容易成为社会上的不稳定因素。实践中，有不少流浪者都可能自发走上犯罪道路，或者为犯罪分子所利用，成为帮凶或者犯罪工具。目前学界同样有针对流浪乞讨人员治安管理及风险防控的相关研究。[①]

（二）城市化的乡村犯罪的特征

如上所述，我们可以发现，城市化的乡村犯罪具有以下特征：

其一，城市化的乡村犯罪大多属于理论上所言的无被害人犯罪，我国刑法对无被害人犯罪一直持谨慎的态度，一般都没有将犯罪学意义上的无被害人犯罪规定为狭义的犯罪，而更多地看作是道德范畴的事。[②] 因而，这些犯罪通常不属于公安机关重点关注和打击的对象。

---

① 董轩：《流浪乞讨人员的公共安全风险管控》，《山西警官高等专科学校学报》2015年第4期；简筱昊：《职业型乞讨的刑法规制——以武汉职业型乞讨现象为例》，《湖北职业技术学院学报》2018年第2期。

② 肖怡：《中西无被害人犯罪立法的比较研究》，《贵州民族学院学报》（哲学社会科学版）2008年第1期。

此特征乃这些犯罪成为"房间中的大象"的根本原因之一。

其二，在实施这些犯罪的过程中，犯罪分子通常需要与社会上具有特殊需求的群体相配合方可达到犯罪目的（如制售假证、小额贷款等），这就决定了这类犯罪的犯罪分子在与社会公众互动中需要放低姿态，而不会选择使用暴力。即使涉及了暴力，也基本不会达到致人重伤或死亡的程度，这也使得这些犯罪事件很少能够演变为突出的社会事件，亦无法引起人们足够的关注。

其三，如上所述，这些犯罪实施的地点往往位于人口流动量大的场所，在这些场所中活动的一般群众大都具有强烈的目的性，且与当地并无较强的情感联系。在这种情况下，即使群众意识到犯罪事实，亦会出于着急赶路等因素而不倾向于采取报警或扭送等手段制止犯罪。更有甚者，即使部分群众遭到了上述犯罪的侵害，如被黑车司机索要了更高的路费，也只能迫于还有更重要的事选择"不与之计较"。

可见，城市化的乡村犯罪之所以成为被忽视的犯罪，与之犯罪特征密切相关。本书认为，包括城市化的乡村犯罪在内的诸多与社会公众频繁接触、为社会公众所熟知，但却处于犯罪治理边缘的犯罪都属于显在犯罪。显在犯罪虽然社会危害性不大，但其的治理对推进文明城市建设，提高居民生活幸福指数具有重要意义。而要实现对显在犯罪的治理，首先就要构建显在犯罪概念体系。

三 显在犯罪的概念化

人类社会的复杂化随着工业社会的到来愈加剧烈，在此过程中，社会异质性进一步增加、等级层次进一步分化，这给各种社会人格的形成提供了巨大的培养环境。正如约瑟夫·泰恩特（Joseph Tainter）所言，"现代社会确认出一万到两万种独特的职业，工业社会可能包含 100 万种类别不同的社会人格"[①]。而犯罪作为现代复杂社会

[①] [美]约瑟夫·泰恩特：《复杂社会的崩溃》，邵旭东译，海南出版社 2010 年版，第 39 页。

中的一种特殊"职业",犯罪人作为一种独特的"社会人格",长期以来都盘踞在某些"阴暗"的角落扮演着进一步搅局的"角色"。作为人类社会的一种丑恶现象,犯罪无疑在持续地阻碍着人类社会的进步和文明的延续。因而,积极应对犯罪成为维系人类社会文明的重要策略。

在应对和遏制犯罪的征途中,人们前进的脚步从未停歇。然而,受经济浪潮的裹挟,社会关系越发变动不居,进而加深了社会复杂化程度。这种局面必然导致在催生更多犯罪类型的同时,还一定程度上遮蔽了一些犯罪场域,模糊了不同犯罪之间甚至是犯罪与否的界限,从而增加了发现犯罪的难度,降低了应对犯罪的速度。如此就要求,在应对犯罪的过程中,人们不仅要善于巡视熟知的犯罪类型、灵敏感应衍生的新型犯罪,还要善于在复杂社会关系的皱褶里捕捉潜在的犯罪类型。当然犯罪的常态性和复杂性决定任何一国在应对犯罪的过程中都会困难重重,如对于一些隐性犯罪的治理终因存在一些难以克服的客观原因致使无法圆满实现。但倘若因为主观因素导致一定种类或者一定场域的某些常发犯罪无法引起足够重视并得到有效处理因而成为熟视无睹的犯罪则多少有些令人遗憾。基于此,从发生学的角度和犯罪学的意义上,就有了显在犯罪提出之必要。

从刑法学和司法学研究的角度,犯罪新种类的形成往往借助于类型化和概念化手段。而显在犯罪并非犯罪新种类,只是作为学术研究中使用的一种犯罪分类,其学究意味更为浓重。但为了引起人们的足够重视和持续的关注,有必要将其上升到一般意义甚至学术意义。而在此过程中,亦需要借助于犯罪的类型化与概念化手段。为了更好地表达显在犯罪的概念,还有必要界分其与潜在犯罪、隐性犯罪和显性犯罪等几个相关概念。

(一) 潜在犯罪

相对而言,潜在犯罪和潜在犯罪人的概念并不陌生。所谓潜在的犯罪是指具备一定的犯罪条件并具有犯罪即刻发生的倾向但尚未实施的犯罪。与之对应,潜在犯罪人是指已经形成犯罪性但是尚未实施犯罪行为的人。① 尽管潜在犯罪尚未对社会构成实质性的危害,但毫无疑问,潜在犯罪具有犯罪发生的极大可能性,因此潜在犯罪人群体是不容忽视的社会不稳定因素。而对潜在犯罪的预判与防范效果如何必将成为衡量犯罪整体防控和验证防控成功与否的重要指标。

(二) 隐性犯罪与显性犯罪

不过,潜在犯罪毕竟只是一种蛰伏着的不稳定因素,并非决然危害社会,亦有可能在适宜的时机化解于无形。与之不同,隐性犯罪一般是指已经发生但因为客观原因导致无法及时查知的犯罪。导致隐性犯罪现象出现的原因很多,诸如立案不实、权力干预、反馈信息渠道不畅、统计滞后、体制约束,等等。此外,受经济浪潮的影响,我国形成了空前的人口流动浪潮。这种境况致使在一些已经立案的显性犯罪案件中,犯罪分子的基本信息也为涌动的激流冲刷而模糊甚至就此遁形。犯罪分子的这些"隐性"信息使他们成了公安机关缉捕时的"隐性目标"。② 也就是说,即便登上公安司法机关的"花名册"从而成为显性犯罪,案件也可能因为犯罪分子的遁形而成为悬案。结合隐性犯罪和显性犯罪中的隐性目标来看,出现应对犯罪不力的局面,固然一部分可以归咎为公安司法机关主观上有所懈怠,但本书以为,至为重要的制约因素则在于社会的复杂性和犯罪的频发性这一客观因素。

(三) 显在犯罪

当然,显在犯罪与显性犯罪、潜在犯罪和隐性犯罪并非决然泾渭分明,几者之间往往存在一定的交集。显在犯罪中的一些具体案件可能会因社会危害性的增加或者成为社会事件,而引起公安司法机关的重视,从而演变成显性犯罪。基于犯罪在任何社会都属于非主流现象的基本事实,显在犯罪亦不可能堂而皇之地招摇于市,其中一些必然

---

① 犯罪性是指个人从事犯罪行为的心理倾向。参见吴宗宪《论犯罪性》,《福建公安高等专科学校学报》(社会公共安全研究) 2000 年第 1 期。

② 李连忠:《缉捕"隐性目标"的策略探讨》,《政法学刊》2007 年第 2 期。

会以潜在犯罪的形式蛰伏于阴暗角落伺机而出；还有一些也会及时逃遁隐于闹市成为隐性犯罪。其中一些犯罪分子更是对伪装术驾轻就熟，能够在一定的场合有效规避公安司法机关的缉捕转化为隐性目标。据此来看，要给显在犯罪下一个明确的定义并非易事，但是显在犯罪的迥异风格又使得给其定义有了必要和可能。

总之，通过上述与几种相关联犯罪类型的比较，可以认为，所谓显在犯罪，是指一些在特定场合正在发生或者已经显露端倪，只需顺藤摸瓜即可破获，却因为公安司法机关的疏忽或者没有采取充分的应对措施而成为被忽视的犯罪类型。显在犯罪的内涵丰富，外延宽泛，城市化的乡村犯罪便是一种典型的显在犯罪。

四 显在犯罪的应对策略

不可否认，一部分显在犯罪因为属于无被害人犯罪、非暴力犯罪和轻微犯罪，或者只显露犯罪迹象和线索而犯罪分子却蛰伏在暗处，因而无法引起人们的足够关注或者并不容易为人们轻易察觉。但是，显而易见，与隐性犯罪和显性犯罪中隐性目标之形成因更多地受客观因素掣肘有所不同，导致显在犯罪现象大量存在的原因主要在于人们主观上的疏忽。

基于此，认真对待显在犯罪成为当务之急。如何才能形成关注显在犯罪的大环境，本书以为，首先，要在学术上确证其术语地位并形成一个完整的学术话题，以期引起理论界的进一步关注，并经由理论阐发提示实务机关给予其应有的注意。显在犯罪的概念化就是可行的路径之一；其次，要在实践中抓住几个显在犯罪的典型案例，通过普法形式加深普通民众对其的认识，呼吁普通民众广泛参与对显在犯罪的打击活动；最后，公安司法机关尤其是公安机关要及时完成对显在犯罪的归整便于集中应对，并且同时梳理不同的显在犯罪类型进行分类以便于分而治之。概括而言，要普及法治理念，制定有效战略，建立切实可行的实施机制，全方位地应对显在犯罪。具体分述如下。

(一) 普及理念

本书以为,一部分显在犯罪被社会公众忽视或者视而不见,在一定程度上体现了人们可能陷入理念上的误区。以性交易、毒品、赌博等无被害人犯罪为例。长期以来,国家之所以对无被害人犯罪持谨慎态度,主要是为了从犯罪与悖德的界分角度考虑,尽量避免刑法的泛道德化。不仅如此,随着物质利益在经济社会的重要性日益凸显,社会公众对道德的要求似乎也放宽了界限,一些显在犯罪甚至得到一定程度的道德宽宥或者说漠视。但是,人们忽略了一个基本事实——即便是无被害人犯罪类型也并非仅仅侵害伦理纲常,其同时必定侵犯了某些法益。而且,绝大多数显在犯罪不仅会让身处其中的受害人刻骨铭心,更会造成犯罪常发地周遭地区社会文化环境的腐化,给该地区未成年人的身心健康成长埋下隐患。

本书以为,之所以会出现一部分熟视无睹或者有明显线索却无从查知的犯罪,重要的原因在于,在自由主义和个人主义盛行的时代,社会公众的集体意识逐渐淡薄,法治意识培养又未跟上,无法充分认知显在犯罪,或者不愿积极参与,营造应对此类犯罪的氛围。所以,应对显在犯罪,至为重要的是肃清人们理念上的不正。一方面,应当通过宣传提高社会公众对现在犯罪社会危害性的认识。重点在于令社会公众意识到显在犯罪虽然鲜有如故意杀人、抢劫等行为,能够直接主动对社会中的个人产生危害,但其在潜移默化中对社会治安、文化环境的破坏,最终仍会给每个人的生活,甚至下一代的社会化造成负面影响。另一方面,应当重塑社会公众的集体意识和法治意识。参与显在犯罪的治理是一项对社会中的个体而言几乎没有直接收益的活动,只有在社会中重塑"人人为我,我为人人"的集体主义理念,才能破除"各人自扫门前雪,莫管他人瓦上霜"的思维,为全民共治显在犯罪提供坚实的思想基础。

(二) 制定全方位的应对战略

正如应对现代乡村灰色群体犯罪那样。尽管显在犯罪复杂多变,但其大多彰显于外或有迹可循，因而应从以下四个方面开展犯罪应对工作。

其一，定期开展专项整治活动。针对公共场所之显在犯罪，进行必要的定时、定期外围清场和整治，即肃清其犯罪场所周边的有效犯罪环境。如性交易、毒品和赌博犯罪多发生在公共场所周边的旅社、美容美发店和出租车中，因而集中肃清这些重点外围场所，必然能收到应对此类犯罪的明显效果。

其二，及时缉捕犯罪者、追查犯罪线索。显在犯罪的犯罪者大多具有较强的可流动性，专项整治活动只能一时扫清显在犯罪的实施场所，延缓其卷土重来的时间，终究是治标不治本。因此，应当完善多部门、多区域之间的协作治理机制，做到犯罪线索的互联互通，以切实达到抓捕、处罚犯罪者，没收犯罪工具等显在犯罪治理效果。

其三，增加显在犯罪多发区域的治安管理力量。鉴于我国执法、司法资源较为不足，此处的治安管理人员还包括社会主体，如安保公司的保安，社会志愿者等。通过加强巡逻，及时发现犯罪，堵住利于犯罪者有机可乘的缺口，加大对显在犯罪的防控力度，延伸防控范围。一言以蔽之，"阻止恶狼猎捕羊群的最好办法就是修好栅栏"。除此之外，切断犯罪利益链条亦同样重要，对于生产、销售迷药、假药等灰色产业，应当加强对其上游犯罪的打击，制造犯罪流程的梗塞，使犯罪者难以最终实现犯罪目的。

其四，加强科技手段在打击显在犯罪中的参与度。大多具有灰色产业性质的显在犯罪存在的致命弱点便是犯罪者需要在公共场合留下自己的联系方式。这就给执法机关借此捕获、截取犯罪信息提供了天然便利。通过获取犯罪信息，执法机关可以及时了解此类犯罪动态，便于掌控显在犯罪态势，制定更加科学、有效的应对方案。

(三) 建立切实有效的实施机制

当然，对于显在犯罪，仅在战略上重视它还不够，还需要制定科学的战术。主要包括两个方面：

其一，建立公安机关常规工作机制。公安机关驻守在应对显在犯罪的第一线。因而，公安机关为此建立的常规工作机制是否健全和科学决定着防控显在犯罪工作的成功与否。考虑到显在犯罪的多样性与复杂性，公安机关的工作机制亦必须在兼顾整体的同时体现具体犯罪具体对待的机动性。这就要求，各级公安机关要把应对显在犯罪作为一项事业来做，每级机关都要针对显在犯罪建立相应的日常应对和处理机制，针对不同的犯罪种类制定相宜的战术。例如，针对技术含量较高、受众较多的利用网络实施的灰色产业类犯罪，执法机关应加强对重点网站、论坛、搜索引擎和接入服务单位的监督检查；对安全责任和管理制度措施落实不到位的服务单位限期进行整改；对违法信息突出、屡改屡犯的网站坚决依法查处，并通过新闻媒体公开曝光；为方便公众举报网上犯罪线索，应该在重点网站、论坛和聊天室设置"报警岗亭"，24小时接受群众网上举报。此外，执法机关创新"快""准""全"的工作机制，利用现有的资源，采取高新技术，利用信息平台（内部联网和互联网），采用多部门联动战术，全面提升对显在犯罪的应对能力。

其二，建立警民联动长效机制。毫无疑问，法治社会也是大众治理的社会，没有社会公众的响应与参与，任何一项法治措施终将失败。因而，想取得显在犯罪防控工作的最终胜利，必须依靠社会公众的参与。例如，可以建立警民联动的长效机制。在加大法治知识宣传力度的同时，利用受害人的亲身体验宣扬一些显在犯罪所产生的社会危害性，营造社会公众认知并参与防范显在犯罪的法治氛围。

参考文献

一 著作类

《马克思恩格斯选集》(第三卷),中共中央马克思恩格斯列宁斯大林著作编译局编译,人民出版社2012年版。

《马克思恩格斯全集》(第二十卷),中共中央马克思恩格斯列宁斯大林著作编译局编译,人民出版社1971年版。

[德]马克思、恩格斯:《神圣家族,或对批判的批判所做的批判》,中共中央马克思恩格斯列宁斯大林著作编译局译,人民出版社1958年版。

(东周)孟子:《孟子》,万丽华、蓝旭译注,中华书局2006年版。

(明)傅岩:《歙纪》,陈春秀校点,黄山书社2007年版。

(南宋)朱熹集注:《论语集注》,郭万金编校,商务印书馆2015年版。

(清)《宿州志》卷四《兴地志·风俗》,中国地方志集成·安徽府县志辑(28),江苏古籍出版社1998年版。

(清)龚炜:《巢林笔谈》,钱炳寰点校,中华书局1997年版。

(清)沈家本:《历代刑法考》(上册),商务印书馆2011年版。

(清)沈家本:《修正刑律草案说帖》,载劳乃宣《桐乡劳先生遗稿》,文海出版社1969年版。

(清)沈之奇:《大清律辑注·下》,怀效锋等点校,法律出版社2000年版。

（清）祝庆祺、鲍书芸、潘文舫、何维楷：《刑案汇览三编》，北京古籍出版社 2000 年版。

（西汉）司马迁：《史记·文白对照本》（第三册），张大可译，商务印书馆 2019 年版。

［澳］迈克尔·R. 达顿：《中国的规制与惩罚——从父权本位到人民本位》，郝方昉、崔洁译，清华大学出版社 2009 年版。

［德］京特·雅科布斯：《规范·人格体·社会——法哲学前思》，冯军译，法律出版社 2001 年版。

［法］埃米尔·迪尔凯姆：《社会学方法的规则》，胡伟译，华夏出版社 1999 年版。

［法］H. 孟德拉斯：《农民的终结》，李培林译，社会科学文献出版社 2005 年版。

［古希腊］亚里士多德：《尼各马科伦理学》，苗力田译，中国社会科学出版社 1990 年版。

［美］克莱门斯·巴特勒斯：《矫正导论》，孙晓雳等译，中国人民公安大学出版社 1991 年版。

［美］孔飞力：《叫魂——1768 年中国妖术大恐慌》，陈兼、刘昶译，生活·读书·新知三联书店 2014 年版。

［美］罗纳德·J. 博格、小马文·D. 弗瑞、帕特里克亚·瑟尔斯：《犯罪学导论——犯罪、司法与社会》（第二版），刘仁文等译，清华大学出版社 2009 年版。

［美］乔治·B. 沃尔德、托马斯·J. 伯纳德、杰弗里·B. 斯奈普斯：《理论犯罪学》（原书第 5 版），方鹏译，中国政法大学出版社 2005 年版。

［美］乔治·桑塔亚纳：《社会中的理性》，张源译，北京大学出版社 2008 年版。

［美］特里·H. 安德森：《美国平权运动史》，启蒙编译所译，上海社会科学院出版社 2017 年版。

［美］威廉·赖特：《基因的力量——人是天生的还是造就的》，

郭本禹等译，江苏人民出版社 2001 年版。

［美］亚伯拉罕·马斯洛：《动机与人格》（第三版），许金声等译，中国人民大学出版社 2007 年版。

［美］亚历克斯·梯尔：《越轨——人为什么干"坏事"？》，王海霞等译，中国人民大学出版社 2014 年版。

［美］亚历克斯·皮盖惹主编：《犯罪学理论手册》，吴宗宪主译，法律出版社 2019 年版。

［美］约瑟夫·泰恩特：《复杂社会的崩溃》，邵旭东译，海南出版社 2010 年版。

［日］大塚仁：《犯罪论的基本问题》，冯军译，中国政法大学出版社 1993 年版。

［日］冈田朝太郎口述：《刑法总则》，熊元翰编，张勇虹点校，上海人民出版社 2013 年版。

［意］切萨雷·贝卡里亚：《论犯罪与刑罚》，黄风译，北京大学出版社 2008 年版。

［英］安东尼·吉登斯：《民族—国家与暴力》，胡宗泽等译，生活·读书·新知三联书店 1998 年版。

［英］弗雷德里克·波洛克：《普通法上的占有》，于子亮译，中国政法大学出版社 2013 年版。

［英］戈登·休斯：《解读犯罪预防——社会控制、风险与后现代》，刘晓梅、刘志松译，中国人民公安大学出版社 2009 年版。

［英］西莉亚·卢瑞：《消费文化》，张萍译，南京大学出版社 2003 年版。

蔡道通：《刑事法治：理论诠释与实践求证》，法律出版社 2004 年版。

陈柏峰：《乡村江湖：两湖平原"混混"研究》，中国政法大学出版社 2011 年版。

陈东原：《中国妇女生活史》，商务印书馆 2015 年版。

陈光中主编：《刑事司法论坛》（第 3 辑），中国人民公安大学出版社 2010 年版。

陈静漪：《从"村落中的国家"到"悬浮型有益品"：农村义务教育供给机制与政策研究》，科学出版社 2016 年版。

陈明侠、夏吟兰、李明舜、薛宁兰主编：《家庭暴力防治法基础性建构研究》，中国社会科学出版社 2005 年版。

储槐植主编：《"六害"治理论》，中国检察出版社 1996 年版。

李春漫：《怎样预防儿童性侵害》，中国青年出版社 2014 年版。

戴玉忠、刘明祥主编：《和谐社会语境下刑法机制的协调》，中国检察出版社 2008 年版。

狄世深：《刑法中身份论》，北京大学出版社 2005 年版。

范忠信、郑定、詹学农：《中国式法律传统》，台湾：商务印书馆 2013 年版。

费孝通：《乡土中国　生育制度》，北京大学出版社 1998 年版。

费孝通：《乡土中国　生育制度　乡土重建》，商务印书馆 2011 年版。

高铭暄、马克昌主编：《刑法学》（第十版），北京大学出版社、高等教育出版社 2022 年版。

管伟主编：《中国法制史》，华中科技大学出版社 2015 年版。

郭建安主编：《犯罪被害人学》，北京大学出版社 1997 年版。

怀效锋点校：《大明律》，法律出版社 1999 年版。

康树华主编：《犯罪学通论》，北京大学出版社 1992 年版。

李银河：《李银河说性》，北方文艺出版社 2006 年版。

李泽厚：《美的历程》，广西师范大学出版社 2000 年版。

刘芳：《枧槽高山苗——川滇黔交界处民族散杂区社会文化变迁个案研究》，中央民族大学出版社 2006 年版。

刘双舟主编：《中国法制史》，对外经济贸易大学出版社 2014 年版。

刘苏里：《1+12：通向常识的道路》，中国文史出版社 2015 年版。

罗结珍译：《法国新刑法典》，中国法制出版社 2003 年版。

梅传强主编：《犯罪心理学》（第三版），法律出版社 2017 年版。

南方周末编著：《在一起——中国留守儿童报告》（纪念版），中信出版社 2016 年版。

倪万英：《二十世纪中期上海婚姻刑案研究：以 1945—1947 年上海部分婚姻刑案为例》，上海人民出版社 2013 年版。

钱大群撰：《唐律疏义新注》，南京师范大学出版社 2007 年版。

瞿同祖：《中国法律与中国社会》，中华书局 1981 年版。

任克勤：《被害人学基本理论研究》，中国人民公安大学出版社 2018 年版。

任苇：《留守儿童心理健康教育》，开明出版社 2020 年版。

任运昌：《农村留守儿童政策研究》，中国社会科学出版社 2013 年版。

时蓉华：《社会心理学》，浙江教育出版社 1998 年版。

睡虎地秦墓竹简整理小组编：《睡虎地秦墓竹简》，文物出版社 1990 年版。

苏力：《道路通向城市——转型中国的法治》，法律出版社 2004 年版。

孙斌：《被害预防案例分析》，华中科技大学出版社 2016 年版。

孙光妍：《和谐：中国传统法的价值追求》，中国法制出版社 2007 年版。

孙立平：《断裂——20 世纪 90 年代以来的中国社会》，社会科学文献出版社 2003 年版。

孙长永主编：《刑事诉讼法学》（第二版），法律出版社 2013 年版。

唐凯麟编著：《伦理学》，高等教育出版社 2001 年版。

同春芬、党晓虹、王书明编著：《农村社区管理学》，知识产权出版社 2010 年版。

王大伟：《中小学生被害人研究——带犯罪发展论》，中国人民公安大学出版社 2003 年版。

夏吟兰：《美国现代婚姻家庭制度》，中国政法大学出版社1999年版。

夏玉珍主编：《犯罪社会学》，华中科技大学出版社2014年版。

肖建国、姚建龙：《女性性犯罪与性受害》，华东理工大学出版社2002年版。

肖建国主编：《社区青少年法律研究》，华东理工大学出版社2006年版。

辛勇等：《探索与求变：西部地区农村留守儿童关爱服务体系构建研究》，四川大学出版社2020年版。

徐永强：《刑事法治视野中的被害人》，中国检察出版社2003年版。

杨飞雪主编：《未成年人司法制度探索研究》，法律出版社2014年版。

于振波：《简牍与秦汉社会》，湖南大学出版社2012年版。

宇培峰：《"家长权"研究：中、西法文化视野中的"家长权"》，中国政法大学出版社2013年版。

张桂琳、常保国主编：《政治文化传统与政治发展》，社会科学文献出版社2009年版。

张晋藩：《中国法律的传统与近代转型》，法律出版社1997年版。

张明楷：《刑法学（上下册）》（第六版），法律出版社2021年版。

张中秋：《中西法律文化比较研究》，中国政法大学出版社2006年版。

周积明、宋德金主编：《中国社会史论》（上卷），湖北教育出版社2000年版。

朱红林：《张家山汉简〈二年律令〉集释》，社会科学文献出版社2005年版。

朱晓阳：《小村故事——罪过与惩罚（1931—1997）》（修订版），法律出版社2011年版。

二　论文类

卞利：《明代徽州的地痞无赖与徽州社会》，《安徽大学学报》1996 年第 5 期。

蔡一平：《中国在消除对妇女的暴力方面所面临的新挑战——对女童和青年妇女以劳动剥削为目的的拐卖》，《妇女研究论丛》2005 年第 S1 期。

曹端波：《苗族文化的社会控制》，《中央民族大学学报》（哲学社会科学版）2008 年第 1 期。

曾赟：《乡村社会有组织犯罪原因论》，《犯罪与改造研究》2003 年第 8 期。

常进锋、刘烁梅、虎军：《甘肃省某县农村留守儿童校园欺凌行为现状》，《中国学校卫生》2018 年第 9 期。

陈柏峰：《村庄公共品供给中的"好混混"》，《青年研究》2011 年第 3 期。

陈柏峰：《两湖平原的乡村混混群体：结构与分层——以湖北 G 镇为例》，《青年研究》2010 年第 1 期。

陈柏峰：《乡村江湖中的"混混"群体》，《文化纵横》2015 年第 1 期。

陈成文、潘泽泉：《论社会支持的社会学意义》，《湖南师范大学社会科学学报》2000 年第 6 期。

陈磊：《中国农村政权组织涉黑化倾向及其遏制》，《政法论坛》2014 年第 2 期。

陈敏：《关于家庭暴力认定难的思考》，《法律适用》2009 年第 2 期。

陈薇：《渝东南少数民族地区毒品犯罪研究》，《广州市公安管理干部学院学报》2012 年第 3 期。

陈旭海、应华强：《农村犯罪防控之我见》，《（公安学刊）浙江公安高等专科学校学报》2000 年第 6 期。

陈璇：《家庭暴力反抗案件中防御性紧急避险的适用——兼对正当防卫扩张论的否定》，《政治与法律》2015年第9期。

陈智、朱成科：《我国农村留守儿童隔代监护的教育困境及解决路径》，《江苏教育研究》2013年第4期。

崔兰平：《根据地反家庭暴力的历史考察及启示》，《妇女研究论丛》2008年第1期。

狄小华：《关于社区矫正若干问题的思考》，《犯罪与改造研究》2005年第6期。

董磊明、陈柏峰、聂良波：《结构混乱与迎法下乡——河南宋村法律实践的解读》，《中国社会科学》2008年第5期。

董士昙：《"灰色文化"与青少年犯罪》，《公安大学学报》2000年第4期。

董轩：《流浪乞讨人员的公共安全风险管控》，《山西警官高等专科学校学报》2015年第4期。

冯爱迪：《我国农村留守儿童监护之现状及法律对策研究》，《沈阳大学学报》（社会科学版）2018年第5期。

甘满堂：《清代福建地痞无赖与福建社会》，《福州大学学报》（社会科学版）1999年第3期。

郭家宏、许志强：《资本主义发展视野下的英国犯罪史研究》，《学海》2009年第5期。

韩秀兰：《深圳青年的价值观念透视——与瑞士青年比较研究》，《深圳大学学报》（人文社会科学版）2000年第6期。

贺雪峰：《乡村的去政治化及其后果——关于取消农业税后国家与农民关系的一个初步讨论》，《哈尔滨工业大学学报》（社会科学版）2012年第1期。

黄海：《社会学视角下的乡村"混混"——以湘北H镇为例》，《青少年犯罪问题》2009年第2期。

简筱昊：《职业型乞讨的刑法规制——以武汉职业型乞讨现象为例》，《湖北职业技术学院学报》2018年第2期。

江剑斌:《加入WTO农村犯罪预防与控制之我见》,《福建公安高等专科学校学报》2003年第1期。

姜涛:《刑法如何面对家庭秩序》,《政法论坛》2017年第3期。

蒋月:《英国法律对家庭暴力的干预及其对中国的启示》,《太平洋学报》2008年第11期。

金寿铁:《幸福:"把劳动变为娱乐"》,《学术评论》2013年第4期。

赖早兴、贾健:《有期徒刑分等研究》,《江海学刊》2009年第4期。

雷明源、陈旭:《论现阶段农村犯罪严重化的原因及其对策》,《公安大学学报》1992年第2期。

李波:《国外政治犯罪初探》,《国外法学》1986年第1期。

李根蟠:《从秦汉家庭论及家庭结构的动态变化》,《中国史研究》2006年第1期。

李洁:《法定刑设定根据与设定技巧研究》,《江苏行政学院学报》2006年第4期。

李连忠:《缉捕"隐性目标"的策略探讨》,《政法学刊》2007年第2期。

李淼:《未成年人重新犯罪的深层原因探析》,《知识经济》2015年第1期。

李胜渝、何定洁:《新中国初期重庆地方通奸司法判例刍析》,《中国刑事法杂志》2012年第4期。

李锡海:《论犯罪发生的义化原因》,《法学论坛》2007年第2期。

李欣荣:《清末"国事犯"观念的引进、论辩与实践》,《近代史研究》2013年第6期。

梁兵:《试论教学过程中师生人际关系及其影响》,《新疆大学学报》(哲学社会科学版)1993年第3期。

刘文、李志敏、张玄、何亚柳、林琳琳:《跨文化父母管理训练模型述评:PMTO模型》,《内蒙古师范大学学报》(教育科学版)2015

年第 8 期。

刘文、林爽、林丹华、夏凌翔：《留守儿童的反社会行为：基于评估及预防视角的思考》，《北京师范大学学报》（社会科学版）2021 年第 4 期。

刘文利、魏重政：《面对校园欺凌，我们怎么做》，《人民教育》2016 年第 11 期。

刘宪权：《论我国惩治拐卖人口犯罪的刑法完善》，《法学》2003 年第 5 期。

刘艳丽、陆桂芝：《校园欺凌行为中受欺凌者的心理适应与问题行为及干预策略》，《教育科学研究》2017 年第 5 期。

刘毅：《村霸犯罪惩治与乡村治理法治化——基于"枫桥经验"运用路径的思考》，《犯罪与改造研究》2021 年第 7 期。

陆健：《现代化与农村犯罪》，《社会》1988 年第 4 期。

罗国芬：《儿童权利视角：农村留守儿童"再问题化"》，《探索与争鸣》2018 年第 1 期。

吕刚：《传媒暴力：青少年犯罪的重要诱因》，《中国青年研究》2001 年第 1 期。

马丹：《农村基层普法教育问题与对策研究》，《智库时代》2019 年第 27 期。

钱泳宏：《防控与失控——清代重惩奸罪与"因奸杀夫"》，《华东政法大学学报》2012 年第 1 期。

钱泳宏：《清代夫权的法定与恣意——基于〈大清律例〉与刑科档案的考察》，《北方法学》2011 年第 3 期。

任海涛：《"校园欺凌"的概念界定及其法律责任》，《华东师范大学学报》（教育科学版）2017 年第 2 期。

师宗正：《我国刑法应当增设通奸罪》，《政法学刊》1990 年第 3 期。

谭同学：《乡村灰化的路径与社会基础——以湘南某县金、银镇为例》，载贺雪峰主编《三农中国》（总第 8 辑），湖北人民出版社 2006

年版。

谭志君、彭辅顺:《论农村犯罪黑数》,《湖南公安高等专科学校学报》2001年第1期。

童德华:《当前农村犯罪的社会原因分析》,载中国犯罪学研究会《中国犯罪学研究会第十五届学术研讨会论文集》(第一辑),2006年。

王露璐:《乡村伦理共同体的重建:从机械结合走向有机团结》,《伦理学研究》2015年第3期。

王露璐:《转型期中国乡村伦理共同体的式微与重建——从滕尼斯的"共同体"概念谈起》,载中国伦理学会《"第二届中国伦理学青年论坛"暨"首届中国伦理学十大杰出青年学者颁奖大会"论文集》,2012年。

魏平雄、于德斌:《现阶段我国农村犯罪问题研究》,《政法论坛》1992年第5期。

吴金成:《明末清初江南的城市发展和无赖》,载陈怀仁主编《第六届明史国际学术讨论会论文集》,黄山书社1997年版。

吴琦、杜维霞:《讼师与讼棍:明清讼师的社会形象探析》,《学习与探索》2013年第7期。

吴宗宪:《论犯罪性》,《福建公安高等专科学校学报》(社会公共安全研究)2000年第1期。

肖怡:《中西无被害人犯罪立法的比较研究》,《贵州民族学院学报》(哲学社会科学版)2008年第1期。

谢立中:《灰社会理论:一个初步的分析》,《社会学研究》2001年第1期。

熊跃根:《论中国社会工作本土化发展过程中的实践逻辑与体制嵌入——中国社会工作专业教育10年的经验反思》,载王思斌主编《社会工作专业化及本土化实践——中国社会工作教育协会2003~2004论文集》,社会科学文献出版社2006年版。

徐国栋:《优士丁尼罗马法中的公诉犯罪及其惩治——优士丁尼〈法学阶梯〉中的"公诉"题评注》,《甘肃政法学院学报》2011年第

1 期。

徐永康：《〈唐律〉"十恶"罪刑研究》，《河南省政法管理干部学院学报》1999 年第 6 期。

严虎、陈晋东、何玲、封珂欣：《农村留守儿童学校生活满意度、自尊与校园欺凌行为的关系》，《中国儿童保健杂志》2019 年第 9 期。

杨静：《浅析家庭暴力犯罪预防与惩治的域外经验》，《中国检察官》2016 年第 2 期。

杨琳：《赤条条、光棍、吊儿郎当、二郎腿、吊膀子考源》，《励耘学刊》（语言卷）2012 年第 1 期。

杨清惠：《我国台湾地区家庭暴力刑事司法干预机制研究》，《刑法论丛》2015 年第 4 期。

杨扬：《从民习到官法——明代社会视野下的图赖现象》，《交大法学》2019 年第 3 期。

杨宇琦：《西部地区留守儿童校园欺凌的法律介入》，《教学与管理》2018 年第 5 期。

游正林：《革命的劳动伦理的兴起 以陕甘宁边区"赵占魁运动"为中心的考察》，《社会》2017 年第 5 期。

于阳：《留守儿童犯罪防治与被害预防实证研究》，《中国人民公安大学学报》（社会科学版）2018 年第 5 期。

余智明：《牢牢把住监狱安全的命门——"9·2"越狱案件对监狱工作的警示与反思》，《犯罪研究》2014 年第 5 期。

张本顺：《无讼理想下的宋代讼师》，《社会科学战线》2009 年第 5 期。

张玲玲：《论我国亲职教育的立法完善——借鉴台湾亲职教育立法经验》，《哈尔滨学院学报》2015 年第 2 期。

张士军：《"民工潮"与都市街角文化的变迁》，《中国青年研究》1994 年第 2 期。

张小虎：《转型期中国社会犯罪率态势剖析》，《宁夏大学学报》（人文社会科学版）2002 年第 1 期。

张训：《论被害人情结》，《内蒙古社会科学》（汉文版）2015 年第 3 期。

张训：《论刑法的生成——以刑法规范的正当性为中心》，《内蒙古社会科学》（汉文版）2010 年第 5 期。

张训：《乡村犯罪样态历史演化研究》，《犯罪研究》2013 年第 3 期。

赵晓峰：《找回村庄——〈乡村江湖：两湖平原"混混"研究〉读后》，《学术界》2012 年第 6 期。

周翔、田坤、叶敬忠：《留守社区与留守儿童问题初探》，《西安财经学院学报》2009 年第 1 期。

朱焱龙：《校园霸凌的社会生态和协同治理》，《中国青年研究》2018 年第 12 期。

陈柏峰：《乡村混混与农村社会灰色化——两湖平原，1980—2008》，博士学位论文，华中科技大学，2008 年。

单勇：《犯罪的文化研究——从文化的规范性出发》，博士学位论文，吉林大学，2007 年。

龚汝富：《明清讼学研究》，博士学位论文，华东政法学院，2005 年。

胡江：《文化视野下的犯罪论体系研究》，博士学位论文，西南政法大学，2012 年。

黄海：《当代乡村的越轨行为与社会秩序——红镇"混混"研究（1981- 2006 年）》，博士学位论文，华中科技大学，2008 年。

解晖：《甘肃农村家庭暴力问题的调查与思考》，硕士学位论文，兰州大学，2010 年。

三　外文文献类

Ashton Basil, Hill Kenneth, Piazza Alan and Zeitz Robin, "Famine in China, 1958 - 61", *Populantion and development Review*, Vol. 10, No. 4, December 1984.

Goodwin-Gill, Guy S., "The Continuing Relevance of International Refugee Law in a Globalized World", *Intercultural Human Rights Law Review*, Vol. 10, 2013.

James F. Stephen, *A History of the Criminal Law in England*, London: Macmillan, 1985.

Sandeep Mishra, Martin L. Lalumière Robert J. Williams, "Gambling risk-taking and Antisocial Behavior: A Replication Study Supporting the Generality of Deviance", *Journal of Gambling Studies*, Vol. 33, No. 1, March 2017.

Saskia Sassen, *The Global City*, NJ: Princeton University Press, 1991.

Justin Yifu Lin, "Collectivization and China's Agricultural Crisis in 1959-1961", *The Joural of Political Econmy*, Vol. 98, No. 6, December 1990.

四 报纸类

张冯炎、唐若愚、开发:《有意将性病传配偶 是家事还是犯罪》,《郑州日报》2006年6月22日第7版。

刁志远:《商丘破获一起"小广告"诈骗案》,《商丘日报》2015年1月26日第3版。

窦文杰、赵红杰:《酒泉瓜州县公安局破获两起张贴小广告案件抓获嫌疑人三名》,《西部商报》2015年3月28日第5版。

潘跃:《全国范围内摸底排查农村留守儿童902万》,《人民日报》2016年11月10日第11版。